KB141764

25년간 리더들을 분석해
의학적으로 밝혀낸 성과의 비밀

조율하여 리딩하라

COHERENCE

앨런 왓킨스 지음

이루다·임선영·최은영 옮김

드림셀러

어떻게 해야 통합되고
조율된 삶을 통해서
질 높은 삶을 살 수 있는가

_ 최 성 애 ('감정코칭'의 대가·HD가족클리닉 원장·HD행복연구소 소장)

우리는 지식이 2배로 증가하는 데 100년 이상 걸리던 구시대에서 단 몇 시간 만에 증폭하는 새로운 시대에 살고 있습니다. 지식과 정보가 넘쳐나는 세상에 어떻게 자신에게 필요한 알짜 정보를 한 권의 책을 통해 얻을 수 있을까를 고민하신다면, 저는 이 책을 추천합니다.

요즘 넘쳐나는 정보 속에 여과 없이 전달되는 무수한 자기계발, 처세술, 성공전략 등의 관련 도서들을 쉽게 접하고 있습니다. 특히 단기적 성공과 부를 약속하는 "기술"에 아이들마저 푹 빠져 현혹되기 쉽습니다. 그래서 한편 걱정이 되기도 합니다. 비전문가들의 개인 경험과 왜곡된 주장들이 진리인 듯 빠르게 전파되는 기술이 발달해 휴대전화 1대만 있어도 무궁무진한 정보의 정글 속을 헤맬 수 있으니까요. 거짓말도 3번 연속 들으면 사실처럼 들린다고 하지 않던가요.

이럴 때일수록 우리는 신중하게 중심을 잡고 과학적인 연구와 믿을 수 있는 근거를 찾아야 합니다. 이 책이 바로 그 중심을 잡아주는 역할을 해주리라 믿습니다. 혹 과학적 원리나 복잡한 신경과학, 또는 경영학의 노하우를 이해하지 못해도 괜찮습니다. 이 책은 건강한 신체적, 생리적, 감정적 자기 조율을 통해 몸, 마음, 정신, 나아가 관계까지 조율해 나가는 방법을 알려줍니다. 몸과 마음을 연결하는 기본 원리를 설명해주고, 지금부터 무엇을 어떻게 해야 통합되고 조율된 삶을 통해 질 높은 삶을 살 수 있는가를 소상하게 알려줍니다. 설명이 과학적이고 객관적이라서 더욱 신뢰가 갑니다.

저는《조율하여 리딩하라》를 읽으면서 2번 놀랐습니다. 일단 저자의 독특한 배경이 놀라웠습니다. 앨런 왓킨스 박사는 의사로 훈련받고 환자를 치료하다가 현재는 최고 경영자들에게 어떻게 리더로서 매일 최고의 성취를 이룰 수 있는가를 컨설팅해주는 일을 한다는 것

자체가 흥미로웠습니다. 두 직업이 전혀 어울릴 것 같지 않았기 때문이지요. 두 번째로 놀라웠던 점은 심리학, 뇌과학, 의학, 인간발달학, 진화생물학, 양자물리학, 시스템 이론, 조직성과, 스포츠 심리, 정서지능 등에 대한 저자의 방대한 과학적 지식뿐만 아니라 어떻게 이 폭넓은 지식과 정보를 이렇게 쉽고, 명료하고, 체계적으로 연결하고 정리해 실행할 수 있도록 구체적인 방법까지 깔끔히 알려주는지 경이로웠습니다.

이 책을 읽으면서 내내 감탄사가 저절로 나왔습니다. 단지 근시안적인 개인의 성취뿐만 아니라 건강, 행복, 관계, 조직, 환경과 생태계까지 최고의 지성을 발휘할 수 있는 방대한 연구와 정교한 설명에 푹 빠졌습니다. 저도 수십 년간 심리학자와 심리상담사로 일해 왔지만 인간 시스템에 대해 이토록 심도 있고 폭넓은 이론과 구체적이고 현실적 방안들을 제시한 책은 정말 드물게 봅니다. 이 책을 손에 들자마자 단숨에 끝까지 읽었습니다. 많은 독자도 그러시리라 믿습니다.

우리는 각자의 삶에서 건강하며 행복하고 풍요롭고 지혜롭게 살기를 원하지만, 대개는 살아오던 방식을 반복하면서 변화를 생각만 하거나 무엇을 바꿔야 원하는 바를 얻는지 모르며 불안, 우울, 불평, 원망 속에서 헤어 나오지 못하는 경우도 있습니다. 이 책은 자신에 대해 알아차리기부터 시작해 선택, 발달, 실행까지의 단계들을 한 단계씩 따라 할 수 있도록 친절하게 안내해줍니다. 왓킨스 박사는 탈진 또는 실패의 원인을 '신체의 에너지'라는 아주 확실한 실체로서 알아차리게 하고, 신체뿐만 아니라 감정, 인지, 행동의 에너지로 통합해 보다 성숙하고 질 높은 삶을 살면서 다른 사람들과 협력 속에서 집단 지성을 이루어내는 과정과 방법을 알려줍니다.

또한, 사람이 과학적 탐구와 통찰의 통합을 통해 어떻게 최적의 상태를 만들고 유지하고 발전시킬 수 있는지를 심장에서 찾을 수 있다고 알려줍니다. 진리는 먼 곳, 저 너머 초월적 딴 세상에 있는 게 아니라 바로 우리 자신의 몸속에 있는 심장에서부터 시작된다는 평범하면서도 오랜 인류의 깨달음을 현대과학으로 다시 확인시켜줍니다. 호흡을 통해 심장을 정합적으로 조절하는 것은 거의 모든 문화에서 공통적으로 사용해 왔던 방식입니다. 비록 최근 서양의 심·뇌과학적 연구를 통해 더욱 분명해졌지만, 동양적 전통에서도 수 천년 동안 내려오던 수신제가치국평천하, 가화만사성 등의 보편적 지혜, 통찰, 전통과 일맥상통하는 내용입니다.

《조율하여 리딩하라》의 내용이 특히 지난 반세기 동안 숨 가쁘게 경제성장에 치중해 오고 학업, 취업, 승진이라는 단기적 목표에 치달는 동안 에너지 고갈과 탈진 상태에 빠진 한국인에게 시의적절하고 유익할 것임을 믿어 의심치 않습니다. 희망컨대 고교생 이상 모두의 필독서가 되면 좋겠다고 생각합니다. 지식이 더 이상 전문가가 독점하는 시대가 아닌 만큼 누구에게나 두고두고 참고할 만한 책이라고 생각합니다.

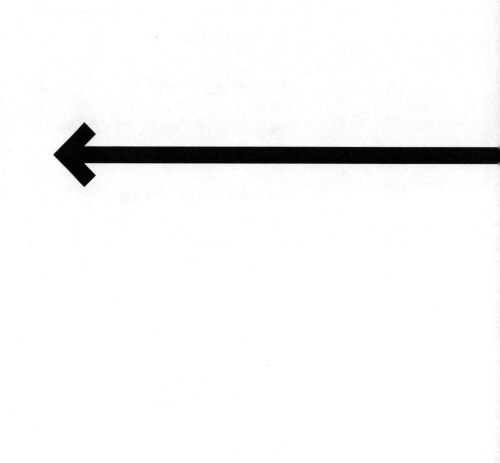

위대한 성과 신화

때로는 골프 게임에서 성과에 대한 근거 없는 믿음을 가지는 사례를
만날 수 있다.

조던 스피스는 2015년 PGA 투어 마스터스 토너먼트에서 21세의
나이로 우승했다. 이듬해인 2016년에 오거스타 골프 클럽을 다시 찾
았을 때, 그는 기대를 한 몸에 받았다. 그는 최고의 기량을 발휘하지
는 못했지만, 경기 마지막 날 10번 홀까지는 단독 선두를 기록했다.
하지만 11번 홀부터 연습 게임보다도 못한, 그야말로 재난에 가까운
경기를 펼치면서 백 투 백 보기에 이어 쿼드러플 보기를 기록하고는
공을 물에 빠뜨리기까지 했다. 결국 조던 스피스는 패배하고, 데니
월릿이 우승했다. 이런 일은 골프 게임에서 자주 일어난다. 경기해설
자는 실력이 부진한 원인은 전혀 모른 채 "이런, 예상치 못한 결과네
요!"하며 탄식한다. 이와 같은 스피스의 사례는 조직이 무너져 내리

는 대기업과 다를 바 없다.

　비슷한 사례는 또 있다. 세르히오 가르시아는 2006년과 2007년 브리티시 오픈, 2008년 PGA 챔피언십 마지막 날 경기에서 눈부신 활약을 펼쳤음에도 불구하고, 결국 패배했다. 또한, 1996년 마스터스 대회에서는 그레그 노먼이 우승하리라 예상했지만, 그 역시 패배했다. 2006년 US 오픈 대회에서 타이거 우즈와 필 미컬슨 모두 충격적인 결과를 냈으며, 2011년 마스터스 대회에서 로리 매킬로이의 마지막 라운드와 2012년 브리티시 오픈에서 벌어진 애덤 스콧의 끔찍한 결말 역시 실력이 뛰어난 선수가 실전에서 연습 게임보다도 못한 경기를 치른 예다.

　골프 경기뿐만 아니라 모든 스포츠와 비즈니스에서도 이런 유형의 성과 저하를 볼 수 있다. 하지만 사람들은 평소보다 못한 성과를 내거나 잘못된 혹은 차선의 선택을 하면서도 그 이유를 알지 못한다. 비즈니스상 잘못된 결정은 조직과 사회의 재정 상태에 매우 큰 영향을 미친다. 스포츠 경기처럼 실시간으로 이야기를 듣거나 목격할 기회가 없을 뿐이다. 스포츠 경기에는 해설자의 임기응변이 필요하지만, 갑작스러운 손실과 급속한 쇠락, 재앙을 불러일으키는 주주 총회 혹은 끔찍한 언론 인터뷰 등에는 임기응변을 발휘하기 쉽지 않다. 골프나 전략 추진 과정에서 처음부터 성과를 내는 것이 무엇인지 이해하지 못할 뿐이다. 따라서 이 책은 '성과를 꾸준히 내고 일상을 탁월하게 만드는 비밀'을 알려줄 것이다.

이해를 돕기 위해 인간 시스템에 대한 과학연구 결과를 여러 각도에서 탐구하고자 한다. 여기에는 의학, 심장학, 신경생리학, 진화생물학, 양자물리학, 그리고 신호 처리와 시스템 이론뿐만 아니라 조직성과와 스포츠심리학, 그리고 감정 지능도 포함된다. 대부분 '사실'이라고 합의한 다양한 분야를 살펴봄으로써, 놀라운 결과와 마주할 것이다. 믿기 어렵겠지만 이미 존재하는 지식만으로도 결론에 도달할 수 있었다.

이 책은 탁월한 리더십과 관계있는 과학의 비밀을 알려주지만, 과학적 통찰을 일부러 감춘 것은 아니다. 이 비밀을 공감하고 적용했을 때, 혜택을 받을 수 있는 사람들이 그것을 알아차리지 못했을 뿐이다. 이 지식은 몇 년 동안, 때로는 몇십 년 동안 주위에 존재했지만 서로 다른 학계에서 다루거나 잘 알려지지 않은 의학 혹은 과학 학술지에 논문으로 발표되었는데, 통찰 중 극히 일부분만을 연구했다. 경영대학원이나 경영 서적에서는 거의 다루지 않았지만 이런 통찰을 통합하자, 우리는 놀라운 결과에 도달할 수 있었다.

우리는 매일 탁월하게 지낼 수 있다. 10년 전과 똑같은 에너지를 되찾을 수 있고, 더 현명하고 행복하며 건강해질 수 있다. 지금보다 성공하고 더 나은 관계를 영위하며 비즈니스나 사회, 그리고 세상에 영향을 미칠 수 있다.

이러한 여정은 용기 없는 사람들을 위한 행동이 아니다. 리더십 관련 서적은 주로 하나의 중심 사상과 그 밖의 몇 가지 유용한 정보로 구성된다. 그러나 이 책은 각 장에서 중심 사상과 생활의 변화를 가져오는 데 필요한 정보를 제공한다. 또한, 지난 20년 동안 이루어진 주요한 경영 관련 통찰을 논의함으로써, 성과 신화에 접근할 수 있도록 해줄 것이다. 우선 뛰어난 능력은 생리 상태의 질적 수준에서 출발한다는 점을 통찰의 출발선으로 삼고자 한다.

비즈니스(및 스포츠)에서는 결과가 중요하다. 결과는 곧 성공을 가늠하는 척도다. 경영진은 사업체를 운영하며 모두 같은 목표를 추구한다. 즉, 더 많은 수익과 이익, 시장점유율 확대, 주가의 눈부신 상승, 그리고 주주 가치의 증가다. 여기서 성과를 이해하고 증진시키기 위해 살펴봐야 할 점은 '행동'이다. 우리는 무엇을 했으며, 팀의 주요 팀원은 무엇을 했는가? 업무 추진상의 주요 단계는 무엇이며, 어떤 성과를 얻었는가?

경영 컨설턴트나 코치가 내세우는 다양한 '경영 해결책' 역시 행동에 대해 말한다. 기본 접근 방식은 보통 최근 일어난 일을 평가하고, 성과를 높이는 데에 필요한 행동 변화는 무엇인지 결정하는 데 집중한다. 불행히도 경영자들은 했어야 할 일이 실제로 행한 일과 다를 수 있다는 사실을 알고 있다. 성과를 높이기 위한 해답은 단순하게 행동 그 자체에만 있지는 않기 때문이다. 성과를 향상시키고 매일 최고의 성과를 내고 싶으면, 눈에 보이는 행동과 결과에만 관심을 기울이지 말고 표면 아래에서 어떤 일이 일어나는지 좀 더 깊이 살펴볼 필요가 있다(〈그림 1.1〉).

성과에 미스터리란 없다. 즉, 효율성과 결과는 행위보다 인간 시스템 속 훨씬 깊은 곳에 존재하는 무엇으로부터 시작된다. 바로 우리의 생리(生理, 생물체의 생물학적 기능과 작용, 또는 그 원리 – 옮긴이주)다.

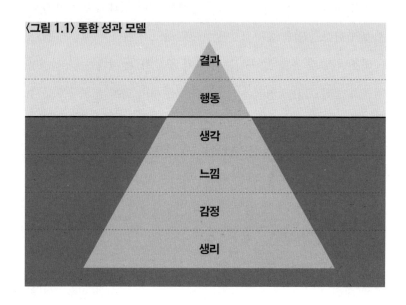

〈그림 1.1〉 통합 성과 모델

바보야,
문제는 당신의 생리 상태야!

1992년 미국 대선 중 빌 클린턴 선거 캠프의 전략가인 제임스 카빌은 '바보야, 문제는 경제야!'라는 슬로건을 만들었다. 그 당시 중요하지만 크게 주목하지 않았던 경제 문제로 유권자의 관심을 끌어모으기 위한 것이었다. 반면, 부시 시니어는 미국 경제 침체의 문제 해결에 실패했고, 다른 문제로 선거전략을 짜기 바빴다. 결국 클린턴이 선거에서 승리했다.

이와 마찬가지로 코치나 컨설팅 산업에서 경영 성과와 관련된 흥미로운 '해결책'을 제시하지만, 대부분 효율성이나 현실성이 떨어진다. 성과 향상에 가장 중요한 생리학을 다루지 않기 때문이다.

원하는 성과를 얻기 위해 현실적이고 적절한 행동을 하는지 확인하려면, 자신의 행동을 이끄는 것이 무엇인지 알아야 한다. 인간 시스템의 각 단계를 따로 떼어내 탐구한다면, 성과를 만드는 조금 더 본질적인 원인을 찾고 이 문제에 답할 수 있다.

첫째, 생각을 좌우하는 것은 행동이다. 우리의 생각이 행동을 결정한다. 내가 코칭하는 CEO가 나를 바보라고 생각하거나 내 말이 쓰레기 같다고 생각한다면, 그는 내가 하는 어떤 제안도 행동으로 옮기지 않을 것이다. 왜 그럴까? 나를 어떻게 생각하느냐에 따라 그가 무엇을 할지 혹은 하지 않을지 결정하기 때문이다. 마찬가지로 책 앞부분이 독자의 관심을 끌지 못하고, '음, 너무 어렵게 접근하는군. 계속 읽어야 할까'라는 의심이 들면서 이제까지 읽은 리더십 관련 책과 별반 차이가 없다고 생각한다고 가정해 보자. 이 경우 이 책을 통한 독자의 행동 변화는 없을 것이다. 다르게 행동하지 않는다면 다른 결과도 얻을 수 없다.

당신이 생각을 바꾸었다고 하더라도 그걸로 충분하지 않다. 더 깊게 생각해 볼 필요가 있다. 예를 들면, 앞에서 말한 골프 선수들이 생각이나 사고방식에 도움을 받고자 스포츠 심리학자를 고용하는 일과 비슷하다. 비즈니스 분야에서 원인 분석과 기술 평가에 정신 측정 테스트를 적용한다거나, 경영자가 팀장급 직원의 사고방식을 바꾸고자 심리학 기반 코칭을 시도해 볼 수도 있다. 하지만 생각에 관심을 가진다고 무조건 결과가 달라지지는 않는다. 우리가 어떻게 생각하는가 혹은 우리가 어떻게 잘 생각하는가는 인간 시스템의 좀 더 근본적인 것, 즉 무엇을 느끼는가에 달려 있기 때문이다.

우리의 '느낌'은 생각에 직접적인 영향을 준다. 물론 생각과 느낌에는 상호 관계가 존재한다. 생각은 느낌에 영향을 주며, 반대로 느낌이 생각에 영향을 주기도 한다. 하지만 생각과 느낌이 서로 팔씨름을 한다고 가정한다면, 그 결과는 어떨까. 매번 이기는 쪽은 '느낌'이다. 우리의 행동은 기본적으로 생각보다 느낌에 좌우되기 때문이다.

영업사원이 '이번 주 매출 목표를 달성하기 위해 상품을 구입해달라는 권유 전화를 20통 더 해야 한다'고 생각했더라도, 오늘이 금요일 오후라면 하고 싶은 마음이 들지 않는다. 생각과 느낌, 어떤 쪽이 이겼겠는가? 느낌이 언제나 생각보다 우세하다. 물론 중요한 일이라고 생각한다면 책임을 다하도록 스스로를 강제할 수는 있지만, 그것이 지속되기 어렵다.

새해를 맞아 운동을 시작했다고 가정해 보자. 이때 운동에 대한 기대 효과는 엄청나다. 우리는 운동을 하는 편이 현명한 행동이라고 생각하기 때문에 일주일에 한두 번 의지력을 짜내 운동한다. 하지만 얼마 지나지 않아 체육관에 가지 않는다. 운동하고 싶다고 느끼지 않기 때문이다.

스피스 역시 샷을 놓치면서 느낌이 그 우위를 차지했다. 이렇듯 다양한 생각이나 스포츠 심리학은 사고방식에 영향을 줄 수 없고, 리듬이 무너지는 것을 막거나 실력을 되찾을 수 없다. 생각으로 느낌을 덮을 수는 없다. 그에 비해 걱정이나 스트레스 같은 느낌은 개인의 생각을 온종일 짓누를 수 있다.

그러므로 생각의 질을 바꾸고 새롭게 행동하며 성과를 높이고 좀 더 나은 결과를 내기 위해서는 느낌을 바꿔야 한다. 훌륭한 영업사원이라면 누구라도 아는 사실이 있다. 사람들은 물건을 원한다고 '생각해서' 사는 것이 아니라, 그것이 필요하다고 '느끼기' 때문에 산다는 점이다.

그렇다면 사람들의 느낌을 바꿀 수 있다고 가정해 보자. 그런데 느낌을 바꾼다고 상황이 역전되지는 않는다. 느낌 역시 인간 시스템의 좀 더 깊은 곳에 존재하는 어떤 것이 결정하기 때문이다. 바로 날 것의 감정, 정확하게는 움직이는 에너지$_{\text{e-motion}}$ 때문이다. 느낌을 통제하거나 바꾸기 힘든 이유는 우리가 깨닫지 못하는 사이 신체에서 발생하는 감정 때문이다. 누군가에게 걱정하지 말라고 말하는 일은,

소 잃고 외양간을 고치는 것과 같다. 이는 더 깊은 수준에서 인간 시스템의 기본을 구성하는 생리, 즉 생물학적 반응과 과정으로 인해 이미 신체를 통해 에너지가 흘러 나갔기 때문이다.

행동을 결정짓는 것은 생각이다. 이는 주로 느낌의 지배를 받는다. 느낌은 감정에 대한 알아차림awareness이라고 할 수 있으며, 생리학적 신호가 감정을 만든다. 스피스가 패배한 이유는 바로 이 때문이다. 생리가 변해서 감정이 소용돌이에 빠진 것인데, 그는 그 사실을 깨닫지 못했다. 그가 그것을 느끼지 못하는 사이에, 이 생리적 변화는 그가 '상황을 읽을 수 없다'는 것을 표출하고 있었던 것이다. 그는 이로 인해 제대로 생각할 수 없었고, 부적절한 결정을 내려 결국 경기에서 지고 말았다. 이렇듯 스피스의 패배에 미스터리는 없다. 그는 단지 최상의 성과를 내지 못한 인간이었을 뿐이다. 처음부터 끝까지 내부의 무수한 신호와 과정을 이해하고 조절하지 못해, 최상의 성과 달성에 필요한 균형이 깨졌기 때문이다.

모든 문제가 생리에서 시작된다면, 생리는 무엇일까?

생리는 각각의 신체 시스템이 만드는 단순한 데이터 혹은 정보의 흐름이다. 말 그대로 신체는 생존하기 위해 수많은 일을 해내며, 이러한 신체 작용은 끊임없이 이어진다. 데이터의 거대한 흐름이 신체 기관 한 곳에서 다른 곳으로 전기신호와 전자기 신호, 화학 신호와 압력, 그리고 음파와 열파의 형태로 전해진다. 이러한 정보를 생각하거나 일기장에 적어둘 필요는 없다. 인간의 신체는 결국 기계이므로, 우리가 신경을 쓰지 않아도 알아서 작동한다.

우리는 모두 24시간 내내 몸 안에서 지속적으로 생리적인 정보의 흐름을 가지고 있다. 그러나 대부분은 이러한 흐름의 중요성을 이해하지 못한다. 지극히 소수만이 생리적 흐름을 이해하고 좀 더 나은 성과를 얻기 위해 흐름의 질을 높이고자 노력한다. 신체 시스템 신호를 변화시키는 법을 배워 일상에 활기를 더한다면, 뛰어난 리더로 성장하는 첫발을 내딛는 셈이다. 이제 우리 생리 상태의 '알아차림'에서부터 출발해 보고자 한다. 알아차림 없이는 변화도 없기 때문이다.

성과 신화

놀랍게도 코치나 컨설턴트는 시대에 뒤떨어진 위대한 성공 신화를 강조하며, 개인 혹은 팀의 성과를 높이려고 하는 경우가 많다. "시작하기 전에 긴장해도 괜찮습니다" 혹은 "적당히 긴장하지 않으면 좋은 성과를 낼 수 없습니다" 등의 조언을 하는데, 이는 실력을 발휘하려면 '바짝 긴장해야 한다'는 믿음에 기초한다. 물론 최고의 성과를 내기 위해서는 압박 속에서도 긴장을 풀어야 한다고 정반대의 조언을 하는 사람도 있다.

하지만 둘 다 틀린 말이다. 청중 앞에서 중요한 발표를 하거나 중대한 판매 계약을 앞두었다면, 긴장하거나 이완될 필요도 없다.

중요한 행사나 회의, 발표나 업무 전에 스스로를 심하게 압박한다면 자율신경계ANS가 활성화된다. 긴장 상태가 되면 원시적인 '싸우기나 도망가기'와 같은 반응을 보인다. 둘은 비슷한 듯하지만, 싸움 반응을 일으키는 화학물질과 도망 반응을 부르는 화학물질은 약간 다르다. 도망 반응에는 아드레날린을 분비해 순식간에 에너지를 높여 달아날 수 있다. 반대로 싸움 반응에서는 아드레날린의 형제라고 할 수 있는 노르아드레날린을 분비해 전투에 대비한다.

또한, 긴장하기보다는 차분해지려고 노력하면 위협에 다른 생리학적 반응을 하게 되는데, 이를 '죽은 척하기' 혹은 '기절 반응'이라고 한다. 이 중 어느 것도 긴장감 높은 비즈니스 현실에 도움이 되지 않는다. 하지만 우리 사회는 '이완 반응'에 집착해 이를 만병통치약처럼 취급하고, 전문 코치는 성과 향상을 위한 방법으로 이를 제시한다. 긴장 완화와 관련된 화학물질은 우리에게 덜 알려졌다. 가속 액체인 아드레날린에 대해 들어 본 사람은 많지만, 브레이크 액체에 대해 들어 본 사람은 거의 없을 것이다. 죽은 척하기 혹은 기절 반응에는 아세틸콜린이라는 물질이 분비된다. 간단하게 말하면, 신체 시스템에 열을 내기 위해서는 아드레날린이나 노르아드레날린이 필요하고, 열을 식히기 위해서는 아세틸콜린이 필요하다(〈그림 1.2〉). 그러나 뛰어난 성과는 긴장 완화나 각성과 관련이 없다. 열을 식히거나 열을 내거나, 싸우거나 도망가거나 얼어붙거나 아무 상관이 없다. 성과의 질은 자율신경계가 아니라 신경내분비 시스템이 결정하기 때문이다. 신경내분비 시스템이 감정적 경험의 질을 결정하는 반면, 자율신경계는 각성의 정도를 결정한다.

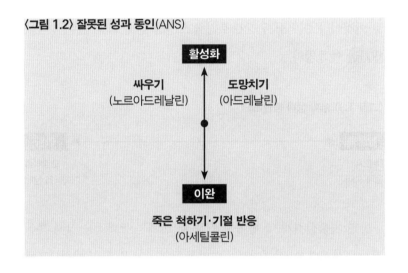

〈그림 1.2〉 잘못된 성과 동인(ANS)

신경내분비 축의 오른쪽에 있을 때(〈그림 1.3〉), 신체는 이화작용 상태 혹은 고장 난 상태다. 이 상태에서는 이화(생물의 조직 내에 들어온 물질이 분해되어 에너지원으로 사용되는 것. 에너지 방출 반응이라 할 수 있으며, 대표적인 예로 '호흡'을 들 수 있다. 다른 말로는 이화작용이라고 함–옮긴이주) 호르몬, 특히 신체 주요 스트레스 호르몬인 코르티솔이 지배한다. 코르티솔과 부정적 감정의 과학적 연관성은 분명하다. 예를 들면, 코르티솔이 많이 분비되는 뇌종양 환자는 종종 우울해진다. 또 우울증으로 고통받는 사람들은 뇌척수액 중 코르티솔 수치가 높다. 결과적으로 코르티솔이 증가하면 부정적 감정이 발생할 가능성이 높고, 이런 부정적 감정이 다시 코르티솔을 증가시키는 악순환이 계속되면서 성과가 저하된다. 개인이나 팀의 실적이 하락세를 보이는 원인이 바로 이것이다. 이처럼 우리가 부정적 느낌을 받게 되면, 높은 성과를 내기란 쉽지 않다.

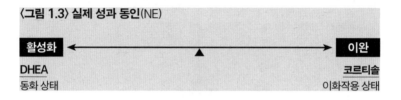

〈그림 1.3〉 실제 성과 동인(NE)

반면 자율신경계 축 왼쪽에 있을 때 신체는 동화작용 상태 혹은 건강한 상태다. 이 상태에서는 다양한 동화 호르몬, 특히 디히드로에피안드로스테론DHEA이 우세하다. DHEA는 성과 혹은 활력 호르몬으로 알려졌으며, 코르티솔의 자연 해독제다. 또 긍정적 감정과도 관련이 있다. 긍정적 감정은 DHEA의 수준을 높이는 선순환을 만들며 성과를 높인다. 개인이나 팀의 실적이 상승세를 보이는 원인이 되며, 이 또한 생물학적으로 설명할 수 있다. 분명 우리가 긍정적 느낌을 받는다면, 훨씬 쉽게 성과를 성취할 수 있다. DHEA는 남성의 경우에는 테스토스테론을, 여성의 경우에는 에스트로겐을 만드는 분자다.

코르티솔 : DHEA 비율

코르티솔 ┃ DHEA의 비율은 노화 정도를 측정하며, 매우 훌륭한 생물학적 지표로 사용할 수 있다. 높은 코르티솔과 낮은 DHEA 비율은 오늘날 우리가 겪는 수많은 질병과 연관이 있다.

- **비만** ┃ 코르티솔은 복부 지방 증가를 가져온다.
- **당뇨병** ┃ 코르티솔은 혈중 당의 증가를 가져온다.
- **고혈압** ┃ 코르티솔은 체액 균형을 방해한다.
- **심장병** ┃ 코르티솔은 콜레스테롤 증가를 가져온다.
- **암** ┃ 코르티솔은 면역력 약화를 가져온다.
- **우울증** ┃ 코르티솔은 부정적 느낌을 부른다.
- **노인성 치매** ┃ 코르티솔이 두뇌 기능을 떨어뜨린다.

높은 수치의 코르티솔은 성과의 다양한 측면에 악영향을 미치며 '구성원의 코르티솔'이 높은 경우 비즈니스 성과가 낮아질 수 있다. 반면 높은 DHEA는 성과 향상을 이끄는데, 이런 이유로 DHEA는 올림픽 금지 약물에 속한다.

'상태'라는 가로축에 '활동'이라는 세로축을 추가하면, '감정 영역'이라는 그림을 만들 수 있다(〈그림 1.4〉). 2개의 중요한 생리학적 시스템이 성과에 영향을 미친다. 잘 알려진 바와 같이 이러한 상호작용은 1982년 LA 서던 캘리포니아 약학 대학 생리학과 교수이던 제임스 P. 헨리James P. Henry가 처음으로 주장했다.[1] 계속해서 성과를

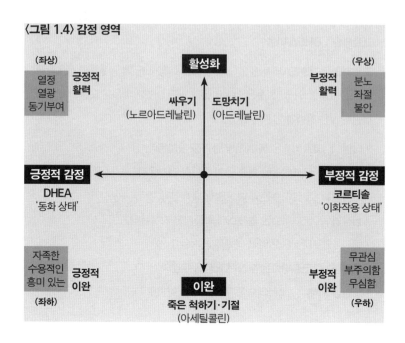

〈그림 1.4〉 감정 영역

(좌상)
열정
열광 **긍정적**
동기부여 **활력**

활성화

싸우기 도망치기
(노르아드레날린) (아드레날린)

(우상)
부정적 분노
활력 좌절
불안

긍정적 감정 ←—————————————————→ **부정적 감정**
DHEA 코르티솔
'동화 상태' '이화작용 상태'

자족한
수용적인 **긍정적**
흥미 있는 **이완**
(좌하)

이완
죽은 척하기·기절
(아세틸콜린)

부정적 무관심
이완 부주의함
무심함
(우하)

내기 위해서는 사분면 중 왼쪽의 긍정 측면에 있는가, 아니면 오른쪽 부정 측면에 있는가가 중요하다. 사분면 중 위쪽에 있는가(활성화된 상태) 혹은 아래쪽(이완 상태)에 있는가는 중요하지 않다. 스트레스나 성과 문제를 해결하기 위해 긴장 완화가 해독제로 지나치게 자주 쓰이는데, 이는 잘못된 해결책이다. 혹은 각성 상태를 진정시켜 사분면 아래쪽 상태에 머물러야 한다고 주장한다. 휴식이 항상 도움이 된다는 듯 주말이나 휴일에 충분히 쉬었냐고 물어본다. 휴식에 집착하는 것은 우리의 생리가 어떻게 작용하는지 잘못 이해하기 때문이다.

각성 상태에는 2가지 종류가 있다. 열정이나 열광(〈그림 1.4〉 왼쪽

위)과 같은 긍정적 각성이거나 분노나 좌절(〈그림 1.4〉 오른쪽 위)과 같은 부정적 각성이다. 여기에 두 종류의 이완이 더해진다. 〈그림 1.4〉의 아래쪽 긍정과 부정 상태로 떨어질 수도 있다. 긍정적 이완에는 만족이나 호기심, 평화와 같은 느낌이 해당하며, 부정적 이완에는 무관심, 부주의함, 무심함 같은 느낌이 있다.

문제는 부정적 이완 상태로 떨어질 경우, 코르티솔을 비롯한 다른 이화 호르몬이 과다 분비되어 우리의 건강과 적절한 사고에 악영향을 미치고, 결국 성과도 떨어지게 한다는 것이다. 이러한 부정적 상태에 있는 사람들은 자신이 '이완' 상태이기에 괜찮다고 생각하는 경향이 있어서 위험하다. 생리학적으로 보면 괜찮은 것이 아니라, 오히려 위험한 상태다. 감정 사분면 오른쪽 위 상태, 즉 분노, 억울함, 좌절을 느낄 경우에는 위기감을 자각하고 이를 해결하기 위해 무엇이라도 시도한다.

부정적 느낌은 무시한다고 사라지지 않는다. 생리 시스템이 불안정하며 무너지고 있는 것이다. 따라서 감정 영역에서 왼쪽 위 또는 오른쪽 위에 있는지 잘 구분하고, 사업체 경영진의 행동이 어디에서 비롯되는지 알아야 좋은 성과를 꾸준하게 낼 수 있다. 조직을 회복시켜야 한다면, 감정은 사분면 중 우하 사분면이 아닌 좌하 사분면 상태에 있어야 한다.

조율 상태 구축하기

진정한 성과의 비밀은 이완이 아니고 동기부여도 아니다. 〈그림 1.4〉의 왼쪽 사분면으로 이동해 머무는 것이다. 왼쪽 긍정적 사분면의 조율된 감정 상태를 유지하기 위해서는 새로운 존재 방식인 '조율_{coherence}' 상태를 개발해야 한다. 조율된 상태란 간단히 말하면 탁월한 성취가의 생물학적 토대로, 지난 20여 년 동안 '몰입 상태'[2]라고 불렸다. 몰입 상태에서는 몸과 마음이 하나가 되어 최상의 능률과 효율성을 발휘하며 놀랄 만한 성과를 낼 수 있다. 오래전 석공이 사용한 쐐기돌처럼 말이다. 조율은 뛰어난 리더십 조각을 하나로 모으는 역할을 하며, 우리가 매일매일 최고의 능력을 발휘하도록 돕는다.

이론상 조율된 상태는 '안정적 변동성'이다. 인체든 자동차든 혹은 비즈니스 구조든 건강한 시스템에는 반드시 변동성이 존재한다. 변동성에는 2가지 측면이 있는데, 변동성의 분량과 종류 또는 패턴이다. 모두 인체가 최상의 기능을 발휘하는 데 중요한 역할을 한다. 변동성을 안정적으로 예측할 수 있다면, 활기차고 건강하며 살아 있는 시스템이라 할 수 있다. 변동성의 결핍은 곧 건강하지 못한 상태를 의미한다. 불안정하고 유연성이 떨어지며 상황 변화에 적응할 수 없다. 경제나 인간 신체에서 변동성은 복잡한 시스템을 건강하게 유지하는 데 필수 불가결한 요소다.

2021년 현재, 세계에서 가장 높은 빌딩으로 높이가 828m에 달하는 두바이의 부르즈 할리파를 설계할 때, 건축가들은 변동성을 정확하게 계산해 바람이 빌딩을 칠 때 적절하게 휘도록 설계해야 했다. 만약 사막으로부터 강한 바람이 불 때, 건물이 지나치게 흔들린다면 건물의 안정성은 떨어지고 빌딩 안에 있는 사람은 뱃멀미와 같은 울렁거림을 느낄 수 있다. 이처럼 변동성이 부족하면, 건물의 유연성이 떨어지고 뻣뻣해져 심각한 모래 폭풍이 불어왔을 때 무너져 버릴 것이다.

변동성은 비즈니스에서도 같은 역할을 한다. 변동성이 지나치게 적으면 시장 환경 변화에 대처하거나 중심을 잡을 수 없다. 전략이 적절하지 못하다는 충분한 근거가 있음에도, 경영자가 이를 수정하지 않는다면 사업은 내리막길로 접어들고 결국 실패할 것이다. 변동성 부족으로 처참한 실패를 맛본 사례를 찾고 싶다면, 음악 산업을 떠올리면 된다. 물리적 생산품 대신 다운로드를 요구하는 시장의 변화를 수용하지 않고, 불법다운로드 근절에만 신경 쓰느라 고객들이 새로운 방식으로 음악을 사용·구매하는 방식을 무시했다. 만약 유연성을 가지고 대처했다면 오히려 비용을 줄일 좋은 기회가 되었겠지만, 결국 법적 대응을 선택했다.

반면 지나친 변동성 역시 비즈니스상 위기를 가져온다. 1가지 비즈니스에 집중하지 못하고 예측이 어려운, 새로운 아이디어나 전략으로 옮겨 다니게 되는 것이다. 어려운 상황일수록 변동성이 지나치게 발휘되는 경향이 있다. 수익성이나 시장점유율 하락에 대처하고

자 불투명한 시장에서 조급하게 사업다각화를 추진하거나 불확실한 상품 혹은 서비스를 출시한다. 이렇게 '일단 모두 던져서 하나라도 걸려라'하는 식의 접근은 비용 부담이 크고 비효율적이다. 그 누구도 예측할 수 없기에 결과는 더욱 알 수 없게 된다. 결국 '움직이는 과녁 맞히기'로 전락하고 만다.

빌딩에서 비즈니스, 그리고 생물학에 이르기까지, 복잡한 시스템이 건강하다는 증거로 변동성의 적절한 양과 규칙성을 들 수 있다. 균형을 찾는다면 조율 상태에 도달할 수 있다. 따라서 조율의 법칙은 예측 가능하고 안정적인 변동성이다. 생리적 조율이 온전한 조율에 이르는 출발점이다. 에너지 수준을 적극적으로 운영하며 적절하게 회복하는 방법을 배운다면, 알맞은 에너지 변동성 총량과 규칙성을 파악해 최상의 성과를 낼 수 있다.

이 책에서 제시하는 간단한 기술을 제대로 익혀서 생리적 조율 상태가 된다면, 10년 전 누렸던 에너지 상태로 되돌아갈 수 있다. 더 많은 에너지를 확보할 뿐만 아니라 이를 더 효율적으로 사용하고 효과적으로 재충전할 수 있게 된다. 쉽게 말해서 더 젊어진다(2장).

또한 내적 생리 상태를 제대로 알아차린다면, 감정적 조율에도 도움을 준다. 감정 데이터를 지금보다 쉽게 인식할 수 있기에 내부의 깊숙하고 풍부한 감정 표현의 근원에 다다를 수 있다. 생리 상태란 단순한 데이터 혹은 정보의 흐름이라는 사실을 기억하자. 음악에 비유한다면, 생리 상태란 인체 내부에서 끊임없이 연주되는 다양한 음표의 흐름이라 할 수 있다. 감정은 각각의 음표를 하나의 선율로 통합한다. 느낌은 특정 순간 우리 몸에서 흘러나오는 연주곡을 인지적으로 자각한다. 당신의 신체 시스템은 조율된 교향곡을 연주하고 있는가, 아니면 제멋대로 연주되는 불협화음을 내고 있는가?

신체는 하루 24시간, 일주일에 7일, 우리가 자각하지 못해도 끊임없이 곡을 연주한다. 문제는 우리가 연주곡을 듣지 못하거나 어떤 곡을 연주하는지 전혀 알지 못할 때 일어난다. 곡을 잘못 해석하거나 헤비메탈을 연주하면서 모차르트 곡을 연주하고 있다고 착각한다. 생물학적 시스템이 연주하는 곡을 잘못 알고 있거나 무시한다면, 건강이나 감정적 안녕뿐만 아니라 비즈니스에도 심각한 영향을 미칠 수 있다.

그러므로 주로 심장 조율에서 촉진되는 생리적 조율은 감정적 조율을 가능하게 한다. 심장은 가장 강력한 신체 기관이기 때문에, 모든 생물학적 데이터의 흐름이 조율 상태가 되기 전까지 다른 장기 시스템의 조율을 도울 수 있다. 감정을 인지하고 적극적으로 감정을 다루는 법을 배우고 또한 감정문해력을 높인다면, 감정변이도의 적절한 양과 패턴에 접근할 수 있다.

또한 감정을 다루는 기술을 익힌다면, 감정을 억누르거나 무시하는 대신 유용하고 알맞게 감정을 이용할 수 있다. 감정 유연성과 지적 능력, 그리고 성숙함을 개발하면 이러한 감정적 조율은 에너지 축적에 긍정적인 영향을 미칠 것이다. 생리적 조율과 감정적 조율 경험이 쌓일수록 우리의 건강과 행복에 좋은 영향을 미칠 것이다(3장).

생리적 조율과 감정적 조율은 인지적 조율로 이어져 인지 기능을 보다 효율적으로 이용하게 되고, '뇌의 셧다운'을 예방할 수 있다. 회의 중 '두뇌 기능 정지'를 직접 경험했거나 다른 사람의 상태를 목격한 경험이 있을 것이다. 누군가 화를 내거나 지나치게 불안한 모습을 보였을 수도 있고, 자동차 헤드라이트에 놀란 토끼같이 얼어붙거나 헛소리를 중얼거렸을 수도 있다. 이 모든 반응은 생리 상태가 혼란스럽고 감정변이도가 부족하기 때문이다. 두뇌 기능 정지는 4장에서 본격적으로 다룰 예정인데, 생리적 조율에서 시작한 조율의 이점을 단계별로 익히면 쉽게 예방할 수 있다.

두뇌 기능 정지 예방은 지적 능력 향상만으로 간단하게 이루어지지 않는다. 진정한 인지능력 성장과 보다 나은 인지 과정은 오직 '알아차림'을 훈련하고 성인으로서 성숙도를 높일 때에만 가능하다. 이 2가지를 모두 성취할 때, 꼭 필요한 인지 가변성의 양과 패턴에 접근할 수 있고, 좀 더 깊고 명확하게 생각할 수 있다. 우리는 사고 유형을 복잡하고 도전적인 과제에 실시간으로 걸맞게 적용할 수 있다. 결과적으로 보다 더 창조적이고 혁신적인 성과와 최고의 결과를 계속해서 얻을 수 있다. 한마디로 인지적 조율을 이룬다면, 우리는 점점 더 현명해질 것이다(4장).

이런 통합적 내부 조율이 행동 조율을 통해 외부 세계에서 드러나기 시작하면, 성과는 놀랄 만큼 향상된다. 성과를 높이는 행동 패턴과 성과 구조를 이해하면, 적절한 행동 변동성의 양과 유형을 알아낼 수 있다. 그러면 적절한 시간에 필요한 만큼 일을 하게 되고, 행동의 폭을 넓혀 전략적 선택에 도움이 되어 연이어 성공할 수 있다. 신경과학자 존 코츠John Coates에 따르면[3], 감정과 기분이 의식적 사고들을 신체와 일치시켜 일관된 행동을 낳는다. 비즈니스를 하면서 우리가 항상 해왔던 방식으로 결론을 내리거나 우리가 하려던 것과 전혀 다른 일을 하는 것으로 마무리될 때가 많다. 이 경우, 생각과 행동이 조화를 이루었다고 할 수 없다. 에너지가 부족하거나 감정이 요동칠 때, 또는 생각을 충분하게 하지 못할 때, 사고와 행동이 일치하지 않는다. 생리와 감정, 그리고 인지가 조율 상태에 다다르면 비즈니스상 중요한 행동에 집중할 수 있으며 결과를 바꿀 수도 있다. 조율된 상태에서 우리는 더욱 성공할 수 있다(5장).

생산성과 영향력을 높이기 위해서는 에너지 비축량 감소와 부정적 감정, 그리고 부적절한 사고와 비효율적인 행동에서 벗어나야 한다. 리더십을 개발하면 생산성과 성과가 획기적으로 높아지는데, 끈끈한 업무 관계와 원활한 팀 운영을 위해 무엇이 필요한지 이해하게 되기 때문이다. 사람은 복잡한 존재이며 가지각색이므로, 조율된 리더는 똑같은 방식으로 모든 직원을 대하는 일이 현명하지 않다는 사실을 잘 알고 있다. 관계 변동성의 적절한 양과 유형을 알기에, 잘 조율된 리더는 자신만의 상호작용 방식과 접근법을 적용한다. 사람을 움직이게 하는 방법을 알고 상대방의 동기를 알아차릴 때, 인간관계 형성에 필요한 유연성을 갖추게 되며, 더 효율적으로 협상하고 통합되고 조율된 결론을 내릴 수 있다. 또한 강력한 팀으로 성장하고 단단한 관계로도 맺을 수 있다. 조직의 상부와 하부 모두에서 제대로 된 거버넌스를 시행한다면, 조직원 모두가 단합해 회사의 목표를 달성하고자 노력하게 된다.

조화로운 리더란 높은 정직성을 나타내는 개인을 말한다. 그들은 자신이 한 말을 지키며, 행동과 대인관계의 접근에서 광범위하고 안정적인 유연성을 보인다. 이는 사업의 미래를 대비하는 데에 절대적으로 중요하며, 또한 영감을 주고 종종 리더를 더 영향력 있는 존재로 만드는 결과를 낳기도 한다(6장).

조율은 탁월한 리더십을 발휘하기 위해 꼭 필요한 요소이며, 자기 자신과 팀, 회사와 산업, 그리고 사회 전체에서 조율을 이룬다면 놀랄 만한 일을 해낼 수 있다.

탁월한 리더십의 진화

수렵채취 사회에서 농경 사회, 그리고 산업혁명과 최근 정보사회에 이르기까지, 인류 진화 과정에서 시대 간 이동 속도가 점점 빨라진다는 점에 주목해야 한다.

수렵채취 사회는 20만 년 동안 계속되었지만, 최근 정보사회는 70년 정도 이어질 것으로 예상된다. 정보사회는 2023년 기준으로 이미 65년이 지났다. 이는 매우 큰 차이라고 할 수 있으며, 진화가 얼마나 빠르게 이루어지는지를 보여준다. 현재의 경영 환경은 불과 20여 년 전과 확연하게 다르며, 100년 전 경영 환경은 기억조차 할 수 없다.

미국의 발달심리학자 켄 윌버Ken Wilber에 의하면, 인간 발달에는 '깨어남의 길'과 '성장의 길'이라는 2가지 중요한 과정이 있다. 개인과 집단은 우선 통제와 힘의 착각에서 깨어나야 한다. 올바르게 성장하려면 원치 않는 본성의 일부를 수용하고 재통합해야 한다. 또한, 깨어나고 성장하는 진화의 정도에 따라 우리가 어떤 리더로 성장하는가가 판가름되며, 우리 자신과 회사가 새롭고 역동적이며 경쟁적인 미래의 환경 속에서도 성장하게 도울 수 있다.

특정 단계까지 성장하지 못하면 인간성이 사라질 수도 있다. 우리는 지금보다 높은 단계로 진화해야 한다. 그래야 날로 복잡해지는 세상과 인간 스스로 만들어낸 사악한 문제를 해결할 수 있다.[4] 이러한 관점에서 비즈니스의 세계는 중요한 책임을 맡았다. 우리가 성장하고 성숙한다면, 장기간 성공을 이어가고 역사에 기록될 전설을 만들 수 있다. 우리는 의외의 분야를 비롯해 새로운 아이디어를 수용하며 마음을 열어야 한다. 좋은 소식은 더욱 세련된 리더십이 나타나고 있으며, 이는 변화에 쉽게 적응한다. 더 중요한 것은 우리가 집이라고 부르는 아름다운 지구에서 번영하려면 추가로 어떤 변화가 필요한지를 보는 능력이 있다는 것이다.

경영 환경이 수많은 직원을 잘 이끌어 이윤 중심의 리더십에서 역설적 리더십, 그리고 지구 중심의 리더십으로 이동함에 따라, 우리는 켄 윌버가 묘사한 것처럼 본질적으로 '성장'하고 있다.[5] 지구 중심의 리더십은 차별화된 능력을 개발하고 현명한 해결책을 제시해 다양한 도전을 극복하고 혁신을 이끈다.[6] 차별화는 성숙의 척도라 할 수 있다. 지금까지 사용된 방법은 더 이상 통하지 않거나 제 기능을 하지 못한다. 지구 중심의 리더십은 끊임없이 변화를 주도하고, 미래를 구축하기 위한 의제를 규정하고 재구성한다.

이러한 리더는 차별화는 물론, 더 완벽하고 조율된 해답을 찾고자 끊임없이 노력한다. 성숙과 성장, 그리고 통합을 추구하며, 다음 단계의 성과나 역량을 정의하고 주어진 현실을 고려해서 목표를 성취할 계획을 세운다. 이와 같은 리더십은 심오한 여정이며, 리더들에게 발전을 저해할 가능성에 대해 성찰할 것을 요구한다.[7] 사실상, '잘못을 인정'한다는 것은 리더로 '성장'하는 데 필요한 단계. 깨어나고 성장한 후 우리가 이제까지 만들어 온 세상을 인정할 준비가 되면, 우리는 세상이 원하는 탁월한 리더십을 배우는 여정을 제대로 시작할 수 있다. 이 모든 변화는 우리가 리더로서 어떻게 행동할지를 결정한다.

하지만 이 여정은 그저 리더로 성장하기 위한 길이 아니다. 정보나 지식을 포함한 삶의 모든 요소가 탄생과 분화, 그리고 통합이라는 진화의 길을 걷는다. 오늘날 직면한 사악한 도전을 극복하고 싶다면, 과거보다 광범위한 통합 능력 개발이 절실하다. 다행히 우리에게 필요한 지식은 모두가 이용할 수 있다.

하지만 지식의 양 자체가 문제다. 지식의 양이 너무나 압도적으로 많아서, 사람들을 지식 저장고로 내몰았다. 성공하려면 한 분야에서 전문가가 되어야 한다고 생각하지만, 전문가의 시대는 끝났다. 능숙함을 숭배하던 시대는 끝났다. 이제는 통합이 필요한 시대다. 지금은 복잡한 시스템 안에서 통찰력을 발휘해 중요한 부분을 통합하고 비즈니스에 대한 더 완전한 이해를 구축해야 할 때다. 이를 통해 전체가 부분의 합보다 더 크다는 것을 깊이 이해할 수 있게 된다.

우리에게 필요한 지구 중심의 리더십은 완전히 다른 분야의 과학 연구 결과를 통합해야 얻을 수 있다. 연구 결과, 대부분이 고도의 성과를 내는 사업과는 관계가 없으나, 이미 각각의 분야에서는 흔한 지식이고 확실하게 증명된 것들이다. 그러나 이런 통찰은 주류 '의식'으로 전파되지 않았으며, 비즈니스에서 가장 큰 긍정적 영향을 줄 수 있는 곳에서는 비교적 알려지지 않은 상태다. 여기서 언급한 정보의 '부분'도 유용하지만, 정보를 통합하면 그 영향력은 폭발한다. 이 책에서 제시하는 통합은 개인과 집단의 탁월함을 찾아낼 수 있는 보물지도 역할을 하리라 믿는다.

탁월한 리더십 모델

지난 25년간 전 세계 모든 비즈니스 분야의 리더와 일해 왔다. 그들 대부분은 단기 성과와 분기별 성과 발표에 필요한 일을 처리하면서 시간을 보냈다. 리더는 성과로 평가받기 때문에 이는 놀랄 만한 일이 아니다. 기업은 성과를 위해 리더를 고용하고 성과 달성에 실패하면 해고한다. 에퀼라Equilar(임원 보수 조사 전문 업체-옮긴이주)의 연구 결과에 따르면, S&P 500에 속하는 대기업 CEO의 평균 재직 기간은 2013년에는 6년이었으나 2017년 말 기준 5년으로 감소했다.[8] 다시 말하면, CEO의 근속 기간이 짧기 때문에 단기 성과 이외에는 다른 일에 신경 쓸 여유가 없다. 몇몇 용감한 리더만이 연간 계획이나 3년 혹은 5년의 중기 성장 계획 외의 다른 전략에 관심을 가질 뿐이다. 또한, 문화가 전략을 흡수해 버렸다는 사실을 알면서도, 소수의 리더만이 기업 문화 변화에 상당한 질적 시간을 투자한다. 문화, 가치 및 조직의 분위기를 이야기하지만 보통은 이에 대한 이해가 깊지 않다.

대다수의 리더들은 자신에 대한 알아차림, 개인의 성장, 사고의 질이나 에너지 수준에 대해 생각할 겨를이 없다. 이제까지 함께 일한 그 누구도 생리 상태가 리더십에 중요한 요소라고 생각하지 않았다. 이 또한 놀랄 만한 일이 아니다. 중요한 요소임에도 경영대학원에서도 잘 알려지지 않아 제대로 가르치지 않았고, 가르쳤다고 해도 짧게 다룰 뿐이다. 그러니 비즈니스 분야에서는 잘 다루지 않으며, 경영 잡지에서도 제대로 다루지 않는 주제다.

최고 경영자들과 함께 일하면서 이제까지 적용된 리더십 모델이 완전하지 않았음을 확실히 알게 되었다. 이런 불완전한 관점으로 리더에게 성과를 향상시키라고 강요했을 뿐만 아니라 팀이나 조직에도 잘못된 길을 강요했다. 포괄적인 모델이 필요하며, 리더가 이제까지 관심을 가졌던 분야와 더불어 관심을 기울여야 할 중요한 분야까지 포함해야 한다. 한마디로, 탁월한 리더십을 발휘하기 위해서는 보다 완전한 모델이 필요하다.

어떤 모델이 필요한지 살피려면, 학문의 연구 결과에서 시작해야 한다. 리더십과 철학, 생리학과 성과 및 다른 학문 분야를 다룬 다양한 책을 읽은 후, 통합 철학자인 켄 윌버가 연구한 AQALAll Quadrants All Levels(모든 사분면의 모든 수준) 모델이 가장 완벽한 도구이며, 현상을 폭넓게 설명할 수 있다는 사실을 알게 되었다(〈그림 1.5〉)[9]. AQAL 모델은 켄 윌버 연구의 핵심이다.[10] 그는 학문이 삶의 다양한 발자취를 어떻게 묘사했으며, 무엇이 실제를 반영한 지도가 될 수 있는지 연구했다. 윌버의 사분면 모델은 개인과 집단의 내면과 외면을 묘사한다. 같은 방식으로 리더 개인과 팀의 내면과 외면, 그리고 조직의 내부와 외부도 묘사할 수 있다.

AQAL 모델의 핵심에는 다음과 같은 사분면이 존재한다.

• 나의 내면(나)

- 우리의 내면(우리)

- 외부(그것)

- 우리의 외부(그것들)

　삶의 매 순간은 3개의 영원한 영역, 즉 나, 우리, 그리고 그것/그것들로 표현할 수 있다.

〈그림 1.5〉켄 윌버의 AQAL 모델을 비즈니스 영역에 적용한 경우

	내부	외부
개인	나(I)	그것(IT)
	정체성	두뇌와 구조
	알아차림	리더십 행위
	생각, 느낌, 감정	개인적 계획
	생리학	직업
집단	우리(WE)	그것들(ITs)
	가치	PESTEL 맥락 및 주제
	문화	조직 구성 디자인
	신뢰	회사의 전략
	팀 역동성	비즈니스 프로세스

　임원 회의에 참석할 때, 리더는 무언가를 생각하고 느낀다. 다른 사람들도 마찬가지다. 이것이 바로 각 개인의 내면, 즉 '나(I)'다. 모든 개인은 강하든 약하든 상호 관계를 맺는데, 이는 내면의 공유로 '우리(WE)'다. 그리고 회의 참석자들은 계속 사업에 대해 논의를 하

는데, 이때 관찰할 수 있는 개인 행동은 '그것(IT)'이며 관찰할 수 있는 구조나 과정은 집단으로서 '그것들(ITs)'이다.

윌버의 AQAL 모델에서 우상, 우하 사분면은 그것과 그것들의 객관적 세계를 설명하며, 좌상, 좌하 사분면은 보이지 않는 내면세계인 나와 보이지 않는 공유 세계인 우리를 설명한다.

나는 이 모델을 시계 반대 방향으로 다시 정렬해서, 개인이 중심에 서서 이성적이고 객관적인 세계를 볼 수 있도록 수정했다. 이 작업을 통해 회사 경영과 비즈니스상 좀 더 밀접하게 관련된 구조로 만들었으며, 이를 통해 리더는 오늘날 그들이 직면한 도전을 제대로 이해할 수 있을 것이다. 또한 여기에 현재 리더에게 필요한 분면을 추가했다. 〈그림 1.6〉을 보면, 중앙을 기준으로 왼쪽 위는 리더의 단기 달성 목표이고, 오른쪽 위는 장기적인 마켓 리더십 항목이다. 오른쪽 아래는 사람과 사람 사이의 리더십 분야로 '우리'를 말하며, 왼쪽 아래는 개인의 내적이고 주관적인 성과 분야로 '나'를 뜻한다.

이렇게 3차원 모델로 바꾼 이유는 그것이 오늘날 리더가 세상을 이해하는 방식이기 때문이다. 리더는 자신의 삶 중심에 서서 앞을 바라볼 뿐, 뒤에 존재하는 '나'와 '우리' 같은 것을 생각하지 않는다. 대부분 '그것', 심지어 단기적 '그것'에만 집중한다. 리더 대부분은 '그것'에 중독되어 고통받고 있음을 인정한다. 그들의 생각은 결과를 도출하기 위해 나/우리가 오늘 해야 할 '그것'이 무엇인가로 가득 차 있다.

2010년 이후 우리는 앞에서 언급한 모델을 500개 이상의 글로벌

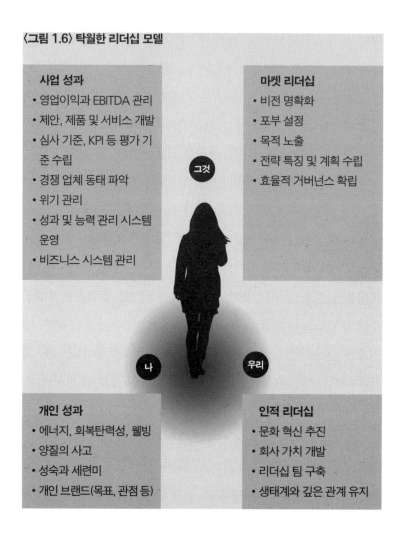

〈그림 1.6〉 탁월한 리더십 모델

사업 성과
- 영업이익과 EBITDA 관리
- 제안, 제품 및 서비스 개발
- 심사 기준, KPI 등 평가 기준 수립
- 경쟁 업체 동태 파악
- 위기 관리
- 성과 및 능력 관리 시스템 운영
- 비즈니스 시스템 관리

마켓 리더십
- 비전 명확화
- 포부 설정
- 목적 노출
- 전략 특징 및 계획 수립
- 효율적 거버넌스 확립

그것

나   우리

개인 성과
- 에너지, 회복탄력성, 웰빙
- 양질의 사고
- 성숙과 세련미
- 개인 브랜드(목표, 관점 등)

인적 리더십
- 문화 혁신 추진
- 회사 가치 개발
- 리더십 팀 구축
- 생태계와 깊은 관계 유지

CEO에게 성공적으로 적용했다. 여기에는 FTSE 100(런던 증권거래소에 상장된 주식 가운데 시가총액 순으로 100개 기업의 주가를 지수화한 종합 주가지수-옮긴이주)의 상위 70%에 속하는 회사와 인도, 중국, 그리고 극

동아시아 기업과 포천 500 기업이 포함된다. 평가 결과, 리더들의 고민거리는 모두 이 모델에서 언급한 문제였다.

결과적으로, 우리는 고객과 이 모델을 광범위하게 의논하고 리더가 직면한 문제를 모델의 사분면에 적용해 생각하도록 조언했다.

리더들은 개인인 '나'가 변화하면 그것/그것들 분야에서도 이성적이고 객관적인 행동으로 온전히 바뀔 수 있으며, 리더의 성공을 위해 '우리'라는 측면에서 상호 관계가 필요하다는 사실을 빠르게 깨달았다. 수많은 실패 기업이 증명하듯, 전략(그것)이 뛰어나고 단기 결과가 좋아 보여도(그것) 리더를 신뢰하지 않는다면(우리), 리더는 동료들에게 자율성을 허락하지 않을 것이며(나), 이 경우 전략은 결코 실행될 수 없다.

하루가 다르게 복잡해지는 세상에서 성공하려면 반드시 모든 사분면에서 효과적인 능력을 개발해야 한다. 리더 대부분은 그것/그것들의 객관적 사분면에서는 능숙하지만, 다음 단계로 도약하기 위한 경쟁적 장점, 성장의 속도와 원동력은 '나'와 '우리'의 영역에서 비롯되어야 한다. 이것은 더 나은 자기 인식과 성숙, 그리고 감정 지능(나)을 개발하면서 상호 관계 역동성도 향상시켜야 한다(우리). 뛰어난 리더는 쉽게 4개의 사분면을 넘나들 수 있고, 모든 사분면에서 조율되어 있다. 사분면 모두에서 탁월한 리더가 되려면, 다양한 '발달 영역'을 넘나들며 수직 성장해야 한다.

수직 성장과 성장 단계

한 컨설팅 회사의 CFO가 자신의 회사 임원을 만나달라고 요청한 적이 있다.

"그 임원을 승진시켜야 할지, 해고해야 할지 모르겠어요."

CFO는 내게 그와의 만남을 주선하며, 이렇게 말했다. 나는 이후 자세히 그 임원에 대해서 설명해달라고 부탁했다.

"그 임원은 성과를 많이 내지만, 다른 사람들을 괴롭힙니다. 현재 그와 관련된 고충 처리 요청이 5건이나 됩니다."

내게 부탁하기 전에 경영 코치를 알아봤느냐고 묻자, CFO는 이미 경영 코치의 컨설팅을 받았다고 대답했다. 그래서 나는 다시 물어보았다.

"그 코치가 그에게 효과적인 의사소통 기술을 가르쳤나요? 코칭 이후 더 교활하게 사람들을 괴롭혔죠?"

그러자 CFO는 고개를 끄덕이며 내 추측이 맞다고 했다.

이 사례는 수평 성장과 수직 성장의 차이를 잘 보여준다. 수평 성장이란 기술이나 지식, 그리고 경험의 습득을 말한다. 간단하게 표현하면, '학습learning'을 말한다. 이 3가지는 매우 유용하지만 실제 성인의 성장, 성숙도의 상승 또는 수직 성장과는 전혀 다르다. 이 컨설팅 회사의 임원은 수평 성장으로 새로운 기술을 배워 효율적으로 사용했다. 하지만 그는 다른 이를 예전보다 더 효과적으로 괴롭히거나 교묘하게 지배하게 되었을 뿐, 리더로서 성장하지는 못했다.

경영 코치가 '수직' 성장을 이끌어냈다면, 문제의 인물은 교활하게 괴롭히는 일이 역효과를 낸다는 사실을 깨닫고 이를 중단했을 것이다. 또한, 내적으로 성장하며 자신에 대한 알아차림이 늘어나면서 도움이 안 되는 행동을 바꾸려는 능력을 길렀을 것이다.

리더십 프로그램이나 코칭은 대부분 성장보다 학습에 초점을 맞춘다. 회사 조직 중 '교육 개발' 부서는 어마어마한 양의 교육과 최소한의 성장 업무를 수행한다. 하지만 수직 성장은 이제는 미래의 성공을 결정짓는 중요한 요소로 인식되고 있다.

우리가 만든 '탁월한 리더십' 프로그램은 수평 성장과 수직 성장을 구별하며, 세계에서 뛰어난 8가지 개발 이론 중 4가지에 기반을 둔다. 이는 모두 성인 개발을 집중적으로 다루었으며, 저자는 켄 윌버, 수전 쿡그리터Susanne Cook-Greuter, 윌리엄 토버트William Torbett, 그리고 로버트 키건Robert Kegan이다. 키건은 성인 개발을 성장 물잔에 물 채우기로 비유했다. 수평 성장이 잔에 물 채우기라면, 수직 성장은 잔 그 자체를 키우는 일이다.[11] 이 과정에서 우리는 기술과 지식, 그리고 경험을 쌓는 동시에 복잡한 해결책을 마련할 수 있다. 넓고 깊은 시야로 결과를 바꾸고 이전에는 몰랐던 잠재력을 사용할 수 있기 때문이다.

이것이 바로 중요한 '통찰력의 통합'이다. 시야를 넓히고 단순하게 지식과 경험을 축적해 수평으로 뻗어나가는 것이 아니라, 수직으로 상향 성장해 뚜렷한 성과를 얻어 더욱 중요한 자원에 접근할 수 있게 해준다.

리더가 수직 성장을 하려면, 독립적이면서도 상호 연관되어 시너지를 창출해야 하는데, 8가지 성장 영역에서 단계에 따라 수직으로 진화해야 한다(〈그림 1.7〉). 발달심리학자들은 자기계발 영역마다 발달 단계가 다를 수 있다는 것을 인정하지만, 뛰어난 리더라면 8개 분야 모두 높은 단계에 다다라야 단기간에 경영을 변화시킬 수 있다.

이러한 성장 영역 구분은 사람들이 자신의 잠재력을 과소평가하

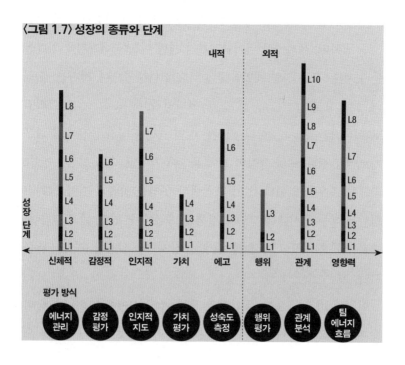

〈그림 1.7〉 성장의 종류와 단계

는 이유를 설명한다. 놀라운 성과를 얻는 데 필요한 주요 능력을 구분하지 않고, 하나의 능력으로 대충 묶어 리더의 현재 능력 판단 기준으로 삼거나, 단순히 '개발이 요구되는 능력'으로 취급하기 쉽다. 하지만 경영 능력과 밀접한 8가지 분야로 구분한다면, 숨겨진 잠재력을 효과적으로 파악할 수 있다. 개발 분야 중 한 분야에서만 잠재력을 발휘한다 해도, 자신도 모르는 사이에 리더로 성장하기 위한 여정을 시작한 셈이다. 만약 여러 분야에서 성장하고 있다면, 조직의 변화를 불러일으킬 인물이라고 볼 수 있다.

단계별 성장으로 얻는 이득은 일정하지 않고 어느 순간 폭발적으로 증가한다. 새로운 단계의 성장을 여는 혜택은 비선형적이고, 성장 가능 단계는 분야마다 다르다. 어느 영역에서든 다음 단계로 성장하기란 쉽지 않다. 성숙도를 예로 들자면, 일반적으로 아이에서 어른으로 성장할 때 밟는 단계다. 하지만 단순한 어른에서 성숙한 인간 존재로 성장할 때 가장 놀라운 효력을 발휘한다.[12]

아이에서 어른으로의 신체 성장과는 달리, 어른에서 성숙한 성인으로의 성장은 저절로 이루어지는 과정이 아니다. 의식적인 노력과 집중이 필요하다. 리더의 성장 여정에서 각각의 성장 단계가 동등한 가치를 지니지는 않는다. 특히 에너지와 감정이 성장을 위한 여정 초기에 특히 중요하다고 생각한다. 이를 여정 초반에 발달시키지 못하거나 방치하면, 뛰어난 성과와 성공을 위한 여정의 첫걸음부터 잘못 딛는 것이기 때문이다. 이것이 왜 초기 개발 기술 중 많은 기술이 근본적으로 중요한 발달 영역에 초점을 맞추는지에 대한 이유다. 각 기술에 대해 읽다 보면, 너무 쉽거나 단순하게 보일 수도 있다. 하지만 속지 마시라. 우리는 모든 기술을 간결하고 정확하게, 그리고 신중히 만들었다. 이 기술을 제대로 익힌다면, 에너지, 건강, 행복, 인지능력, 최고 성과 및 영향력 측면에서 기대 이상의 성과를 제공할 것이다.

탁월한 리더십의 기술과 지능

수직적인 개발을 촉진하고 조직의 성과를 변화시킬 수 있는 견고한 기반을 구축하기 위해 탁월한 리더십의 초기 기술을 살펴볼 것이다. 통합 성과 모델의 모든 요소를 온전히 이해하고 각각의 요소가 일상생활에서 문제를 유발하는 원인과 이를 피할 방법을 찾는다면, 결국 결과를 바꿀 수 있다. 사분면의 모든 수준에서 조율을 이뤄낸다면, 탁월한 지구 중심의 리더로 성장하는 여정에 오르게 될 것이다. 또한, 불안, 스트레스와 압박감을 덜 느끼며, 새롭고도 수익성이 높은 시장에서 사업을 이끌어 갈 능력을 갖출 것이다.

여러분은 비즈니스에 성공하기 위해서도 초기 단계의 감정 관리가 특별히 중요하다는 사실을 알아차렸을 것이다. 이는 감성 지능을 단순히 새롭게 포장한 것이 아니라 기존 관점을 뛰어넘는 독특하고도 새로운 구조적 틀이다. 대부분의 사업체에서 감정 관리를 거의 교육하지 않으며 제대로 개발하지 않은 영역이기에, 감정 관리의 위력은 대단하다. 감정 관리는 또한 가장 빠르고 단순하게 성과를 높이고, 더 나은 성장과 성공을 획득할 방법을 제공한다. 이 기술은 신체 지능에서 시작해 감성 지능에서 사회 지능의 순서로 능력을 축적한다(〈그림 1.8〉). 미국의 발달심리학자 하워드 가드너Howard Gardner가 다중지능 이론을 주장하고,[13] 대니얼 골먼Daniel Goleman이 감성 사회 지능ESQ이 인지능력보다 더 중요하다고 말한 이후[14], 경영 분야에서도 지능 개념에 대해 관심을 가지기 시작했다. 현재 200개 이상의 ESQ 측정 방식이 있지만, 면밀하게 살펴보면 12가지 분야 중 일

〈그림 1.8〉 감정 지능과 사회 지능의 12단계

대인관계 기술	12	긍정 관계 유지, 성공 추구 = 사회 지능
	11	타인에 대한 자신의 감정의 영향력 알아차리기 = 사회적 영향력 알아차리기
	10	타인의 감정 알아차리기 = 사회 직관, 공감력, 관계(라포르)
개인 기술	9	모든 상황에서 긍정적 감정을 만드는 능력 = 낙관적 관점
	8	자기 발전에 감정 에너지 사용 = 자기 동기부여
	7	긍정적 감정 상태로 재빠르게 되돌아오는 능력 = 감정 회복탄력성
	6	감정 & 스트레스 관리 = 감정 자기 조율
	5	감정에 적절한 이름 붙이기 & 감정 구별하기 = 감정문해력
	4	감정적 알아차림(느낌!) = EQ, 감정 지능
	3	감정의 개념 알아차림 = 감정 개념 알아차림
신체적 기술	2	생리학적, 특히 심박변이도 관리 = 신체 관리
	1	생리학적 수준 알아차리기 = 신체 지능

부분만 측정하거나, 감정 지능과 전혀 관계없는 개념까지도 담고 있다. 각각의 능력에는 서로 다른 측정 방식이 필요한데, 자기 판단으로는 모든 요소를 제대로 평가할 수 없기 때문이다. 반면, 우리는 정밀한 측정 방식을 통해 12가지 분야를 정확하게 진단할 수 있는 프로그램을 만들었다.

위스콘신대학교 매디슨 캠퍼스 심리정신과학과 교수 리처드 데이비슨Richard Davidson에 의하면, 두뇌에는 6개의 감정 지능 영역을 지원하는 구조가 있다.[15] 탁월한 리더십의 기술과 지능은 골먼과 데이비슨을 비롯한 많은 사람이 제시한 학문적 근거에 '비즈니스 경험'을 결합해 어떤 비즈니스 분야에든 적용 가능한 실질적인 능력 개발 모델이다.

역설적으로 이러한 성장 영역 중 인지능력은 그다지 중요하지 않다. 중역의 위치에 오른 리더 대부분은 똑똑한데, 컨설팅 회사는 리더의 인지능력을 가장 광범위하게 평가한다.

이제는 기존 분류 체계나 개인 프로필 같은 기술적 분석과 이를 바탕으로 한 능력 수준 평가를 그만두어야 할 때다. 기술적 평가는 1950년대 여러 심리학 분야에서 인간 본성을 연구하기 위해 시작되었다. 매력적인 정보를 얻을 수 있지만, 미래를 예측하거나 승진이 예정된 혹은 고용을 고려 중인 경영자의 성과를 예측하도록 설계되지 않았다. 리더십과 관련된 모든 문헌에서도 항상 성공하는 특정 유형의 리더나 성격 특성은 없다고 하는데, 왜 그러한 것들을 계속 측정해야 할까?

아마도 습관적으로 분석하거나 정신 측정 방식에 획기적인 변화가 없었기 때문일 것이다. 이와 대조적으로 성장 단계 조사는 의미 있는 결과를 제공하고 성장을 위한 단계적 경로를 알려주는 강력한 정보를 제공할 뿐만 아니라 예측 가능성이 훨씬 높다. 기술적 평가는 실질적인 투자 대비 효과ROI를 제공하지 않는다는 사실을 인식하는 사람들이 더 많아지면서, 우리는 5년 이내에 서술적 평가가 과거 일이 될 것이라고 믿는다.

능력이 출중한 사람을 고용하는 일은 언제나 중요하다. 그러나 오늘날 세계 인재 시장에서 비즈니스 성장에 필요한 모든 사람을 고용하기란 현실적으로 불가능하다. 고위 경영진을 채용하는 일은 비용과 시간이 소요되며, 쉽지 않은 일이다. 채용보다 조직 내 후보자를 탁월한 리더로 양성하기 위한 능력 개발 계획을 세우는 일이 현명하다고 믿는다. 그것이 바로 이 책의 목적이기도 하다.

에 너 지 수 준 을 높 이 는 조 율

✓ 월요일 아침 출근길부터 주말을 간절히 기다린 적이 있는가?

✓ 초저녁인데 자신도 모르게 소파에 앉아 꾸벅꾸벅 존 적이 있는가?

✓ 토요일 내내 긴장을 풀어야 할 정도로 몸이 축 늘어진 채, 한 주의 끝자락까지

　힘겹게 자신을 끌고 가는 기분이 드는가?

✓ 주말 내내 낮잠을 잤는데도 완전히 회복되었다는 기분이 들지 않는가?

✓ 자고 일어났는데 더 피곤했던 적이 있는가?

✓ 거울 앞에서 확연히 나이 들어 보이는 자신을 발견하고 놀란 적이 있는가?

✓ 몸도 마음도 녹초가 되었다고 느낀 적이 있는가?

　만일 그렇다면, 당신만 그런 것이 아니다.

현대인 대부분은 일상에서 주어진 일에 둘러싸여 매일 고군분투하고 있다. 인간이라는 생명체의 에너지는 유한하지만, 일상은 무한한 에너지를 요구한다. 우리가 아무리 열심히 일하고 성과를 내도, 해야 할 일은 늘 남아 있다. 바쁜 전문직이나 고위직 혹은 기업 경영자만 그런 것은 아니다. 내가 만나 본 경영자는 대부분 과거 어느 때보다 열심히 일하지만 생산적이라고 느끼지 않았으며, 오히려 예전보다 못하다고 생각하기도 했다.

누구나 여름휴가를 꿈꾼다. 해변에 누워 햇살을 듬뿍 만끽하는 편안한 휴식을 상상한다. 하지만 정작 바닷가에 도착하면, 그동안 지나치게 긴장한 상태였기에 충분히 이완되기까지는 일주일이나 걸린다. 행여 운이 좋다면 며칠 동안 휴식을 온전히 즐길 수 있겠지만, 휴가가 끝나기 전 2~3일은 일상으로 돌아가 처리해야 할 일을 생각하느라 시간을 허비하곤 한다.

번아웃 증상을 경험하는 사람들이 점점 많아지고 있지만, 그저 업무를 수행하기 위해서는 피할 수 없는 일로 여길 뿐이다. 피로는 별다른 증상 없이 지나가기도 하지만 과민함, 공격성 혹은 권위적 행동으로 드러나기도 한다. 번아웃 상태에서 가까스로 뭔가를 하고자 한다면 과도한 업무 수행으로 이어질 수 있고, 결국 잘못된 의사결정을 내리게 된다.

우리는 매일 3만 5,000번의 의사결정을 내리는데, 그만큼 책임도 커진다.[1] 세상은 하루가 다르게 변화하고, 예전보다 매일매일 결정해야 할 일은 늘었다. 이렇듯 불확실하고 복잡한 환경에서 성공을 추구할 때, 선택과 결정의 수준은 끊임없이 높아졌을 것이다. 극심한 압박감과 지친 일상으로 '힘에 벅차다'[2]라고 느끼는 것은 너무나 당연하다.

시간 관리 vs 에너지 관리

일이 너무 많아 어쩔 줄 모를 때, 우리는 시간을 강박적으로 관리하게 된다. 대부분 '시간이 부족하다'고 느끼고 "충분한 시간이 없다"거나 "하루로는 부족하다"라고 말한다. '생각할 시간'을 더 많이 원하거나 '잠시 멈춤'을 갈망한다. 많은 조직에서 시간 관리 프로그램을 운영하지만, 결론부터 말하자면 시간 관리가 가능하다는 믿음은 잘못된 것이다. 시간이 문제가 아니기 때문이다.

아마도 에너지 관리를 이해하기보다 시간에 대해 생각하는 쪽이 쉽기 때문에, 시간 관리에 중점을 두게 될 것이다. 에너지 수준과 관련해서는 수면에 대해 생각하는 정도다. 아니면 운동을 좀 더 하겠다고 다짐하거나 식단에 변화를 주지도 않으면서 식이요법이 중요하다고 생각할 뿐이다. 우리는 에너지가 어디에서 생성되며, 어떻게 소모되는지 생각하지 못한다. 에너지의 실체도, 관리 방법도 모른다. 우리가 먹는 음식에서 에너지가 생긴다고 짐작할 뿐, 그 이상은 관심도 없다. 에너지는 곧 젊음에서 나오는 것이며, 단순하게 나이가 들어감에 따라 감소한다고 여긴다. 과학적으로도 맞는 것은 대부분의 사람이 25세에 에너지가 최고치에 이르며, 이후 별다른 대책을 취하지 않을 경우, 에너지는 매년 대략 3퍼센트씩 감소한다는 점이다. 그러나 잃어버린 에너지를 되찾을 방법이 있다.

누구도 시간을 물리적으로 되돌릴 수는 없지만, 스트레스가 심하고 부담이 큰 직장 생활에서 시간이 아니라 에너지를 관리한다면 결과가 달라질 수 있다는 이야기다. 에너지를 잘 관리해 적절하게 비축한다면 젊은 시절의 에너지와 체력을 다시 경험할 수 있다.

에너지란 무엇이며, 어디에서 오는가?

사람들이 에너지에 대해 이야기할 때, 실제로는 노력을 기울일 수 있는 능력을 말한다. 노력하기 위해서는 생리학적 활력이 어느 정도 필요하다. 하지만 우리의 활력을 상업적으로 관련성 있게 어떻게 측정할 수 있을까? 사업 전략을 고심하며 야근할 만한 능력을 근육의 크기가 말해주는 것은 아니다. 신체적인 체력은 약간의 단서를 제공할 수 있지만, 기업의 역량이나 상업적인 활력을 예측하는 데는 매우 불충분하다. 음식은 연료로써, 대부분의 사람들은 합리적인 식단을 섭취한다. 지친 채식주의자들, 피곤한 육식주의자 혹은 피로한 해산물 위주 섭취자들을 볼 수 있겠지만, 대부분은 적절한 식이 섭취를 한다.

다행히, 이제는 현재 사용 가능한 에너지나 파워의 정확한 양을 과학적으로 측정하는 것이 가능해졌다. 심지어 우리가 그 사용 가능한 에너지를 얼마나 잘 또는 적절하게 사용하고 있는지 객관적으로 측정할 수 있다.

에너지는 생리학적 과정을 통해 자동으로 만들어지는데, 의식하지 않아도 몸에서 항상 생산된다. 만약 좀 더 많은 능력이 필요하다면 심장박동이 빨라지며 이를 돕는다. 심박수가 증가하면서 혈액 공급이 늘어나 우리 세포와 근육에 당, 지방, 단백질 공급이 증가한다. 심장 에너지와 일할 수 있는 능력은 직접적인 관계가 있다. 심장은 말 그대로 성과의 중심이다. 그런데 얼마나 많은 경영진이 인간 심장의 작동 방식을 이해하고 있을까? 그러면서도 우리는 역설적으로 "심장을 갈아 넣어라"라며 회사 동료들을 재촉하기도 한다.

업무 능력과 생산성을 높이고 좀 더 멀리, 그리고 빠르게 나아가기를 원한다면 심장 기능을 이해해야 한다. TV 의료 정보 프로그램에서 환자가 심전도 측정기를 착용한 모습을 본 적이 있을 것이다. 환자의 심장박동은 깜빡이며 초록색 화면 속에서 일련의 봉우리와 골짜기를 그리는데, 박동마다 높낮이가 다르다(〈그림 2.1〉). 의사가 심전도를 보고 분석할 때, 보통 4번의 박동을 보고 심장에 문제가 있는지 또는 건강한지 판단한다. 그러나 (진료실에서 심장마비가 오지 않는 이상) 1번 혹은 4번의 심장박동 패턴이 중요한 게 아니다. 중요한 것은 심장박동 사이의 간격이다. 이를 심박변이도라 하는데, 심장박동의 패턴과 유연성을 통해 건강과 관련된 엄청난 양의 정보를 얻을 수 있다.

〈그림 2.1〉심장박동 4번의 심전도 그래프

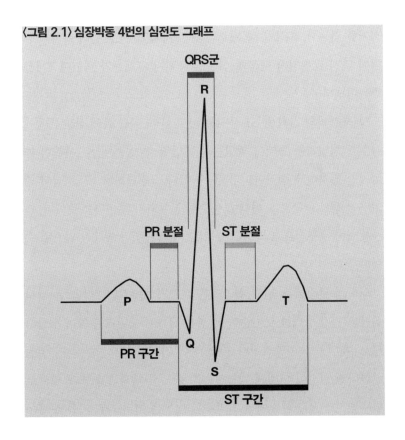

〈그림 2.1〉를 보면, 심전도 측정기에서 위아래로 깜박이는 점은 전류가 심장 내부의 전도조직을 통해 흘러가는 신호를 보여줄 뿐이다. 심방이 수축할 때, 전류는 처음으로 가슴 앞부분의 전극을 향해 흐른다(P파 상승). 심실이 수축할 때는 전류가 전극으로부터 멀리 흐른다(Q파). 그리고 기록 전극으로 향하다가(R파) 다시 멀어진다(S파). QRS군은 주요 심장 펌프의 건강 상태 정보를 제공한다. 심장은 수축한 후 다음 수축까지 심방을 혈액으로 채우기 위해 잠시 휴식기를 갖는다. 휴식기, 즉 재분극 동안 각 심장 세포 안의 화학적 균형이 다시 맞춰지기 때문에 심전도 측정기 그래프가 바뀌며 T파를 만들어낸다.

S파와 T파의 간격을 'ST 분절'이라고 한다. 이를 통해 심장 근육에 산소를 전달하는 동맥이 막혔는지 판단할 수 있는데, ST 분절이 높아지면 환자에게 심장마비가 올 수 있다고 진단한다. ST 분절이 내려가면 심장 근육으로 혈액이 충분히 공급되지 않는다는 뜻이다. 관상동맥이 부분적으로 막혔을 수 있고, 협심증이나 흉통을 일으킬 수 있다.

의학적 관점에서, 단일 심장박동 요소의 진폭(높고 낮음)은 각각 심장의 건강 상태를 보여준다. 심장은 원초적 에너지를 많이 생산하므로, 에너지를 비축하거나 10년 전에 가졌던 에너지를 다시 얻길 원한다면 심장이 어떻게 기능하는지 반드시 이해해야 한다. 앞으로 다루겠지만, 비즈니스에서 심박수의 변동은 여러 가지 이유로 매우 관련이 있다. 따라서 이에 대해 자세히 살펴보고자 한다.

우리는 25년 넘게 리더들의 심박변이도를 연구해 왔는데, 지금까지 리더 2,000명 이상의 근무일에 심박변이도와 에너지 수준 및 능력(업무 개시 및 지속, 노력, 재충전과 회복 등)과의 관계를 평가하는 작업을 해왔다.

심박변이도HRV

사람들에게 자신의 에너지 수준을 주관적으로 예측해 보라고 하면, 대체로 동일한 측정 결과를 과대평가하거나 과소평가했다.[3] 그렇다면 에너지 수준이 평균 이상인지, 평균 이하인지 어떻게 알 수 있을까? 즉, 에너지 저장고가 가득 찼는지, 소진되었는지 말이다. 우리 자신의 에너지 수준과 활력도에 대해 모호한 주관적 느낌을 가지고 있지만, 어떻게 실제 상태를 알 수 있을까?

이제 심박변이도를 측정해 사람들이 얼마나 많은 에너지를 가졌는지 정확하게 알아낼 수 있다.[4] 비록 우리는 대개 의식하지 못하지만, 심박수는 항상 변한다. 이는 한 박동과 다음 박동의 간격이 끊임없이 변한다는 것을 의미한다. 평상시 심박변이도 패턴 측정으로 인체 시스템상 다양한 기저의 생체 현상을 파악하고, 개인의 실행 능력에 대한 정보를 정확하게 알 수 있다.

심박변이도 측정은 표준화된 직장인 건강검진에서 받는 심전도 검사와는 다르다는 사실을 먼저 알아야 한다. 의사가 당신의 맥박수나 심전도를 측정할 때, 그것은 보통 심박수를 측정하기 위한 것이다. 그러나 평균 심박수를 측정하는 것은 그것이 계속 변한다는 사실을 무시하는 것이다. 심박수의 변화는 맥박을 느끼는 것만으로 감지하기에는 너무 미세하기 때문이다.

트레드밀 운동 테스트를 포함해 모든 직장인이 건강검진을 받더라도 약 1,000번의 심장박동만 측정하며, 대부분 모든 것이 '정상'이라고 판단한다. 그러나 우리는 심박변이도를 24시간 동안 기록하는데, 하루에 약 10만 번의 심장박동을 측정하며 보통 3일 동안 데이터를 기록한다.

경영자의 타코그램tachogram

'타코그램'이란 생생한 심장박동의 변화 기록이다. 타코그램은 문자 그대로 심장박동이 시간 흐름에 따라 어떻게 속도가 올라가고 내려가는지를 기록하는 것이다.

〈그림 2.2〉는 바쁘게 생활하는 한 임원의 타코그램이다. 회의 중

일 때 그의 심장박동은 65bpm_{Beats per Minutes}(분당 박동수) 주변에서 오르내렸다. 회사에서 나와 지하철역으로 빠르게 걸어갈 때는 심박수가 가파르게 상승해 105bpm까지 올라갔다가 역에 도착하면서 조금 낮아졌다.

〈그림 2.2〉 어느 임원의 타코그램 예시

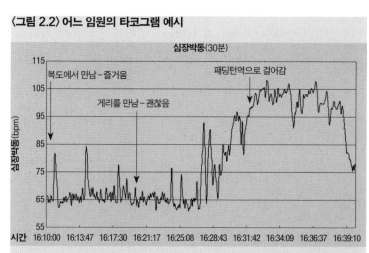

심장박동(30분)

복도에서 만남 – 즐거움

게리를 만남 – 괜찮음

패딩턴역으로 걸어감

심장박동(bpm)

시간 16:10:00 16:13:47 16:17:30 16:21:17 16:25:08 16:28:43 16:31:42 16:34:09 16:36:37 16:39:10

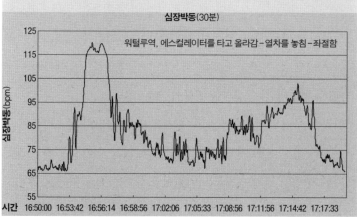

심장박동(30분)

워털루역, 에스컬레이터를 타고 올라감 – 열차를 놓침 – 좌절함

심장박동(bpm)

시간 16:50:00 16:53:42 16:56:14 16:58:56 17:02:06 17:05:33 17:08:56 17:11:56 17:14:42 17:17:33

두 번째 타코그램은 에스컬레이터를 타면서 무슨 일이 일어나는 지 보여준다. 역시 맥박은 안정적인 65bpm에서 120bpm으로, 2배 가량 올랐다가 평균보다 약간 높은 수준인 75bpm으로 떨어진다. 그런데 그때 흥미로운 일이 일어난다. 그가 열차를 놓쳤다는 사실을 깨달으면서 빠르게 걷지도, 에스컬레이터를 뛰어 올라가지도 않았는데 10분 동안 맥박이 빨라져 100bpm에 이른 것이다. 열차를 놓쳤다는 좌절감이 그의 생리 상태에 직접적으로 영향을 미쳐, 적어도 10분 동안 필요 이상의 에너지를 소모하게 만들었다. 이는 힘든 하루를 겪은 사람이 집에 오면 왜 녹초가 되는지 설명해주고, 생리적 감정적 조율이 에너지 관리에 얼마나 중요한지를 보여주는 사례다.

개인의 주중 타코그램을 살펴보면, 대부분 '정상적' 패턴의 심박변이도는 평정 상태와는 거리가 멀다는 것을 알 수 있다. 사실, 대부분의 개인의 심박수는 하루 내내 꽤 불규칙하게 변동한다. 불안정하며 상당한 변동성을 보인다. 모든 회의와 업무 활동이 심박변이도에 즉각적인 영향을 준다. 의식하지는 못하지만, 이런 심박변이도를 포함한 생리 신호 변화는 우리의 기분을 바꾼다. 이는 또 생각을 바꾸고, 다시 행동과 성취 결과를 변화시킨다.

따라서 우리의 생리학과 업무 환경 간에는 양방향 상호작용이 이루어지며 둘 다 서로에게 영향을 준다. 더 젊게 느끼고 결과를 개선하려면, 우리가 얼마나 많은 에너지나 연료를 가지고 있는지, 그리고 이 연료를 어떻게 더 효과적으로 사용할 수 있는지 알아야 한다. 또한, 신체를 조절하는 방법을 배워서 불안정한 심박변이도 신호를 일관된 신호로 변환할 수 있다. 이런 이유로 리더들의 심박변이도 측정이 중요하다.

심박변이도의 중요성

심박변이도 측정에 대한 관심이 폭발적으로 증가되어 왔다. Pubmed. gov에 심박변이도에 관련된 연구를 검색하면, 그에 관한 여러 측면을 탐구하는 과학 논문이 5만 개 이상 나온다.

그렇다면 리더들이 왜 심박변이도를 아는 것이 중요할까? 여기에 다음과 같은 4가지 중요한 이유가 있다.

- 심박변이도는 사람들의 건강 위험, 사망 및 질병 예측에 도움이 될 수 있으며 회복 속도를 결정할 수 있다.[5]
- 심박변이도는 에너지 수준과 위협에 대처하는 능력을 측정하는 데 사용될 수 있다.[6]
- 심박변이도는 뇌 기능과 생각의 질, 따라서 성장과 성공을 이끌 수 있는 결정의 질을 예측하는 데 사용될 수 있다.[7]
- 심박변이도는 정체성에 영향을 미치며, 따라서 리더로서 진정

성을 가지고 결과를 도출해내는 능력에도 영향을 준다.[8]

심박변이도는 직원의 건강, 사망, 질병의 위험을 예측할 수 있다

전 세계 연구자들은 과로사를 포함해, 심박변이도로 돌연사를 예측하는 사례를 언급한 논문을 계속해서 발표해 왔다.[9] 지난 몇 년간 둘 사이의 연관성이 알려졌고, 때로는 주요 언론사에서도 비중 있게 다루었다. 예를 들면, 1996년 할리우드 유명 영화 제작자 돈 심프슨Don Simpson은 빌 스터피 박사를 방문했다. 심프슨은 그 당시에 제리 브룩하이머의 사업 파트너로서, 예를 들면 〈CSI 과학수사대〉와 같은 유명 TV 시리즈나 〈위험한 아이들〉, 〈비버리 힐스 캅〉, 〈더 록〉, 그리고 〈탑건〉 등 많은 영화를 제작했다. 심프슨의 담당인 존 오데아가 그의 건강 상태를 매우 우려해, 스터피에게 진료를 의뢰했던 것이다. 스터피는 24시간 동안 심프슨의 심박변이도를 측정했는데 그 결과는 최악이었다. 스터피는 오데아에게 편지를 보내, 심프슨은 지금 당장 병원에 입원하지 않으면, 6주 내 욕실에서나 식사 도중 사망할 수 있다고 말했다.

오데아는 걱정스러운 마음으로 심프슨에게 스터피의 편지와 자필 메모를 함께 전달했다. 심프슨은 열심히 일하고 노는 사람이자 타협하지 않는 유형의 사람으로, 스터피의 분석을 받아들이지 않았고 다른 의사에게 소견을 구했다. 그 의사는 24시간이 아닌 몇 분만 심장을 모니터하는 기존 의학적 검사만 시행하고는 그를 정상이라고 판단했다. 심프슨은 걱정하지 말라는 이야기를 듣고 집으로 돌아왔다.

그러나 초기의 심박변이도 조사가 이루어진 6주 후, 결국 돈 심프슨은 예상대로 화장실에서 사망했다. 운명의 아이러니한 반전인지, CSI의 장면을 떠올리게 하는 일이 벌어진 것이다. 경찰이 욕실에서 사망한 그를 발견할 당시 그는 올리버 스톤의 자서전을 읽고 있었고, 6주 이내에 사망할 수도 있다는 빌 스터피의 편지를 책갈피로 사용했다. 이후 빌은 조사를 위해 소환되었으나, 경찰에 "물론 저는 그를 살해하지 않았습니다. 의학적 도움을 받지 않는다면 죽을 거라고 말했을 뿐입니다"라고 설명했다. 이것이 바로 심박변이도의 힘이다.

1978년 그레임 슬로먼Graeme Sloman 박사는 심장마비 이후 심박변이도로 치사율을 예측할 수 있다고 발표했는데, 그는 일찍이 심박변이도의 중요성을 인지한 의사 중 하나다.[10] 그는 어떤 환자의 심장은 메트로놈처럼 규칙적으로 뛰는데 비해, 어떤 환자는 어느 정도 변동성을 보인다는 사실에 주목했다. 심장이 변동성 없이 메트로놈처럼 뛰는 사람들은 가족의 품으로 돌아가지 못하고 병실에서 바로 사망했다. 그러나 전통적 위험 요인인 나이나 콜레스테롤 수치, 흡연 경험으로는 경과를 예측할 수 없었다. 이후 많은 연구를 통해 심박변이도가 심장 질환에 따른 사망 가능성을 예측하는 데 중요한 요소라는 사실이 밝혀졌다.[11]

1997년 재클린 데커Jacqueline Dekker와 동료들은 '전체 사망률'을 심박변이도로 예측할 수 있다는 것을 발견했다.[12] 즉, 심박변이도는 모든 원인의 사망을 예측할 수 있는 수단이라는 뜻이다.[13] 놀랍게도 심혈관의 유연성을 측정하는 심박변이도가 신체 시스템의 전반적인 유연성을 측정하기에 심혈관 계통이 아닌 다른 질환에 따른 사망도 예측할 수 있다.[14] 유연성이 사라지면 생리 스트레스에 적응할 수 없게 하는, 무너지기 쉬운 시스템이 되는 것이다. 취약한 시스템은 어느 순간 갑자기 붕괴를 가져올 수 있다. 심박변이도로 사망 가능성을 예측하는 연구는 20년 이상 계속되었으며, 축적된 증거는 이미 충분하다. 최근에는 나이를 막론하고 전체 사망률을 예측하는 지표로 심박변이도를 사용한다.[15]

이러한 사실은 회사 경영에 매우 큰 영향을 미친다. 업무 승계 계획은 말할 것도 없고 임원의 건강과 안녕은 사업을 유지하는 데 중요한 요소다. 고위 임원의 갑작스러운 건강 악화나 사망은 경영진과 그 가족에게 비극임과 동시에[16] 사업에도 심각한 위협이 된다. 리더가 갑작스럽게 건강이 악화되는 경우는 생각보다 많다. 일본에서도 이런 일이 종종 일어나는데, 이런 비극을 가리키는 가로시karoshi(過勞死, 과로에 따른 사망-옮긴이주)라는 용어가 생겨날 정도다.

2017년 일본 후생성은 190명이 과로로 사망했다고 발표했다.[17] 사망자 중 절반 이상이 1개월에 100시간 이상 시간 외 근무를 했는데 이를 '가로시 라인Karoshi Line'이라고 한다. 물론 이 문제는 일본에만 국한된 것이 아니다. 제프리 페퍼Jeffry Pfeffer 교수는 그의 책《급여를 위해 죽다Dying for a Paycheck》에서 미국에서 많게는 15만 명, 중국에서는 100만 명이 과로로 사망했을 수도 있다고 주장했다.[18] 마이클 마못Michael Marmot 교수와 그의 팀은 2010년 6,000명 이상을 대상으로 한 '화이트홀Whitehall II' 연구에서 하루에 10시간 이상 일하는 영국의 근로자들은 하루에 7시간 일한 동료들보다 심장에 문제가 생길 확률이 60%나 높다는 사실을 발표했다. 이런 연구 결과 역시 일상의 심혈관 위험 요소나 수면 부족과 관련이 없었다.[19]

긱gig 경제와 팬데믹으로 재택근무가 많아지면서, 과도한 업무로 피로와 신경쇠약을 겪을 위험이 커졌다.[20] 〈하버드 비즈니스 리뷰〉 최근 호에 의하면, 밀레니엄 세대 중 절반과 Z 세대의 75%가 정신건강상의 문제 때문에 스스로 회사를 그만두었다.[21] 이러한 현상이 이제 널리 퍼져 있으며 WHO는 업무상에 발생하는 번아웃을 직업적 위험으로 분류했다. 번아웃의 특징은 에너지 고갈 경험, 업무에 대한 부정적 혹은 냉소적 감정, 그리고 전문적 효율성의 감소다.[22]

에너지 고갈은 새로운 현상이 아니며 조직의 성과와 평판에 오랫동안 영향을 끼쳤다. 10년 전에 로이즈 뱅킹 그룹Lloyd's Banking Group의 CEO 안토니오 오르타오주리우Antonio Horta-Osorio는 피로 누적과 스트레스에 따른 건강 악화로 의사의 조언에 따라 6주간의 병가를 갖는다고 발표했다. 그의 휴가 결정 후 로이즈 뱅킹 그룹 주식가치는 9억 3,000만 유로, 즉 약 4.4%가 하락했다.[23] 주가 하락을 예측할 수 있었지만, 휴가를 가기로 한 결정은 CEO의 건강 상태가 그만큼 매우 심각하다는 사실을 나타내는 지표였을 것이다. 안타깝게도 오르타 오주리우가 사전에 심박변이도를 측정했다면, 이런 사태를 미리 피할 수 있었을 것이다. 심박변이도로 신체 증상이 나타나기 수개월 전 경고 신호를 파악할 수 있기 때문이다. 그랬다면 생체 시스템을 재조정하고 에너지 수준을 효과적으로 조정해, 회복하는 데 필요한 시간을 확보할 수 있었을 것이다.

심박변이도 이상은 약물로 치료할 수 있는 문제는 아니지만, 이 책에서 소개된 다양한 기술을 수용함으로써 개선될 수 있으며 다음 장에서 이에 대해 자세히 알아보고자 한다. 이 책에서 설명하는 다양한 방법을 통해 해결할 수 있다(3장 참조).

심박변이도와 생물학적 나이

심박변이도는 사망을 예방하고 질병을 예측하는 데 매우 유용할 뿐만 아니라, '실제 나이와 관련 없는 생물학적 나이'에 대해 많은 것을 말해준다.[24] 의도적으로 노력하지 않는다면, 심박변이도는 20대 중반부터 1년에 약 3%씩 감소해[25] 사망할 때는 모든 변동성을 잃는다. 이는 남녀노소 누구나 겪는 일이다.[26] 심박변이도를 조사해 심박변이도의 감소와 과로위험도를 근거로 대략 1년 정도의 범위 내에서 나이를 짐작할 수 있다.[27] 〈그림 2.3〉은 20세 차이가 나는 두 사람의 심박변이도 진폭의 차이를 보여준다. 60세인 사람의 심박변이도 진폭이 40세의 진폭보다 훨씬 낮다.

출생증명서나 날카로운 질문으로 누군가의 나이를 알아낼 수 있

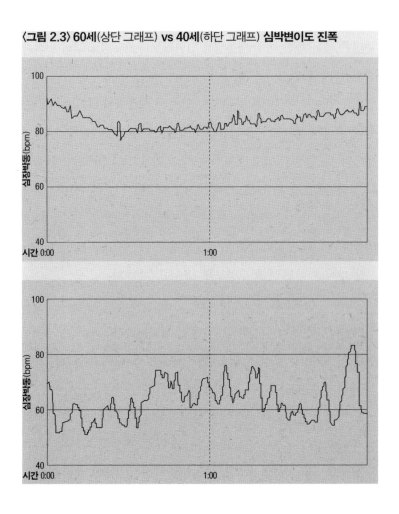

〈그림 2.3〉 60세(상단 그래프) vs 40세(하단 그래프) 심박변이도 진폭

지만, 생물학적 나이와 실제 연령이 항상 일치하지는 않는다. 에너지를 잘 관리해 왔느냐에 따라 심박변이도로 나타나는 생물학적 나이가 태어난 연도로 계산하는 숫자보다 더 많을 수 있다. 이것은 총리나 대통령이 임기 중 급속히 노화가 진행되는 것처럼 보이는 이유를 설명해준다. 재임 기간 중 사망 위험은 상당한 수준으로 높아지는데,[28] 예를 들면, 미국 대통령은 일반인보다 2배 정도 빨리 노화가 진행된다고 알려졌다.[29]

비록 연대기적 나이를 바꿀 수는 없지만, 생물학적 나이는 바꿀 수 있다. 올바른 생활 습관을 만들면 심박변이도를 향상시킬 수 있기 때문이다. 즉, 운동과 감정적 자기 관리, 오메가3 섭취와 요가 등을 통해 심박변이도를 개선하고 생체 시계를 되돌릴 수 있다.[30] 10년 전에 누렸던 에너지 수준을 되찾고 시간을 되돌리는 가장 쉽고 가장 빠른 방법은 생리를 조절하고 호흡 기술을 통해 심장을 조율된 상태로 만드는 것이다. 이는 이 장 후반부에 설명하고자 한다.

심박변이도는 에너지와 역동성 수준을 정량화한다

현대 비즈니스는 엄청난 에너지를 요구하지만, 대다수 임원은 자신의 에너지 수준을 인식하고 적절하게 관리하는 방법을 알지 못한다. 항상 피곤한 상태에서 젊어진 느낌을 갖기란 어려우며, 사실상 거의 불가능하다.

대다수 고위 경영진이나 리더는 특정 산업이나 업무 영역에서 특별한 전문성을 개발했기 때문에 그 자리에 올랐다. 업무에 많은 시간을 투자했고 이런 노력이 성과로 이어졌으며, 이를 통해 자격을 갖추고 판매 가능한 지식과 이용 가능한 능력을 쌓아 올렸다. 승진이나 보다 나은 성과를 원한다면, 고위 경영진 자리에 올라가게 해준 최초의 비법을 적용해야 한다고 생각한다. 그러나 이런 생각은 여러 가지 이유로 잘못된 것이다. 리더를 고위 경영진의 자리에 오르게 한 것은 그들을 위대한 리더로 만드는 것과 다르다. 좋은 리더란 기술적 능력, 즉 그것(IT)의 영역에 대한 것보다는 나(I)와 우리(WE)의 영역에 대한 것이다. 승진할 때(고위 경영진으로 승진하는 경우에만 적용되는 것은 아니다) 우리는 전문 지식을 내려놓고, 새로운 수준에 맞춰 능력을 넓혀 더욱 복잡한 수준의 일을 다룰 수 있어야 한다. 생각할 시간을 더 많이 갖고, 직접적인 업무 처리는 이전보다 줄여야 한다는 의미다. 다시 말해 '더 열심히가 아니라 더 똑똑하게'라는 오래된 금언처럼 행동해야 한다.

그러므로 많은 리더가 에너지 감소와 관련해 이중고에 시달린다. 에너지 수준은 20대 중반 이후 매년 3%씩 줄어들지만, 지속적인 성과 향상과 주주 가치 제고에 대한 압박으로 고위 임원들은 자신이 더 상위로 올라갈수록 더 열심히 일하는 경우가 많다. 나이가 들면서, 특히 승진으로 인해 복잡성과 책임이 증가함에 따라 더 큰 에너지 수요가 발생하는 상황에서, 매년 연료 탱크에 있는 연료는 줄어들게 된다. 특히 그들이 에너지 수준을 관리하지 않는다면, 그러한 상황이 더욱 두드러지게 나타날 것이다. 그래서 우리는 리더들의 가속화된 노화와 극도의 피로를 종종 목격하게 된다.[31]

피로를 느끼는 초기 단계에서는 아드레날린이 과도하게 증가하고 교감신경계가 활성화된다. 이는 만성피로를 겪는 개인이 자주 보이는 불안과 과민반응과 함께 나타난다.[32] 이런 종류의 과도한 각성은 결국 교감신경 피로에 이를 수 있다. 경영진과 리더는 지나친 압박을 받으며 아드레날린을 시스템으로 분비해 아드레날린 생산 능력을 소진한다. 교감신경계와 부신에서 생산할 수 있는 아드레날린의 양은 심박변이도를 분석해 측정할 수 있다. 심박변이도는 과도한 교감신경계 활성화를 나타내는 지표이며, 궁극적으로는 신체적 피로의 정도와[33] 명료한 사고 능력의 정도를 나타내는 지표로 사용할 수 있다.[34]

나아가 심박변이도 분석은 교감신경계의 낮은 에너지 수준이 상호 균형을 이루는 부교감신경계의 에너지나 활력 수준과 일치하는지 여부를 판별하는 데에 사용될 수도 있다. 부교감신경계의 고갈은 교감신경계/부신의 고갈만큼이나 더 큰 문제가 된다. 왜냐하면 부교감신경계의 고갈은 노력을 기울이는 능력SNS과 회복하는 능력PNS을 모두 약화시키기 때문이다. 그러나 다행스러운 것은 2가지 능력 모두 향상될 수 있으며, 10년 전 에너지 수준으로 회복할 수 있다.

악어와 누

에너지 수준과 활력에 대한 심박변이도의 중요성을 보여주는 가장 인상적인 예 중 하나는 포유류와 파충류의 각각 다른 특징에서 찾아볼 수 있다. 위협이나 난관에 부딪힐 경우, 파충류는 냉혈동물이므로 심박의 변화가 적다. 파충류의 심장박동은 변하지만, 그 속도가 빠르지는 않다. 반면 인간을 포함한 모든 온혈 포유류는 심장박동의 변이가 크며, 파충류보다 5~10배의 에너지를 소모한다.[35] 포유류가 반응성이 높고 활력적인 것은 심박변이도가 높기 때문이다.

포유류와 파충류가 충돌하는 상황, 아프리카의 물웅덩이를 상상해 보자. 온혈동물인 누가 물가에서 갈증을 풀고 있다. 누는 냉혈동물인 악어가 물속에서 저녁식사를 기다리고 있기에 조심스럽게 주위를 살핀다. 그러나 누에게는 매우 유리한 점이 있다. 심박변이도가 높아서 악어가 공격해 오면 심박수를 높여 힘을 모아 재빨리 도망갈 수 있다. 악어 역시 심박수에 변화를 줄 수 있지만, 누만큼 빠르지는 않다. 그러므로 누를 쫓을 만큼 심박수를 변화시킬 능력이 없는 악어는 단번에 먹이를 노려야 한다.

포유류가 심박수를 변화시키는 능력이 더 크므로 더 많은 에너지를 활용할 수 있다. 특히 포유류는 아드레날린 수준(가속 호르몬)과 아세틸콜린 수준(브레이크 호르몬)을 파충류보다 빨리 변화시킬 수 있다. 누는 악어의 공격에서 벗어나기 위해 브레이크를 해제하고 가속페달을 밟아 필요한 에너지를 재빨리 만들어낸다. 포유류는 낮은 에너지에서 높은 에너지로 이동을 반복할 수 있지만, 파충류는 불가능하다. 심박변이도가 낮기 때문이다.

드래그 레이스(특수 개조한 자동차로 짧은 거리를 달리는 경주 - 옮긴이주)를 생각해 보자. 경주를 시작할 때 운전자는 발을 가속페달과 브레이크에 놓는다. 출발을 알리는 불빛이 녹색으로 변하면 브레이크에서 발을 떼고 가속페달을 밟고, 차는 앞으로 나가게 된다. 브레이크에서 발을 떼 차를 앞으로 나가게 하는 것처럼, 신체는 아세틸콜린을 제거해 같은 결과를 얻는다. 인간을 포함해 다른 포유류와 누는 심장 근육에서 아세틸콜린을 아드레날린보다 더 빨리 대사한다. 즉, 빠른 속도로 아드레날린을 만들어 생명 보존 에너지를 보다 빨리 안정적으로 공급할 수 있도록 돕는다. 에너지 호르몬에 의한 브레이크와 가속페달은 에너지 보존과 효율에 중요하다. 얼마나 많은 에너지를 만들 수 있는지도 중요하지만, 얼마나 적절하게 그 에너지를 사용할 수 있는지는 또 다른 문제다.

심박변이도는 삶이 우리에게 제시하는 도전 과제에 대응하는 능력을 결정한다. 환경에 적응할 수 있는 유연성은 생존과 활력의 한 부분이다. 따라서 심장의 전기적 신호인 '변동성'을 인간 시스템의 '활력'을 정량화하는 데 이용할 수 있다. 심박변이도는 '생동감'을 측정하는 방법으로 고려할 수 있다.

매우 중요한 것은 리더들이 현대 비즈니스의 증가하는 요구를 처리하고 유연성을 유지하기 위해 자신의 에너지를 효과적으로 관리하는 방법을 배워야 한다는 것이다. 그럼에도 대부분의 리더는 때로는 에너지가 넘치고, 때로는 지나치게 피곤한 이유를 알려고 하지 않는다. 에너지가 어디서 오고 어디로 가는지, 왜 주말이 되면 완전히 녹초가 되는지, 그 이유를 아는 리더는 별로 없다. 압박은 수그러지지 않고, 리더가 생각하기에 가장 중요한 자원을 이용해야만 장기간 결과를 도출하는 데 필요한 고강도의 업무 추진 능력을 유지할수 있다.

다행스럽게도 심박변이도를 증가시키는 법을 배울 수 있으며, 이를 통해 에너지 수준을 향상시키고 효과적으로 '시간을 되돌릴 수있다'. 맞춤형 코칭으로 다국적 기업 임원에게 6개월 이내에 모든 심박변이도 변수에서 평균 30% 향상이라는 성과를 낼 수 있다.

심박변이도는 뇌 기능을 바꾼다

심박변이도는 사망과 질병을 예측하고, 생물학적 나이를 정량화하며 에너지 수준(양과 역동성 모두)을 정의할 뿐만 아니라 뇌 기능에도 영향을 끼친다.[36] 심박변이도는 명료하게 사고하는 능력에도 큰 영향을 미칠 수 있으며, 이는 비즈니스에서 중요한 역할을 한다. 예를 들면, 편안한 상태의 심박변이도는 감정적 민감도와 타인의 얼굴 표정을 파악하는 능력과도 관련이 있다고 알려졌다.[37] 또한, 심박변이도는 인지 요구가 늘어날 때 증가하며,[38] 인지 적응력과 관련이 있

고,[39] 결과를 도출하는 능력을 예측하는 것으로 알려졌다.[40]

　이 책에서 소개하는 기술은 리더가 감정을 관리하고 심박변이도를 향상시켜 인지 성과의 질을 단계적으로 변화시키는 과학적 연구를 포함한다. 이러한 기술은 시장의 힘이나 외부 압력에 상관없이 리더가 비즈니스적으로 더 큰 성공을 거두도록 할 수 있다. 이 내용은 4장에서 설명할 것이다.

더 젊어지는 방법

가장 높은 수준의 성과를 유지하려면, 강도 높은 노력과 적절한 회복이 균형을 맞춰야 한다. 그렇다고 영원히 계속할 수는 없다. 역설적으로 사람들은 스포츠 선수에게는 회복 시간이 필요하다는 사실을 받아들이면서도, 기업 경영진은 끊임없이 성과를 낼 것으로 기대한다. 비즈니스는 스포츠와 다르지만, 최대 효율성과 회복을 위한 에너지 수준 관리 방법을 배우면 두 분야 모두에서 성과를 높일 수 있다. 뛰어난 성과를 지속적으로 내기 위한 첫 번째 단계는 생리적 조율된 상태를 만들어내는 것이며, 이는 탁월한 리더십에 관련된 신체적 기술 습득을 의미한다.

　시간을 되돌리고 더 많은 에너지로 가득 차 10년 더 젊게 느끼려면 자신의 생리적 신호, 특히 심박변이도를 인식하고 제어해야 한다. 이는 과학계에서 '내수용성 감각'이라 불리는 생리적 상태에 대한 더 큰 인식을 발전시킬 때 가능하다.

에너지 수준 올리기 : E-뱅크 기술

E-뱅크 기술은 우리가 현재 가장 중요한 자원인 에너지를 어디에 사용하는지 더 잘 인식하도록 돕는다. 이는 에너지를 고갈시키고 부양하는 사건, 상황과 사람을 추적함으로써 획득할 수 있으며, 우리가 상당한 차이를 만들고, 젊음을 느끼며, 적은 시간 투자로 에너지를 보존할 수 있는 삶의 영역을 발견할 수 있다.

잠시 시간을 내서 에너지를 증가시키는 모든 것(예금)과 에너지를 빼앗는 모든 것(출금)을 기록하라. 시간 순서나 에너지 거래가 발생한 시기에 대해 걱정하지 마라. 에너지 계정에 긍정적이거나 부정적인 영향을 미치는 모든 것을 기록하라. 그리고 다음을 기억하라.

- 예금을 기록하면서 다시 체험하라.
- 출금을 기록하면서 머릿속에서 지워라.

이러한 연습을 통해 현재 에너지 수준과 그 수준에 더 좋았거나 나쁜 영향을 미치는 요소를 자각할 수 있다. 아마도 지난 며칠 동안 당신이 경험한 유일한 에너지 향상 또는 입금이 4살배기 딸과의 포옹이라는 사실을 깨달았을 것이다. 사무실 직원 마조리가 당신의 에너지 수준을 얼마나 낮추었는지도 깨달았을 것이다.

목록을 만든 후에는 잠시 시간을 내 목록에서 얻을 수 있는 통찰이 무엇인지 진지하게 생각해 보자. 이 목록에서 에너지 수준을 더 잘 관리하는 데 도움을 주는 결론을 찾아낼 수 있는가? 에너지와 활력을 앗아 가는 작업, 사람 또는 당신의 유형에서 어떤 패턴을 찾을 수 있을까? 예금이 많고 출금이 적더라도 출금의 영향력이 크다면, 예금 효과를 상쇄할 수 있다. 예를 들어, 이혼은 상당히 큰 에너지를 소모한다. 매일 같이 이혼과 관련된 일을 처리하지 않을지라도, 이혼으로 인한 에너지 소모를 업무상 성과로 얻은 에너지로 상쇄하기란 어렵다.

목록을 살펴보고 상위 3개의 에너지 축적 목록과 상위 3개의 에너지 소모 목록에 강조 표시를 해보자. 축적량을 늘리고 비축된 에너지의 소모를 최소화하기 위해 취할 수 있는 조치를 기록하라.

아마도 당신은 마조리가 당신을 매우 지치게 만든다는 사실을 깨달았을 것이다. 그녀는 항상 그렇게 행동하는가? 아니면 지난 몇 달 동안 그녀와의 상호작용으로 에너지 소모가 더 커졌는가? 그녀는 새로운 데이터베이스 설치에 화를 냈는가? 그녀의 부정적인 태도가 특정 상황과 관련 있다면, 상황을 바꾸는 데 필요한 일을 하라. 그녀가 당신을 괴롭게 하지만 일을 잘한다면, 그녀가 당신에게 직접적으로 보고하지 않도록 보고 체계를 바꿔라. 이렇게 그녀의 부정적인 영향을 해소하거나 그녀가 당신의 에너지를 빼앗지 않도록 그녀와 덜 접촉할 방법을 찾아라. 그래도 해결책을 찾는 데 어려움이 있다면 4장에서 살펴볼 SHIFT 기술도 도움이 될 것이다.

E-뱅크를 만들면 당신의 패턴을 살펴볼 수 있을까? 우리와 함께일한 신용카드 회사 임원은 이런 방식으로 에너지 계정을 기록하면서 매우 독특한 자신만의 패턴을 발견했다. 그녀는 자신이 항상 과거에 대해 생각한다는 사실을 알아차렸다. 현재도 미래도 생각할 기력이 남지 않을 정도로 과거의 자신이 올바른 결정을 내렸는지, 혹은 할 수 있었던 일과 해야 했던 일을 따지는데 엄청난 시간과 에너지를 낭비했다. 성찰은 고위 경영진과 비즈니스 리더에게 중요한 자질이지만, 그녀는 과거에서 교훈을 얻고 빠르게 나아가려고 했다. 하지만 고대의 영적 지혜와 일부 최근의 지혜[41]는 가장 중요한 순간은 바로 '지금'임을 상기시킨다. 과거나 미래에 시간을 허비할 때, 자신의 삶을 빼앗긴다.

페츠 앳 홈Pets at Home의 CFO 마이크 이딘Mike Iddon은 인터뷰에서 E-뱅크가 중요한 변화의 시기에 자신에게 어떻게 도움이 되었는지 다음과 같이 언급했다.

"당신의 인생에는 예금이 되는 일과 출금이 되는 일이 있습니다. 시간이 지남에 따라 출금보다 예금이 더 많은지 확인해야 합니다. 이는 직장과 가정을 포함해 당신 인생 전체를 살펴보는 데 매우 유용한 기술입니다. 앨런은 내 예금과 출금을 관리하는 E-뱅크 계좌를 유지하도록 격려했으며, 딕분에 예금으로 이어지는 일을 더 많이 하게 되었습니다. 당신은 일이 제대로 진행되지 않으면 자기 자신을 탓합니다. 그렇다고 일이 잘 풀릴 때 자신이나 팀을 잘 믿지도 않습니다. E-뱅크가 그것을 확실하게 바로잡고 사고방식을 바꾸는 데 도움이 되었습니다."

에너지 수준을 보호하려면, 자기 비판과 자기 판단에 주의해야 한다. 이는 당신의 시스템에서 특히 큰 에너지를 소모하기 때문이다. 그것들은 매일 당신의 계정에서 바로 인출되는 자동이체 같은 역할을 한다.

또한, 친절한 행동이나 격려의 말만으로도 다른 사람의 E-뱅크에 예금을 입금할 수 있음을 명심해야 한다. 예금 목록을 검토할 때 긍정적인 내용을 기록하면서 다시 경험해 보라. 이는 복리와 같은 효과를 낼 수 있다. 그 일이 일어났을 때 에너지를 크게 키울 수 있을 뿐만 아니라, E-뱅크에 기록하고 되새기면서 더 많은 에너지를 축적할 수 있다.

에너지 수준 높이기 : 호흡 기술

적절하게 조율되지 않았거나 불규칙한 호흡은 에너지를 잃는 주된 이유 중 하나다. 조율된 호흡은 고속도로 주행과도 같다. 연료를 덜 사용해 더 멀리 이동하며 시스템의 소진도 적다. 젊음을 느끼고 에너지를 보존하며 실제로 젊었을 때의 에너지 수준을 회복할 수 있다.

자극에 반사적으로 반응할 때 호흡이 조율되지 않아 혼란스럽고, 불규칙한 심박변이도가 나타난다. 우리는 매우 구체적인 방법으로 호흡을 조절함으로써 심박변이도를 조율해 역동적으로 반응해야 한다. 성과에 좋은 영향을 미치려면 생리 기능을 안정시켜야 한다. 생리 기능을 안정시키는 가장 빠르고 쉬운 방법은 호흡을 안정화하는 것이다.

놀라거나 충격을 받았을 때 어떤 일이 벌어지는지 잠시 생각해 보자. 화가 나거나 짜증이 나면 어떻게 되는가? 편안할 때 어떤 일이 일어나는가? 호흡은 즉시 그리고 지속해서 주변에 영향을 받는다. 다양한 부정적 감정을 경험하면 호흡조절력을 잃게 된다. 예를 들어, '패닉' 상태에서는 빠르고 불규칙하며 얕은 숨을 쉰다. 패닉 상태에서 벗어나기 위해 처음으로 하는 일은 숨쉬기다. 어려운 상황에서 먼저 사라지는 것은 적절한 호흡능력이다. 그 결과 호흡은 흐트러지고, 어떻게 느끼고 생각하는지에서부터 우리의 반응, 그리고 궁극적으로 행동과 결과에 이르기까지 모든 것이 뒤죽박죽된다.

리듬 있는 호흡 패턴을 생성하면 심장이 조율 상태가 된다. 리드미컬한 호흡에 따른 흉부 내 압력의 변화는 심박수가 역동적이고 안정적인 방식으로 변화하도록 돕는다. 심장이 생리적으로 조율되면 심장의 출력이 증가하는데, 이는 다른 생물학적 시스템이 심장과 동기화되도록 해 생리학적 '동조'를 유발한다.

　몸이 오케스트라라고 상상하면 쉽게 이해할 수 있다. 심장은 오케스트라 중 현악부다. 현악부에는 바이올린, 비올라, 첼로, 더블베이스 등이 포함된다. 이는 전기신호, 전자기, 화학물질, 압력파, 열파와 음파에 해당한다. 심장이 생성하는 전기신호(심박변이도)는 음을 이끄는 바이올린과 같다. 리듬 있는 호흡은 생물학적으로 수석 바이올린과 같은 역할을 한다. 그렇게 하면 심장이 생성하는 전기신호는 불규칙하고 혼란스러운 '백색소음(〈그림 2-5〉)' 대신 조화로운 음을 생성한다(〈그림 2-4〉). 심장에서 나오는 강력하게 조율된 음이 차례로 모든 생리적 신호와 동조되면 훨씬 더 많은 에너지를 발산한다. 심장 조율은 기본적으로 안정적이고 리듬감 있는 심박수 변화를 의미한다. 이는 다양한 진동수로 발생할 수 있다. 발표 중에 의식이 고조될 때 심장박동은 빨라지나 책상에 앉아 있으면 조금 더 느려진다. 두 경우 모두 심박변이도를 측정하면 쉽게 관찰할 수 있다.

　동조 현상으로 호흡을 통해 심장 조율을 달성하면, 오케스트라의 다른 단원(폐, 신장, 뇌 등)이 자신의 일관된 음을 연주하기 훨씬 쉬워진다. 전체 시스템이 일관된 음으로 연주하게 되고, 보다 균형 잡히고 조화로운 '음조'를 만들며, 생리적 조율 상태가 감정적 조율을 촉진한다.

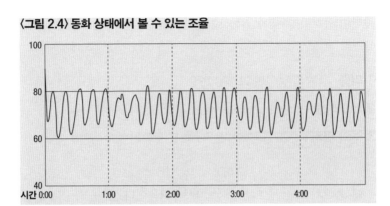

〈그림 2.4〉 동화 상태에서 볼 수 있는 조율

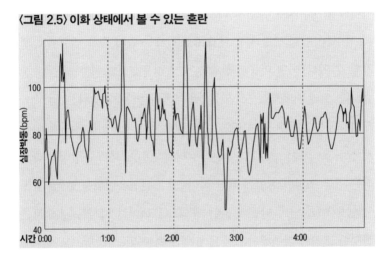

〈그림 2.5〉 이화 상태에서 볼 수 있는 혼란

호흡 조절

의식적 호흡 조절은 새로운 개념이 아니다. 대중 연설과 악기 연주, 요가와 무술, 명상 같은 다양한 분야에서 올바른 호흡의 중요성을 가르친다. 호흡을 조절하기 위해 고려해야 하는 숨쉬기의 여러 가지 측면이 있지만, 호흡을 조절하는 데는 다음 3가지가 중요하다.

1 리듬 - 들숨과 날숨의 고정된 비율
2 부드러움 - 들숨과 날숨 모두에서 초당 고정된 유량
3 주의 위치 - 숨을 쉴 때 어디에 주의를 두는가

이 중에서 가장 중요한 우선순위는 리듬이다. 첫째, 들숨과 날숨 사이에 일정 비율로 호흡을 리드미컬하게 만들어야 한다. 예를 들어, 4초를 세는 동안 숨을 들이쉬고, 6초를 세는 동안 숨을 내쉬기로 결정할 수 있다. 어떤 비율을 선택하든 그 비율을 계속 유지하는 게 중요하다. 고정 비율로는 3/3 또는 4/6, 5/5 등을 들 수 있다.

리듬에는 고유한 힘이 있다. 조정 같은 스포츠에서도 리듬을 중요시한다. 운 좋게도 2012년 런던올림픽과 2016년 리우올림픽에 출전하는 영국 조정팀과 함께 일한 적이 있다. 런던올림픽을 3개월 앞두고 영국 대표 팀의 의료 고문인 앤 레드그레이브 박사는 내게 모든 선수단 코치와 접촉해서 그들에게 현재 하고 있는 일 말고도 메달을 따려면 무엇이 필요한지 알아볼 것을 요청했다. 앤은 다음과 같이 말했다.

"조정 선수들은 경기에 나갈 때, 경기 30~40분 전부터 코치와 지원팀을 떠나 대기 장소에 있습니다. 그들은 준비된 워밍업 루틴을

거친 다음, 최대 5분 동안 출발선에 앉아 있어야 합니다. 일단 그들이 출발선에 오르면 무슨 일이 일어날까요? 자기 회의가 서서히 스며들 수 있어요. 제가 경쟁할 때 그런 일이 일어났기 때문에 잘 압니다. 여기서 내가 지금 무엇을 하고 있는지 의심이 생깁니다. 자신이 결코 있고 싶지 않은 장소에 있는 거죠. 설레기도 하지만 조금 두렵기도 합니다. 말도 안 되는 생각들이 머리를 스쳐 지나갑니다. 지난 몇 년 동안, 이런 현상은 출발선을 나선 조정 선수의 결과에 좋지 않은 영향을 미친다는 사실을 알아냈습니다. 우리에게 필요한 일은 몇 년 동안 훈련해서 쌓은 실력을 제대로 발휘하기 위해 조정 선수의 관심과 감정을 집중시킬 무언가였습니다. 당신이 그 역할을 해냈습니다.”

첫 프레젠테이션 후, 올림픽을 앞두고 8명의 코치 및 선수와 긴밀히 협력했다. 가장 먼저 '호흡' 기술의 중요성을 가르쳤는데, 레이스 시작 전 초조하게 기다리고 있을 때 특히 도움이 되었고, 일부 조정 선수는 엄청난 성과를 냈다. 2012년에 함께 일한 8명 중 6명이 메달을 땄고(금 3개, 은 2개, 동 1개), 나와 함께 작업하지 않은 7명 중에서는 3명만이 메달을 땄다. 노 젓는 법을 배우고 일단 배에 오르면 키잡이가 '인-아웃-인-아웃in-out-in-out'을 외쳐 리듬을 익히도록 돕는다. 다른 사람이 노를 꺼내고 있을 때 한 사람이 물에 노를 넣으려고 하면 배가 잘 움직이지 않는다.

호흡을 조율하는 데 필요한 첫 번째 단계는 바로 '리듬'이다. 리듬이 확립되면 호흡을 부드럽게 만들어야 한다. 리드미컬하지만 스타카토 '점피' 방식으로 호흡할 수 있다. 조율을 만들어내기 위해서는 부드러운 리듬이 필요하다. 다시 말하면 초당 일정한 양의 공기가 꾸준히 폐로 들어오고 나가야 한다.

'부드러움'도 조정에서 중요한 요소다. 팀이 리드미컬한 노젓기로 동시에 노를 물에 넣고, 물속에서는 부드럽게 노를 저어야 한다. 노의 날을 물에 넣고 아주 세게 당겨 노가 약간 떠내려가게 했다가 다시 아주 세게 당기면, 배가 앞으로 튀어 나갔다가 멈출 것이다. 이처럼 모든 과정에서 매끄럽고 일관된 노젓기가 필수다.

조정 선수는 노젓기를 시작할 때와 끝낼 때, 같은 양의 힘을 사용한다. 사이클링에서도 마찬가지다. 아마추어 사이클리스트는 엄청난 힘을 내서 출발하고 페달을 다시 밟고 반복할 수 있도록 성장 동력에 의존한다. 하지만 프로 선수를 보면, 발을 들어 올릴 때도 부드럽고 일관된 동작을 하는 것을 알 수 있다. 그리고 그것은 엄청난 양의 힘을 발생시켜 능력을 끌어올린다.

마지막으로 중요한 요소는 호흡할 때 주의를 기울이는 '위치'다. 복식호흡보다 심장이나 가슴 중앙에 집중하는 것이 중요한데, 다음 3가지 이유 때문이다.

1 심장은 인간 시스템의 주요 발전소로, 다른 인간 기관이나 시스템

보다 훨씬 더 많은 에너지를 발생시킨다.

2 가장 혼란스러운 상황에서 호흡과 정신이 뒤죽박죽되어 통제력을 되찾기 위해 씨름할 때, 일반적으로 머리에 많은 '소음'이 발생한다. 이때 모든 소음에서 멀어져 몸에 주의를 기울이는 행위가 유익하다. 우리는 의식적으로 초점을 머리에서 몸으로 이동함으로써 더 빠르게 조율을 촉진할 수 있다.

3 긍정적 감정을 느끼는 곳이 심장이기 때문에 심장이나 가슴 한가운데에 집중할 때 긍정적 감정 상태를 경험할 가능성이 크다. '마음을 다해 당신을 사랑한다' 대신 '당신을 내 편도체로 또는 무릎을 꿇고 사랑한다'라고 말하지 않는다. 정보가 저장된 장소라 하더라도 '전방 대상 피질'로 내 아들을 사랑하지 않는다. 누군가가 긍정적인 감정적 경험을 할 때, 그것은 보통 가슴의 중심에서 느껴지기 때문에 의식적으로 그 부위에 주의를 기울이면 긍정적 감정을 촉진하고, 감정 세계의 긍정적 사분면으로 이동할 수 있다. 〈그림 2.6〉은 감정 세계의 중간 지점에 도달해 리드미컬하고 부드러우며 심장에 집중하는 호흡의 영향을 보여준다. 궁극적으로 왼쪽 긍정 면으로 넘어가고 거기에서 머무르는 유일한 방법은 긍정적 감정을 일으키는 일이지만(다음 장의 주제기도 하다), 호흡은 건강과 행복, 인지능력과 향상된 성과, 그리고 성공과 영향력을 발휘할 수 있는 기반을 구축한다.

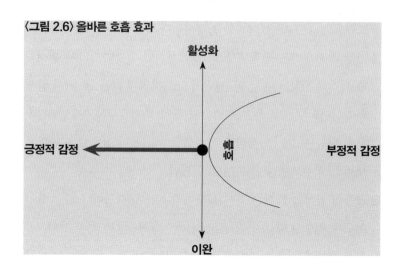

〈그림 2.6〉 올바른 호흡 효과

활성화

긍정적 감정 ← ● 부정적 감정

호흡

이완

리드미컬하고 부드럽게 호흡할 때 조율된 심박변이도 신호가 생성된다. 그러면 〈그림 2.4〉와 〈그림 2.5〉에서 볼 수 있는 것처럼 생리가 안정화되고 심장 조율이 이루어져 심박변이도 패턴이 혼돈 상태에서 일관된 상태로 바뀐다. 이는 우리가 격렬한 상황에서 자제력을 유지할 수 있게 하고, 두뇌 기능이 정지되는 것을 방지하며, 명확하게 생각하고 더 지각할 수 있게 해준다. 또 우리가 느끼는 방식을 바꿀 수 있는 기회를 제공하고 가장 소중한 에너지를 무의식적으로 소비하는 것을 막아준다.

호흡 기술을 기억하는 가장 쉬운 방법은 약어 'BREATHE'를 사용하는 것이다.

Breathe

Rhythmically

Evenly

And

Through the

Heart

Every day

(리드미컬하고 규칙적으로, 그리고 심장을 통해 매일 호흡하라 – 옮긴이주)

당신이 호흡을 조절한다면, 당신의 생리 기능을 조절할 수 있게 되어 사건이나 상황, 그리고 다른 사람들과 당신의 생각이 뒤엉키는 것을 막을 수 있다. 당신의 혼란스러운 상태가 비즈니스에 재앙이 되는 경우도 있기 때문이다. 코그니타Cognita의 CEO인 마이클 드레이크Michael Drake는 BREATHE를 사용해 성과를 개선한 경험에 대해 다음과 같이 말했다.

"저는 정기적으로 조율된 BREATH를 배웠고, 이 기술을 직장 밖에서도 사용합니다. 골프를 치며, 리듬감 있는 호흡도 많이 하려고 합니다. 이를 통해 생각을 명확하게 하고 실행에 도움이 되도록 심장박동수를 조정합니다. 중요한 연설을 하기 전에도 마찬가지인데, 호흡하며 할 일에 대해 생각하고 마음을 통제합니다. 내 느낌이 어떤지 2분 동안 생각하는 것만으로도 도움이 됩니다. 마음이 더 차분해지고 자신감이 생기고 집중력이 높아지며, 이러한 모든 것이 성과를 내는 데 도움을 줍니다."

실천 단계

당신의 시스템 통제를 통제하기 위한 출발점은 호흡 조절이다. 그 힘이 가장 필요할 때 얼마나 빨리 사라질 수 있는지 과소평가하지 마라. 따라서 BREATH를 연습하는 것이 중요하다. 점점 더 어려운 상황에서 생리적 조율 상태를 만들어 유지하는 능력을 길러야 한다.

눈을 감고 혼자 연습하는 것에서 시작하고, 열린 갈등 상황(토론, 논쟁, 싸움 등)에서 성공적으로 기술을 사용할 수 있을 때까지 연습의 계층구조 단계(〈그림 2.7〉)를 거쳐야 한다.

호흡 연습은 "얼마나 오래 해야 합니까?"라고 묻는 경우가 있다. 대답은 연습에 집착하지 말라는 것이다! 리드미컬한 호흡에 과다복용이란 말은 어울리지 않지만, 호흡을 해야 한다는 강박적 생각이 호흡을 다시 혼란스럽

〈그림 2.7〉 호흡 연습 단계

⑩ 갈등 상황에서
⑨ 누군가 당신을 몹시 화나게 할 때
⑧ 누군가 당신을 화나게 할 때
⑦ 누군가 당신을 귀찮게 할 때
⑥ 당신이 대답하는 동안
⑤ 당신이 듣는 동안
④ 누군가 당신에게 이야기하는 동안
③ 사람들 사이에서 눈을 뜨고
② 혼자 눈을 뜨고
① 혼자 눈을 감고

게 만들 수 있기에 연습에 집착하지 말아야 한다! 대신 생각날 때마다 연습하라. 회의가 시작되기를 기다리거나 여행할 때처럼 쉬는 시간을 활용하라. 하루에 단 10분 만이라도 BREATH를 연습한다면, 곧 리드미컬한 호흡과 생리적 조율이 기본 패턴이 될 것이다. 그렇게 되면 당신은 이전보다 훨씬 덜 반응한다는 것을 알게 될 것이다. 그리고 훨씬 더 많은 에너지를 확보하게 될 것이다. 또 당신이 호흡을 통제할 수 있게 되면, 감정적 조율을 발전시키고 신체라는 오케스트라 전체를 조화롭게 만들 수 있다.

생리적 조율로 감정적 조율이 가능하다

코칭 프로그램 기간 중 첫 번째 시기에 생리학에 중점을 두는 이유는 매우 단순하다. 에너지가 충분하지 못하다면 전략이 얼마나 훌륭하든, 시장 진입 계획이 얼마나 혁신적이든 아무 상관도 없다. 지치고 기력을 잃어 모든 일이 지연될 것이다. 하지만 우리가 10년 전 누렸던 에너지 수준을 회복할 수 있다면, 더 많은 기회를 잡을 수 있다. 에너지 수준을 잘 관리하면 일과를 마칠 때도 하루를 시작할 때와 같은 수준의 에너지를 가지게 되며 높은 성과를 낼 수밖에 없다. 하지만 잠재력을 끌어내기 위해서는 먼저 생리 상태를 안정시켜야 하며, 규칙적인 호흡과 에너지 저장량을 늘리거나 소모하는 일에 관심을 가져야 한다.

우리 회사는 전 세계 최고 CEO나 임원진과 함께 일한다. 컴플리트 에너지 감사Complete Energy Audit, CEA라는 도구를 이용해 그들의 에너지와 에너지 효율성을 측정한다. CEA는 72시간 동안 심박변이도를 분석하고 감정 지능과 사회 지능을 온라인으로 평가한다. 이런 종류의 자료 수집은 매우 효과적인데, 리더십과 성과에 대해 상당히 구체적으로 통찰할 수 있기 때문이다. 심박변이도 분석은 경영자가 얼마나 많은 에너지를 저장하고 있으며, 이를 얼마나 효율적으로 쓰고 있는지 수량화한다.

생리학적 평가로 코칭 프로그램을 시작하는 또 다른 이유는 리더와 나누는 대화 중 어떤 것이 가장 유용한지 알아내야 하기 때문이다. 생리학적 자료 수집으로 리더들과의 개별 면담이 차별화되며 짧은 시간에 대단한 효과를 볼 수 있다. 에너지를 중요하게 다룰 때, 우리와 함께 일한 경영진은 평균적으로 6개월 내에 성과가 25~30% 향상되었다. 25세 이후 연평균 3%씩 에너지 수준이 감소한다고 볼 때, 경영진은 8~10년 전 수준의 에너지를 보유하게 된 셈이다.

우리는 신체 지능이 향상되면서 성인 개발의 첫 번째 단계를 수직적으로 이동하게 된다. 생리적 조율은 건강과 행복, 현명한 사고와 성과 향상, 관계 개선과 영향력 증진 등을 위한 발판이다. 에너지 저장 인지 방법을 배우고 적절하게 호흡해 에너지를 보호하고 활용하고 재충전한다면, 누구도 따라올 수 없는 탁월한 리더로 성장하는 첫걸음을 뗀 것이다. 다음 장에서 생리적 조율로 감정적 조율도 가능하다는 이야기를 다룰 것이다.

요약

이것만은 기억하자!

- 에너지 관리가 시간 관리보다 훨씬 더 중요하다.
- 신체는 에너지를 자동으로 생산하며, 주로 심장에서 생겨난다. 따라서 심장은 신체의 주요한 발전소다.
- 저장고에 연료가 얼마나 있는지 확인하고, 그 연료를 얼마나 효율적으로 사용하고 있는지를 알아보기 위해서는 72시간 동안 심박변이도를 측정해야 한다.
- 심박변이도 조사는 심장박동 자체가 아니라 각 심박동 사이의 거리를 측정하는 것으로 인내심과 동기부여, 회복과 노력, 균형과 긍정성, 그리고 활력 등 사업 성취, 생산성과 관련된 필수영역을 정확하게 찾아내도록 도와준다.

- 심박변이도는 사망과 질병의 위험, 생물학적 나이, 에너지 수준과 활력을 정량화하고 뇌 기능을 예측할 수 있다.
- 간단한 BREATHE로 심박변이도가 향상되고 심장 조율 상태가 된다.
- 리듬 있는 호흡 기술을 사용해 심장 훈련을 한다면, 혼란한 신호가 아니라 조율된 신호가 발생해 에너지 수준이 향상되고 에너지 낭비를 줄일 수 있다. 또 건강이 좋아지며 뇌 기능 또한 향상된다.
- 조율된 호흡은 고속도로 운전과 비슷하다. 적은 연료를 사용해 더 멀리 여행하는 것과 같다. 우리 시스템의 마모가 적어 10년 전 에너지 수준을 얻고 젊음을 누릴 수 있다.

3장

건강과 행복

✓ 리더십 서적에서 건강과 행복을 논의하는 것이 이상하다고 생각하는가? 아마도 특별히 아프거나 피곤을 느끼지 않는 한 당신은 자신의 신체적 행복에 대해 전혀 생각하지 않을 것이다.

✓ 건강에 대해 자각하고 있다면, 건강을 위한 시간이나 에너지 또는 동기를 찾기 위해 고군분투하는가?

✓ 몇 년 동안 몸무게가 조금씩 늘고 있는가?

✓ 쓰러지고 지치고 심장 발작을 일으키는 등 CEO나 겪는 일이 당신에게는 일어나지 않으리라 생각하는가?

✓ 당신에게 일은 아직도 즐거운 것인가 아니면 그저 고된 것인가?

✓ 월급이 정말 고통만큼 가치가 있을까?

✓ 당신은 월급을 즐길 시간이 있는가?

✓ 한밤중에 일 때문에 걱정하고 잠을 이루지 못한 적이 있는가?

✓ 지속적인 압박을 받고, 과소평가되고, 스트레스를 받지만, 단순히 그것이 당신의 자리를 유지하기 위해 지불해야 하는 대가라고 생각하는가?

만일 그렇다면, 당신만 그런 것이 아니다.

비즈니스에서는 건강과 웰빙에 관련해 2가지 상황이 벌어진다. 비즈니스의 성공이나 결과와 무관하다고 여겨져 완전히 무시되거나, 중요하긴 하지만 시간이나 의지가 없어서 실질적인 조치를 취하지 못하는 경우다.

그러나 결과는 동일하다. 로이즈 뱅킹 그룹의 전 CEO인 안토니오 오르타오주리우만이 건강상의 이유로 일시적으로 퇴진한, 유일한 고위급 임원이 아니다.[1] JD 웨더스푼JD Wetherspoon의 창립자인 팀 마틴Tim Martin은 주 3일 근무하면서 비상임 회장으로 펍 체인으로 돌아가기 전 갑자기 6개월간의 안식 휴가를 얻었다. 존 발리John Varley 전 바클레이즈Barclays CEO는 '상당히 지쳐 있으며 다른 일을 해야 한다'는 이유로 1년간 회사를 떠났고, 화이자Pfizer의 제프 킨들러Jeff Kindler는 '재충전을 위해' 미국 거대 제약사의 회장직을 사임했다.[2] 이처럼 경영자의 번아웃은 매우 흔한 현상이 되었고, 이를 토대로 6,000건 이상의 책이나 칼럼, 논문들을 통한 학술적 연구가 이루어졌다.[3]

개인의 건강, 사회적 그리고 감정적 비용과 별개로, 번아웃은 비즈니스에 극도로 해로울 수 있다. 팀의 핵심 구성원이 질병에 걸려 사망하거나 건강을 회복하기 위해 휴가를 내야 할 경우, 승계 문제를 겪어야 하며, 팀은 회사의 주가와 자본 조달 능력, 그리고 대차대조표를 통해 손실을 입을 수 있다. 반대로 어떤 직급이든 직장에서 건강하고 행복하게 일할 때, 스스로 재량을 발휘해 좋은 성과로 연결될 가능성이 훨씬 높다.

만약 우리가 건강에 주의를 기울이지 않는다면, 거의 건강을 해치고 있는 것과 같다. 우리는 건강을 증진하기 위해 무엇을 해야 하는지 알고 있다고 생각할지 모르지만, 그것이 일관된 행동으로 이끌기에는 충분하지 않은 듯하다. 사실 우리의 삶은 커피로 가득 찬 아침과 지루한 저녁으로 묘사할 수 있다. 종종 우리는 아침에는 더블 에스프레소나 마키아토를 먹기 전까지 누구와도 이야기하고 싶어 하지 않는다. 그리고 위스키나 독한 진토닉으로 긴장을 풀며 하루를 마무리하는 것을 선택한다. 몇 년 전만 해도 그냥 1잔이었지만 요즘은 2잔, 때로는 그 이상 마시기도 한다.

우리는 여전히 태양 아래서 보내는 2주간의 휴가를 꿈꾸고, 저녁에 집으로 돌아가면 반드시 변화해야 한다며 스스로를 설득하는 시간을 갖는다. 하지만 우리가 해야 할 변화는 일어나지 않는다. 삶이 그것을 방해하기 때문이다. 게다가 행복은 현대 비즈니스에서 우선순위가 아니다. 그러나 우리가 매일 느끼는 감정은 단지 감상적인 생각만이 아니라 제일 소중한 자산인 건강을 결정짓는 가장 중요한 요소일 것이다.

그렇다면 우리가 힘든 일정과 엄청난 압박에도 건강과 행복을 향상시키기를 바란다면 어떻게 해야 할까? 우리가 주목해야 할 3가지 'Big E'가 있다. 대부분은 그중 2가지는 알고 있지만 세 번째 것은 무시한다. 우리는 먹는 것Eat(첫 번째 E)과 균형 잡힌 식사의 중요성은 알고 있다. 건강과 관련해 규칙적인 운동Exercise(두 번째 E)의 중요성도 이해한다. 그러나 세 번째 E~Emotion~인 감정은 잠재적으로 가장 중요한데도 전적으로 무시되곤 한다.

감정이 중요한 이유는 운동을 해도 보통 일주일에 2~3번밖에 하지 않고, 먹는 것도 하루에 2~3번이지만, 감정은 매일, 매 순간 우리에게 영향을 미치기 때문이다. 감정은 우리가 운동할 마음이 생길지, 우리가 무엇을 언제 얼마나 먹을지를 결정한다. 정신과 의사이자 심신의학 분야의 선구자인 프란츠 알렉산더 Franz Alexander 박사는 "수많은 만성 장애는 외부나 기계적 혹은 화학적 요인이나 미생물에 의한 것이 아닌, 생존을 위한 투쟁으로서 유기체의 일상생활 중 발생하는 지속적이고 기능적인 스트레스 때문에 발생한다"라고 했다.[4]

건강과 감정의 연관성을 입증하는 과학적 연구가 상당히 많지만, 이를 진지하게 받아들이는 비즈니스 리더는 거의 없다. 이를 '새로운 시대'의 허구로 무시하지 않는다면, '건강 부분'을 그들의 최고 의료책임자 또는 직장 보건 부서에 위임한다. 일부 사업체는 체육관이나 수영장을 설치해 건강 관련 업무를 처리했다고 생각하고 물리치료사나 체육관 강사를 고용하기도 하지만, 아직 리더와 직원의 건강과 신체 단련은 개인의 사적인 선택의 영역으로 보는 시각이 많다.

건강과 행복은 단순히 상업적으로 중요하지 않는 것으로 여겨지지만, 이는 잘못된 생각이다. 부적절한 감정 관리가 질병과 고통으로 가는 '슈퍼 고속도로'라는 것을 증명하는 엄청난 양의 과학적 자료가 있기 때문이다. 감정은 질병에 걸리기 쉬운 상태인지 아닌지 결정할 뿐만 아니라, 회복탄력성과 신체적, 직업적 실패에서 회복하는 능력도 결정한다. 만약 누군가가 신체적으로나 정신적으로 건강하지 않다면, 그는 최선을 다하지 못할 것이다. 건강은 조직뿐만 아니라 비즈니스에도 필수다.

건강에 관한 사실과 허구

대부분의 경영자는 건강과 행복을 개인적인 선택의 문제 또는 그들과 의사 사이의 일로 본다. 하지만 의사가 건강과 행복에 대한 지침을 얻기 위해 진정으로 의지할 수 있는 사람들일까? 나도 의사지만, 의사들은 질병의 예방이나 환자의 행복에 대해 훈련받는 것이 아니라 진행된 질병과 질환을 치료하는 일을 훈련받는다. 만약 노년에도 건강하고 행복하게 지내고 싶다면, 사실과 허구를 구분하기 위해 지난 몇 년 동안 의학적인 사고가 어떻게 변화해 왔는지 이해해야 한다.

1940년대 중반까지 효과적인 의학은 거의 없었다. 만약 치통이나 폐렴, 수막염 또는 성병에 걸렸다면, 항생제가 없었기 때문에 사망했을 것이다. 그 결과 남성과 여성의 가장 큰 사망 원인은 전염병이었다. 알렉산더 플레밍Alexander Fleming이 1928년에 페니실린을 발견했지만, 제2차 세계대전 중이었던 1944년까지 정제되어 상업적으로 사용하지 못했다. 하지만 이후 항생제는 놀라울 정도로 성공을 거두었고, 죽음으로 이끄는 질병 대부분을 하룻밤 사이에 근절할 수 있었다. '마법의 총알'이라는 철학이 탄생했고, 과학적 의학은 복잡한 다요인성 질환을 근절할 수 있는 단일 치료법을 찾기 시작했다.[5]

역사상 처음으로 우리는 질병보다 우위에 있다고 믿었으며, '마법의 총알' 접근은 의학적 사고의 본질을 변화시켰다. 만약 모든 전염병을 치료할 수 있는 알약을 만들 수 있다면, 심장병과 암 같은 큰 질병을 근절하기 위한 마법의 총알을 발견하는 것은 시간문제였다. 건강 관련 연구자들은 마법의 총알을 찾기 위해 집단으로 움직였다. 처음에는 쉽게 구할 수 있는 페니실린의 출현으로 심장 질환에 대한 관심이 집중되었다. 심장 질환은 사망 원인 2위에서 1위로 승격되었고, 그 이후 계속 순위를 유지하고 있다.[6] 오늘날 선진국에서 조기 사망 원인의 적어도 3분의 1은 남성과 여성 모두 심혈관 질환이며, 여기에는 심장병, 고혈압, 뇌졸중이 포함된다.[7] 전통적으로 여성은 종종 유방암을 더 많이 걱정하지만, 유방암보다 심장 질환으로 사망하는 여성이 2배 이상 많다.[8]

50%의 남성에게 심장병의 첫 번째 징후는 사망이다.[9] 이 냉엄한 통계는 눈앞에 닥친 재앙을 알아차리지 못하는 남성들의 무능력에 대해 많은 것을 말해준다. 대부분의 남성은 눈앞에 닥칠 파멸을 알아차리지 못한 채 계속 삶을 살아간다. 경고 신호가 아닌 증상을 발견하도록 훈련받았기 때문에, 아무리 의사라고 해도 경고 신호를 일

반인들보다 더 잘 발견하지 못한다. 전통적인 의학 교육은 위기를 예측하는 데 초점을 맞추는 경우가 거의 없다. 오히려 위기가 발생할 때까지 기다렸다가 영웅적인 개입을 시도하는 경향이 있다. 결과적으로 심장마비를 겪는 사람은 종종 자신의 심장마비가 '갑자기 왔다'고 말하는 경우가 많다. 때로는 그들의 주치의도 같은 말을 한다. 하지만 질병은 갑자기 찾아오는 경우가 드물다. 의학적 이상은 대부분 몇 년은 아니더라도 몇 달 전부터 나타난다. 문제는 우리가 그 신호를 보지 못하거나 주의를 기울이지 않는다는 것이다.

이런 생각을 변화시켜 사망률을 낮추기 위한 시도로, 1940년대에 미국 정부, 특히 보건 정책 입안자들은 '평균적인' 미국인의 심장병 원인에 대한 장기 연구 프로젝트를 수행해 심장 질환의 미스터리를 풀기 위해 의료계와 협력했다. 미국 인구를 대표하는 마을을 찾다가 그들은[10] 프레이밍햄을 선택했다.

심장병 : 프레이밍햄 심장 연구

보스턴에서 약 32km 떨어진 프레이밍햄은 작고 아름다우며 나무가 무성한 마을로 2만 8,000명의 노동자가 살고 있었다. 사회적으로 매우 안정적인 곳이었고, 프레이밍햄에서 태어난 사람은 보통 그곳에서 평생을 보냈다. 이 연구는 향후 50년 동안 2년마다 5,200명의 지원자를 대상으로 건강 상태를 관찰할 예정이었기 때문에 이 사실은 연구에 매우 중요한 요소였다. 만약 피험자들이 멀리 이사가 미국 전역에 흩어져 있다면 연구를 수행하기가 매우 어려웠을 것이다. 1948년 소규모 의학자들이 이 마을로 갔고, 이후 심장병의 원인에 대한 데이터가 프레이밍햄 심장 연구Framingham Heart Study로부터 쏟아져 나왔다. 연구의 지속성과 수집된 데이터의 깊이는 프레이밍햄에서 진행된 연구 결과가 다른 어떤 것보다 이 분야의 의학적인 사고에 영향을 미쳤다는 것을 의미한다.

그러나 알고 보니 프레이밍햄은 '미국의 어느 한 마을'이 아니었다. 연구진은 자신들이 무엇을 찾고 있는지, 무엇을 발견할지 몰랐기 때문에, 프레이밍햄이 미국을 대표하지 않을 수도 있다고 생각하지 못했다. 그곳은 규모가 작고 대부분이 백인이며 완전한 고용을 누리는 중산층 마을이었다. 빈곤층이 거의 없었고, 이혼율은 2%로 미국 평균 이혼율인 10%보다 상당히 낮았다. 그곳은 믿기 어려울 만큼 사회적으로 결합되어 있었는데, 마을 사람들은 서로 잘 알고 지냈고, 사회적으로 주민들은 서로 강하게 결속되어 있었다. 프레이밍햄은 적어도 사회적으로 대도시인 디트로이트, 라스베이거스, 뉴욕 같은 지역과 달랐던 것이다. 하지만 연구자들이 이러한 사실을 깨달았다고 해도, 이 사실이 심장 질환과 관련이 있다는 것을 암시하는 증거는 전혀 없었다.

역설적으로 연구자들은 애초에 우연히 심장병에서 자연적으로 격리된 마을을 선택했다. 프레이밍햄 주민의 심장병 발병 원인은 미국의 큰 마을이나 도시에서 발생하는 심장병의 원인과 같을 수 없었다. 이후 연구원들은 기여 요인으로 인식될 수 있었던 광범위한 요인을 놓친 것이다. 빈곤[11], 사회적 불평등[12], 낮은 교육 성취도[13], 스트레스[14], 사회적 고립, 우울증[15], 불안[16], 그리고 적개심[17] 같은 문제들은 심장병을 예측하는 데 크게 도움을 주는 요소들이다. 예를 들어, SNS에서 표출되는 적개심을 통해 심장병으로 인한 사망률을 예측할 수 있다! 이러한 요인은 프레이밍햄에 존재하지 않았고, 적대적 사회적 미디어 콘텐츠도 존재하지 않았기 때문에, 연구는 그것들을 기여 요소로 고려하지 않았다.

따라서 심장 질환의 실제 원인 중 다수가 연구 그룹에서 고려조차 되지 않았다면, 남은 것은 고혈압, 콜레스테롤, 나이, 당뇨병, 흡연, 비만/운동 부족, 기타 의학적 조건 및 가족력처럼 심장 질환을 촉발하는 데 있어 상대적으로 덜 중요한 나머지 원인들이었을 것이다. 이때부터 나머지 원인들이 심장 질환의 '전통적 위험 요인'으로 의료보건법에 명시되었다. 그러나 심장 질환 발생 원인 중 절반 이상은 표준 신체 위험 요소로 설명할 수 없다.[18] 전 세계 의사들은 전통적인 위험 요소 중 어떤 것도 보이지 않았음에도 사람들이 매일 심장병으로 죽어가고 있다는 사실에 의아해했다. 그들이 사망하는 진짜 이유는 주로 가난, 사회적 불평등, 낮은 교육 성취도, 스트레스, 사회적 고립으로 인해 발생하는 우울증, 불안, 분노, 적개심, 냉소 등과 같은 잘못 관리된 감정들이다. 이러한 요인이 고혈압, 비만, 당뇨병, 높은 콜레스테롤 수치 같은 전통적 요인의 위험을 증가시킬 수 있기에 혼란이 야기된다.

프레이밍햄은 아무 문제 없고 모두가 행복한 천국은 아니지만, 피할 수 없는 삶의 충격을 겪었을 때 프레이밍햄의 주민들은 서로 조력할 수 있는 강력한 사회적 네트워크를 갖추고 있었다. 위와 같은 위험 요소들은 매우 중요한데 대도시에는 이러한 사회적 네트워크가 거의 존재하지 않는다. 프레이밍햄의 사례는 강한 사회적 유대감과 응집력을 통해 이루어지는 건강한 감정 관리가 심장병 치료제라는 사실을 증명했다.[19] 오해하지 마라. 전통적인 위험 요인도 중요하지만, 심장병 예방에 진심이라면 프레이밍햄에는 거의 존재하지 않았던 사회·교육·대인관계·생리적 요인에 대한 재고가 시급하다.

심각하지만 무시되는 이러한 심장 질환 원인에 대한 인식을 높이기 위해 제임스 린치James Lynch 박사는 프레이밍햄 관련 자료를 모두 다시 분석했다. 그는 30세에서 60세 사이의 지원자 5,209명을 처음 인터뷰했을 때 수집한 정보가 의학적 신장, 체중, 혈압과 여러 신체적 요인뿐이었다는 사실을 발견했다. 연구자들은 사회와 교육, 대인관계 또는 생리학적 자료를 기록하는 것을 소홀히 했다. 그러나 위험 요인이 존재하지 않았던 심장 질환의 '설명할 수 없는' 사례들 중 대부분은 이러한 자료로 설명할 수 있었을 것이다.

프레이밍햄 심장 연구는 심장 질환에 대한 놀라운 통찰력을 제공했지만, 의도치 않게 전 세계 대중과 전문가가 잘못된 감정 관리가 심장 질환에 가장 중요한 위험 요인이라는 사실을 축소하거나 무시하도록 만들었다.

우울증

모든 사람은 흡연이 건강에 좋지 않다는 것을 알고 있고, 많은 금연 광고에도 노출되어 있다. 심장 발작을 겪었다면 금연해야 한다는 사실도 잘 알고 있다. 담배를 피우면 심장 발작 후 1년 이내에 사망할 확률이 2배나 높다. 잘 알려지지 않은 사실은 심장 발작 후 우울증이 생기면 1년 안에 사망할 확률이 4배나 높다는 것이다.[20] 그러나 "힘 내세요, 너무 절망적으로 생각하지 마세요, 그것이 당신을 죽일지도 몰라요!"라고 말하는 광고는 찾을 수 없다.

우울증과 심장 발작에 중요한 연관성이 있다는 사실을 아는 일부 의사들은 항우울제로 심장 발작 환자를 치료하기 위해 노력해 왔다.[21] 현명하고 때로는 용감한 행동이지만, 이 치료가 항상 효과가 있는 것은 아니다. 현대 치료법인 인지 행동 치료CBT나 약물도 일부 우울증 환자에게만 효과를 발휘하기 때문이다.[22] 그 결과 의학계는 종종 우울증이 심장 질환과 관련해서는 큰 문제를 일으키지 않는다고 잘못된 결론을 내렸다. 하지만 현재의 치료법으로는 우울증의 근본 원인인 잘못된 감정 관리 문제를 해결할 수 없을 뿐이다.

걱정과 외로움, 불안과 우울증 등과 같은 잘못 관리된 감정은 심각한 독성을 띤다. 하버드 공중보건 대학은 1,750명의 남성을 상대로 걱정이 미치는 영향에 대해 20년 동안 연구했다. 연구자들은 대부분이 알고 있는 사회적 조건과 건강, 그리고 개인 재정 같은 전형적인 문제에 대한 걱정이 관상동맥 관련 심장 질환에 걸릴 위험을 매우 증가시킨다는 사실을 발견했다.[23] 중년 남성의 절망감은 하루에 담배 1갑을 피우는 것만큼 심혈관 건강에 해롭다.[24] 불안감과 외로움, 그리고 공황은 심혈관 질환 발병 위험 증가[25] 또는 심장 질환과 갑작스러운 심장 관련 문제로 사망하는 것에 잠재적 예측 변수인[26] 심박변이도 감소와 관련이 있다.[27]

이러한 부정적 감정은 신체 건강에만 독이 되는 것이 아니라, 행복해지고 만족하고 성취감을 느끼는 능력에도 상당한 영향을 미친다. 불안, 외로움, 걱정, 공황과 많은 우울증 사례들은 주로 우리가 우리 자신들의 감정을 조절 및 통제할 수 없기 때문에 발생한다. 너무 오랫동안 이러한 감정 상태에 갇혀 있던 사람들은 이러한 상태와 자신을 동일시할 수 있다. 사람들은 종종 '우울하다' 또는 '불안하다'고 말하지만, 그들은 우울하거나 불안한 상태에 빠져 있을 뿐이며, 그것이 그들 자신이 아님을 인식해야 한다. 감정을 효과적으로 관리할 수 없는 것은 발달선상의 문제며, 이를 질병화해 의학적으로 다루는 것을 중단해야 한다.

중요한 문제는 우리가 다양한 감정에 대해 배우지 못했으며, 감정을 구분하고 효과적으로 관리하는 방법도 배우지 못했다는 것이다. 어린 시절 화를 낼 때 대부분은 "진정하고 정신 차려!" 혹은 "그만 울어!"라는 말을 들었다. 흥분하거나 긍정적 감정을 느낄 때도 우리는 "진정해!"라는 소리를 들었다. 우리는 분노와 짜증, 분노와 좌절, 지루함과 무관심을 구분하는 방법을 배운 적이 없다. 그리고 차이점을 말할 수 있다 하더라도, 이 감정들을 다루는 법, 적절한 행동을 취하는 법, 감정을 변화시키는 법을 배우지 못했다.

그 결과 사람들은 대부분 감정은 피해야 하거나 숨겨야 할 것이라고 믿는다. 감정은 감정적인 아이에서 원활하게 기능하는 이성적인 어른으로 변신하기 위해 무조건 버려야 하는 애착 담요나 인형처럼 여겨진다. 우리는 감정을 무시하고 억압하는 법을 배우고 '기분이 좋다'와 '기분이 나쁘다'를 구별할 수 있을 정도의 감정문해력을 지닌 채 성인기로 나아간다. 많은 사람에게 부정적 감정은 '나쁘다'라고 불리는 하나의 감정 상태로 뭉뚱그려진다. 긍정적 감정도 하나의 감정 상태로 뭉뚱그려져 사는 지역에 따라 '나쁘지 않다', '좋다', 혹은 좀 더 낙관적인 문화에서는 '괜찮다'라고 불린다.

만약 우리가 '좋은' 감정보다 '나쁜' 감정을 더 많이 경험한다면, '나쁜' 감정은 나쁜 기분으로 확장될 수 있다. 시간이 지남에 따라 나쁜 기분은 수없이 재생한 LP 음반처럼 삶에 구멍을 낼 수 있다. 어떤 사람은 자신의 부정적인 감정 상태가 뿌리 깊은 습관이 될 때까지 계속 동일한 부정적 곡조를 연주할 수 있다. 우울증이나 불안 장애 진단을 받은 사람들 중 대부분은 치료가 필요한 상태는 아니며 단지 그들의 레코드 플레이어가 불안이나 슬픔을 유발하는 LP만 반복재생하고 있는 것이다. 그리고 이 LP의 전원을 끄거나 즐겁고 행복한

곡으로 바꾸는 방법을 모를 뿐이다. 이는 개인의 건강과 행복에 매우 큰 영향을 미친다.

게다가 감정과 스트레스와 관련된 장애는 생산성을 현저하게 떨어뜨린다. 한 연구에서 우울증은 직장에서 손실된 시간의 79%를 차지하는 가장 흔한 정신건강적 원인으로 확인되었으며, 고용주는 정신적 질병으로 야기된 문제를 해결하는 데 신체적 질병보다 훨씬 더 많은 비용을 지불해야 한다는 사실이 확인되었다.[28] 우울증은 병가의 주된 원인이며,[29] 우울증 기간이 길어질수록 병가도 길어진다.[30] 이 관련성은 저소득층 사람들에게서 더 강하게 나타난다.[31]

암

현재 전 세계 사망자의 사망 원인 중 약 5분의 1은 암이다. 암은 사망 원인 2위를 차지하는데,[32] 이는 전체 조기 사망자 중 약 50%가 심장 질환과 암으로 사망한다는 것을 의미한다. 그리고 부정적 감정은 둘 모두에 영향을 미친다는 사실이 증명되었다.[33] 1870년 빅토리아 여왕 시대의 외과 의사 제임스 패짓James Paget 경은 '깊은 불안, 지연된 희망과 낙담이 암의 성장과 빠른 증식으로 이어지는 경우가 매우 많아, 정신적 우울이 암을 유발하는 인자에 주요한 영향을 미친다는 사실은 의심할 여지가 없다'고 했다.[34]

이후 정서적 장애와 암, 종양 재발 및 암 특이적 사망률의 증가와 관련된 증거는 압도적으로 많다.[35] "현재 데이터가 막강해서 암에 대해 과학적 태도를 유지하고자 하는 사람들이 이러한 증거를 더 이상 무시할 수 없게 되었다"는 말이 나올 정도였다.[36] 이제 암을 포함한 질병으로 향하는 슈퍼 고속도로가 '잘못된 감정 관리'라는 것에는 의심의 여지가 없다.

암에 관련된 가장 중요한 질문은 "누가 암에 걸리는지 예측할 수 있는가?"였다. 이 질문은 매우 논란이 많은 주제이며, 과학계는 이 문제를 두고 의견이 분분하다.[37] 대부분의 과학자들이 성격과 암 사이에 아무런 연관성이 없다고 말하지만, 매우 모호하고 일반적인 설명이라 설득력이 없다. 이 논란은 만약 '암에 걸리기 쉬운' 성격이 확인된다면, 종양의 발달에 대해 개인을 비난할 빌미가 될 것이라고 성급하게 결론을 내리면서 더 악화되고 있다. 하지만 이는 말도 안 되는 이야기다. 불행하게도 이처럼 지나치게 단순한 가정은 사람들이 '라이프 스타일로는 어떤 것도 예측할 수 없다'고 결론짓게 만든다. 나아가 우리가 암의 병인학은 예측할 수 없고 무작위적이며, 개인적으로 우리와 아무런 관련이 없다고 결론 내게 한다. 이로 인해 사람들은 자신을 책임져서 더 잘 돌봐야 할 필요성에서 자유로워지게 될 수 있다. 우리가 훨씬 더 구체적인 질문을 한다면, 어떤 라이프 스타일을 선택하느냐가 절대적으로 중요하다는 것은 분명하다. 우리는 잘 먹고, 규칙적으로 운동을 해야 하며, 가장 중요한 점은 건강상의 위험을 줄이기 위해 감정을 관리하는 능력을 개발해야 한다는 것이다. 지속적으로 관리되지 않은 감정은 평생 코르티솔 부담을 증

가시키고, 면역 체계를 손상시키는데, 이는 나이가 들수록 암에 더 잘 걸리게 하는 원인 중 하나다.[38]

'긍정 심리의 아버지'로 불리는 심리학자 마틴 셀리그먼Martin Seligman 박사와 두 동료는 1939년부터 1944년까지 하버드대학교 졸업생들을 연구했다.[39] 제2차 세계대전에서 돌아온 후, 피험자들은 전쟁 경험에 대해 인터뷰를 했으며, 5년마다 신체검사를 받았다. 전쟁 후 인터뷰에서 대학 시절 낙관적이었다는 사실이 드러난 사람들의 정서적 성향은 이후 삶에서 더 나은 건강 상태를 유지하는 데 직접적인 관련이 있었다. 셀리그먼은 '25세인 인터뷰 대상자들이 전쟁 경험에 대해 설명하는 방식을 보고 65세가 되었을 때 그들의 건강 정도를 예측'했으며, 45세 무렵에 비관주의자의 건강 상태는 더욱 빠르게 악화되었다. 사람들이 설명하는 방식은 불가피한 삶의 좋은 일과 나쁜 일들을 자신에게 설명하는 방법에 영향을 미치며, 이는 다시 그들의 행동과 성과에 영향을 미친다. 예를 들어, 염세주의자는 시험에 떨어지거나 승진하지 못하는 등의 개인적인 실패를 영구적으로 인생의 모든 영역에 영향을 미칠 수 있는 것으로 해석한다. 하지만 더 높은 감성 기능을 지닌 낙관주의자는 똑같은 상황에 처하면 그것은 지금 상황에 국한된, 일시적이고 수정 가능한 것으로 여길 것이다. 최근에 5만 4,000명의 간호사를 대상으로 이루어진 26년간의 추적 연구에서 외상 후 스트레스 장애는 난소암 발병 위험을 2배로 증가시키고, 심혈관 질환 발병 위험을 증가시킨다는 사실을 알아냈다.[40]

만약 우리가 부정적이고 자신의 운명을 통제할 수 없다고 느끼거나, 만약 좌절에 대해 이야기하고 해결책을 찾는 대신 그것을 내면화한다면, 우디 앨런Woody Allen의 말처럼 우리는 '종양을 키우게 될 것이다'. 이렇듯 정서적 고통은 암의 발병과 진행에 영향을 미칠 수 있다.[41]

생물학적으로 이러한 영향이 어떻게 작용하는지 설명하자면, 만약 누군가 부정적이거나 자신들의 삶을 제한적으로만 통제할 수 있다고 느낀다면, 그들의 몸은 더 많은 코르티솔을 생성하며, 그 코르티솔은 면역 체계를 억제한다.[42] 우리 몸에서 매일 암세포가 생성되지만 명랑하고 긍정적이며, 감정적으로 조율을 유지한다면, 면역 체계는 정상적으로 작동해서 문제가 있는 암세포를 제거할 것이다. 반면, 누군가가 지속적으로 비참하다고 느끼거나 감정적으로 일관성이 없다면, 암세포가 제거되는 일은 일어나지 않는다. 일단 코르티솔 수치가 장기간에 걸쳐 면역 체계를 억제하면, 면역 체계는 제대로 기능하지 않을 것이고 암세포는 적절하게 처리되지 않으며, 결국 암으로 발전될 수 있다.

행복에 관한 사실과 허구

건강과 행복의 개념은 매우 다른 것을 의미할 수 있지만, 특히 분기별 성과와 관련이 없다고 생각하는 바쁜 경영진에게는 일상생활에서 건강과 행복을 분리하기란 불가능한 일이다. 이 둘은 불가분의 관계에 있다. 누군가가 '복합적 포기 상태(개인이 자신의 능력이나 가능성에 대해 포기하거나 무력해진 상태-옮긴이주)'[43]를 겪거나 '심장의 감정적 일식'[44]을 경험했을 때, 그들의 우울한 기대와 부정적 태도는 육체적으로나 정신적으로 많은 부정적 결과를 촉진할 것이다. 낙관적인 태도를 가지거나 적어도 자신의 감정을 잘 조절하고, 그 감정을 활용해 문제를 해결하기 위해 건설적인 행동을 취하는 사람들은 대체로 좋은 건강 상태를 유지하며 더 오래 행복하며 만족스러운 삶을 산다.

흥미롭게도 부정적 감정의 결과에 대한 과학적 문헌은 긍정적 감정의 유익한 효과에 대한 증거보다 약 10배 더 많다. 예를 들어, 심리학과 정신의학은 거의 전적으로 기능 장애에 초점을 맞추어 감정의 부정적 결과를 연구하고 다룬다. 수십 년 동안, 행복이나 감정적인 관점에서 성과의 향상을 연구하는 것은 "경력에 해를 끼치는 행동"이거나 학문적으로 부적절하다고 여겨졌다.

다행스럽게도 상황은 변화했고, 긍정 심리학, 긍정 정서, 정서 조절과 건강과의 관계 연구로 더 이상 직업적 한계에 부딪히지 않는다. 우리는 자신의 감정적 태도를 적극적으로 변화시킬 수 있다는 것을 깨달았고, 이는 면역 체계를 강화하고 질병과 질환에 대해 보호와 회복력을 증가시킬 수 있다는 것을 알게 되었다.[45] 우리는 행복하고, 만족하고, 자신감을 느끼게 하는 긍정적 감정을 학습하고 연습하고 일상생활에 의도적으로 통합할 수 있다는 것을 알고 있다. 이러한 긍정적 영향은 심장병 발병률을 감소시킬 수 있다.[46]

오랫동안 우리는 긍정적 성격은 대부분은 유전적이라고 생각했다. 즉, 우리는 낙관적이거나 비관적으로 태어났다고 믿었다. 하지만 이는 사실이 아니다. 낙관주의자들은 습관적으로 밝은 면을 보고, 더 쉽게 희망의 조짐을 찾기 때문에 '대뇌피질 복권cortical lottery'[47]에 당첨되었을 수도 있지만, 이 능력은 우리 모두에게 잠재되어 있다. 에이브러햄 매슬로Abraham Maslow, 에런 안토노프스키Aaron Antonovsky, 제임스 W. 페네베이커James W. Pennebaker, 수잔나 코바사Suzanna Kobasa, 탈 벤샤하르Tal Ben-Shahar, 딘 오르니시Dean Ornish, 마틴 셀리그먼, 미하이 칙센트미하이Mihaky Csikszentmihalyi 등과 같은 위대한 연구자들 덕분에, 우리는 이제 우리의 감정적 조망이 영구적으로 고정된 것이 아니라, 각각의 범위를 가지고 있다는 사실을 이해하게 된다. 유리잔을 반쯤 비운 것으로 보든지, 반쯤 채워진 것으로 보든지 간에 우리는 감정적 조율과 자기 관리를 통해 변화될 수 있기에, 늘 감정 범위의 최상단에서 일상적으로 활동할 수 있다.

위기가 닥쳤을 때(모든 사람에게 찾아오지만) 대부분은 3가지 방법 중 하나로 위기에 대처한다. 행동에 나서서 문제를 해결하거나(적극적인 대처), 상황을 재평가하거나(희망을 찾기 위해 내면의 감정적, 인지적 작업에 참여), 문제를 회피한다(감정 반응을 잊거나 무디게 하기 위해 술이나 마약 등 주의를 산만하게 하는 전술에 참여).[48]

수년 전, 홈스Holmes와 라혜Rahe는 이러한 사건들이 건강과 행복에 미치는 영향을 더 잘 이해하도록 돕기 위해 외상성 '인생 사건' 스트레스 척도를 개발했다. 물론 이러한 통찰이 사람들이 위기에 올바르게 대처하는 전략을 찾는 데 도움이 되는 방법으로 이어지기를 희망하기도 했다.

홈스와 라혜는 이혼이나 사랑하는 사람의 죽음, 정리 해고 등과 같은 사건을 경험했다면, 신체적 질병과 우울증에 좀 더 취약할 수 있다는 사실을 알게 되었다. 그러한 상관관계를 증명하는 연구는 최초의 연구가 발표된 지 50년이 지난 오늘날까지 계속되고 있다.[49] 그러나 수년 동안 그 자료에서 다른 흥미로운 결과가 나왔다. 이러한 중요한 삶의 사건 중 많은 것을 경험했지만 병에 걸리지 않은 사람들도 있었다. 사회심리학자 제이미 페네베이커Jamie Pennebaker의 연구는 그런 사건이 문제가 아닐 수도 있다고 제안했다. 진정으로 중요한 것은 그 사건 이후 일어나는 일, 그 일과 자신의 미래에 대해 개인적으로 부여하는 의미라고 주장했다.[50]

홈스와 라혜가 그들의 인생 사건 연구를 발표한 후, 에런 안토노보스키는 몇몇 사람이 삶의 변화에 대해 완충하는 '저항 자원'을 가지고 있다고 제안했다.[51] 수잔나 코바스는 '강인함' 또는 오늘날 우리가 '회복탄력성'이라 부르는 개념을 정의했다. 그녀는 사람들이 문제를 긍정적인 도전Challenge으로 보고, 그들이 잠재적으로 결과를 통제Control할 수 있다고 느꼈으며, 해결에 전력Committed하는, 즉 '3C'

를 묘사했다.[52] 그리고 후속 연구들은 그녀의 생각을 검증했다.[53]

오늘날, 페네베이커의 초기 작업을 이어받은 새로운 개념인 '외상 후 성장 즉, PTG_{Post Transmatic Growth}'라고 알려진 개념에 관한 다양한 연구가 진행되고 있다. 외상 후 성장은 가장 어려운 경험에서도 어떤 긍정적이고 유익한 측면을 찾아내는 능력을 의미한다.[54] 이는 낙관주의나 비관주의 자체가 아니라 감정을 조절하고 의미를 창출하는 능력이다. 사람들이 자신을 감정적으로 표현하고 사회적 네트워크나 강한 관계들에서 일어난 일에 대해 이야기할 수 있을 때, 트라우마가 그들의 신체적, 정신적 건강에 대해 미치는 해로운 영향에서 벗어날 수 있었다(6장에서 긍정적 관계가 개인적, 직업적 성공에 미치는 영향을 탐구할 때, 이것을 기억하라). 감정적 조율을 지닌 사람들은 사건에 대한 인지적 프레임을 더 잘 구성해서 일어난 일을 이해하고 앞으로 나아갈 수 있도록 도왔다.[55]

우리가 세상을 어떻게 보는가는 결코 변하지 않는 것은 아니다. 우리는 상황이나 사건을 항상 통제할 수는 없지만, 그것을 어떻게 해석하고, 그것에 대해 어떤 행동을 취하며, 어떤 의미를 부여할지에 대해 통제할 수 있다.

비즈니스 관점에서 보면, 정신적으로 건강하고 행복한 사람은 목표와 포부 사이에서 더 높은 수준의 '수직적 일관성'을 보이는 것으로 밝혀졌다.[56] 즉, 그들은 단기적 목표를 중·장기적 목표에 맞추어 모든 행동이 서로 맞아떨어지게 하며, 자신이 원하는 미래를 향해 나아간다. 나는 이 '수직적 일관성'의 정의를 모든 수직적 성장 영역 내의 일관성을 포함하는 것으로 확장하고자 한다.

잘못된 감정 관리가 부르는 악순환

분명히, 결과에 영향을 미치는 것은 사건이나 상황이 아니라 그러한 사건과 상황으로 인해 감정적으로 어떤 일이 발생하는지다. 이것은 삶과 죽음, 성공과 실패, 행복과 불행의 차이를 실제로 만드는 것이다. 이는 현대 의학에서 흔히 하는 실수다.

앞서 나는 심장병의 진정한 위험은 널리 알려진 혈압, 콜레스테롤, 당뇨병 등의 전통적인 요인보다는 빈곤, 사회적 불평등, 낮은 교육적 성취도, 스트레스, 사회적 고립, 우울, 불안과 분노와 같은 상대적으로 덜 알려진 사회적, 교육적, 대인관계적 또는 생리적 위험이라고 말했다. 이런 것들이 그 자체로 생명을 앗아 가지는 않겠지만, 그들이 우리 생리 상태에 영향을 미친다.

낮은 교육 수준이 직접적으로 심장병을 일으키지는 않지만 보통 빈곤을 초래하는데, 개인이 제대로 된 삶을 살 수 있는 지식이나 기술, 자신감이 없기 때문이다. 그럼에도 불구하고 심장병을 일으키는 것은 가난이 아니다. 가난은 보통 정서적 고통과 걱정, 압박을 유발한다. 특히 부양해야 할 가족이 있다면 말이다. 만약 가난이 생리학적으로 감정적 비일관성을 유도한다면 그것은 아마도 걱정, 공황, 불안, 우울로 나타날 것이다. 그러면 자신이 무가치하고 무능력하며 사회적으로 고립되어 있다고 느낄 수 있는데, 이것은 면역 체계를 더욱 억제하고 코르티솔 수치를 증가시켜, 신체를 심장병과 암이라는 질병에 노출시킨다.

사람들이 살면서 흔히 느끼는 감정 중 하나는 자신이 '충분하지 않다'는 것이다. 즉, 어떤 면에서 부족하거나 자신들의 세계에 무언가가 부족하다고 느끼는 것이다. 이러한 결핍이나 불충분한 감정은 '나는 충분히 좋은 남편/아내, 아버지/어머니 또는 친구가 아니다'로 개인화될 수 있다. 여성들은 종종 자신의 몸에 대해 나쁜 감정을 느끼는데, '나는 너무 뚱뚱하다' 또는 '피부가 별로다'라고 생각한다. 남성의 전문적 역량은 종종 돈을 버는 능력, 인지된 성공 또는 키가 큰지의 여부 같은 외적 능력에 집중된다. 너무 많은 사람이 자신에 대해 긍정적으로 생각하지 않고 자포자기의 삶을 살고 있다. 청바지를 입으면 뒷모습이 뚱뚱하게 보이는지 아닌지는 크게 상관이 없다. 개인의 건강과 행복을 방해하는 요인이 되는 것은 그 관찰이 개인의 생리에 미치는 영향들이다.

우리가 무엇을 먹고 얼마나 자주 운동하는지는 건강과 관련이 있지만, 그것들이 우리가 믿었던 것만큼 관련성이 있지는 않다. 감정은 방 안의 코끼리다. 우리가 감정을 이해하고 정서적으로 조율된 상태를 만들 때, 우리 몸이 연주하는 다양한 감정적인 선율을 구별할 수 있고, 적절하게 행동할 수 있으며, 건강과 행복은 극적으로 향상될 것이다.

건강과 행복에 대한 간단하고 분명한 사실은 감정이 살아 있는 요소이고, 정서적 조율 상태를 발전시키는 것은 당신을 더 생산적으로 만들 뿐만 아니라 당신의 삶을 구할 수도 있다는 것이다.

감정과 느낌, 무엇이 다른가?

의료 전문가를 포함한 대부분의 사람들은 '감정'과 '느낌'이라는 단어를 상호 교환 가능한 용어로 사용하며, 그것들을 본질적으로 동일한 것이라고 본다. 그러나 둘은 다르다.

통합적 성과 모델(〈그림 1.1〉)로 돌아가면, 생리학은 우리 몸이 재생하는 원시 데이터 또는 생물학적 '음표'일 뿐이다. 감정은 다양한 생리학적 신호 또는 음표를 곡조로 통합한다. 이와는 대조적으로 느낌은 우리 몸에서 연주되는 곡조에 대한 알아차림과 인식이다. 또는 신경과학자 조셉 르두스Joseph LeDoux의 제안처럼 느낌은 단지 감정의 '관찰'일 뿐이다.[57]

생리학적인 음표는 문자 그대로 움직이는 에너지다. 인간 시스템은 유동적 상태를 지닌 다층적이고 통합된 계층구조이며 심장, 폐, 신장, 간, 뇌 등 각 시스템이 오케스트라의 전체 악보에 기여하는 곡을 연주한다. 신체는 우리가 그 곡조를 알고 있든 없든 간에 항상 멜로디를 연주한다. 우리가 신체 시스템이 연주하는 음조를 알게 되었을 때, 우리는 감정을 '느끼고' 있는 것이다. 그러므로 감정은 생리학과 행동 사이의 연결 고리다. 러퍼 인베스트먼트 헤지펀드Ruffer Investment Management의 CEO인 헨리 맥시Henry Maxey는 이 사실을 놓치지 않았다. 러퍼는 런던, 에든버러, 홍콩에 사무소를 두고 160명 이상의 직원을 고용한, 독립적이고 개인 소유의 투자 회사다. 우리가 헨리와 함께 일한 경험에 대해 인터뷰했을 때, 그는 다음과 같이 말했다.

"모든 금융 시장은 인식에 관한 것입니다. (…) 그것은 인식에 대한 것이기 때문에, 인간 행동의 큰 부분을 차지합니다. 따라서 행동의 진정한 원동력, 즉 감정을 이해하는 것이 중요합니다. 감정은 이 작업에서 매우 큰 역할을 하기 때문에 시장과 상호작용할 때, 자신의 감정과 그 감정이 어떻게 행동에 영향을 미치는지에 대한 이해는 매우 도움이 됩니다."

따라서 보다 나은 감정적 조율을 만드는 방법을 배우는 일은 매우 가치가 있다. 헨리는 2007년 신용 시장의 붕괴를 예측한 몇 안 되는 금융분석가 중 1명이었는데, 그의 고객들의 투자금을 혼란이 오기 전에 성공적으로 이끌어 갔고, 결과적으로 회사의 평판을 크게 높였다.

감정과 느낌을 구분하는 것은 의미론적으로 보일 수 있지만, 거기에는 중요한 차이가 있다. 그것은 우리가 어떻게 기능하는지에 대한 사람들의 오해를 풀어주기 때문이다. 우리가 인간으로서 성장하고 싶다면, 서로 다른 감정들, 감정과 느낌, 그리고 감정과 생각의 차이를 구별하는 능력을 향상시켜야 한다.

비즈니스 리더로서 성장하기 위해서는 전통적으로 비즈니스와 관련이 없다고 생각되는 것들, 즉 인간 생리학이나 인간 본성처럼 경영대학원에서는 잘 가르치지 않는 것들을 학습해 차별화할 능력을 향상시켜야 한다. 이런 지식의 혜택은 깊은 영향을 미친다. 지도자, 고위 경영진과 직원이 감정과 느낌이 다른 현상이라는 것을 이해할 때, 리더는 이를 통해 둘 다 통제하는 방법을 배울 수 있고 궁극적으로 고객 및 동료와 더 좋은 관계를 맺을 수 있다.

몇몇 사람들은 어느 정도 감정적인 '자기 조절'을 배웠거나 적어도 자기 조절을 하고 있다고 생각한다. 그러나 자기 조절은 종종 감정적인 에너지 자체보다는 더 분명한 보디랭귀지의 표현에 대한 통제로 국한된다. 예를 들어, 임원들은 그들이 화가 나거나 불행하다는 사실을 숨길 수 있다. 그들은 동료에게 화를 내는 것을 멈출 수도 있고, 회의에서 좌절감을 숨길 수도 있지만, 이는 보디랭귀지를 완벽하게 통제하는 것일 뿐이다. 그들이 '행동을 정리'한 것처럼 보일 수도 있지만, 몸에서 그들이 실제로 감정을 느끼든, 표현하지 않든 간에 부정적 감정 신호에 대한 부정적 결과를 경험한다. 다시 말해서, 그들은 베토벤을 듣는 것처럼 보일 수도 있고 몸은 베토벤을 연주하고 있다고 스스로를 속일 수도 있지만, 그들의 생리 상태는 현재 일어나고 있는 것에 반응하고 헤비메탈을 연주할 수 있다.

오케스트라 은유로 다시 돌아가면, '통제된 감정'의 외부 표면 아래에는 각각 다른 '음표'를 연주하거나 몸 전체에 미묘한 (그리고 미묘하지 않은) 신호를 보낸다. 이처럼 제어되지 않은 신호를 조사하면, 현재 개인에게 영향을 미치는 근본적인 감정 상태에 대해 아주 뚜렷한 통찰을 제공할 수 있다. 현재 개인에게 영향을 미치고 있는 근본적인 감정 상태에 대한 통제는커녕 생리학적 오케스트라의 섬세한 감정적 뉘앙스를 조절하거나 인식하는 사람은 거의 없다. 정교한 감정 조절은 오케스트라 내에서 각 연주가의 표현을 어떻게, 그리고 언제 해야 하는지 판단하고, 연주되는 곡조에 일관성을 부여해 정말 놀라운 것을 창조하는 법을 알아내는 것을 의미한다. 우리가 감정적 레퍼토리에 대해 진정으로 통제할 수 있게 되면, 우리는 생리를 바꾸고, 말 그대로 잘못 관리된 감정으로 야기된 질병으로부터 우리를 보호할 수 있다. 또한, 형편없는 의사결정으로부터 우리를 보호할 수 있다.

조건화의 비즈니스 영향

감정의 변화는 외부의 요소에 대한 인식이나 내면의 생각, 기억에 의해 촉발될 수 있다. 우리가 감각으로 지각하는 것 중 대부분은 의식적인 알아차림에 도달하지 못한다. 예를 들어, 우리는 중추신경계가 감각을 통해 인지하는 것 중 극히 일부분만 처리할 수 있다는 것을 알고 있다. 망막은 초당 1,000만 비트로 데이터를 전송하고, 다른 감각은 초당 100만 비트를 처리하며, 초당 (4,000만 비트가 아닌) 40개만 의식에 도달한다.[58] 우리의 잠재의식은 즉, 혈액을 펌프질하거나 음식을 소화시키는 것과 같은 것들을 생각하느라 바쁜 마음은, 우리의 의식적 마음이 40개의 환경 자극에 비해 초당 2,000만 개의 환경 자극을 처리할 수 있다.[59]

그래서 우리는 결코 인지하지 못하는 방대한 데이터를 알게 될 뿐만 아니라, 조건화라 불리는 과정 때문에 수백만 개의 외부 신호 중하나라도 우리의 행동이나 의사결정을 바꾸는 감정을 촉발할 수 있다. 조건화는 출생한 직후와 말할 수 있게 되기 훨씬 전에 시작되는 자동적인 생존과 학습 메커니즘이다. 이러한 자동적 반응의 목적은 생존 위협을 평가하고 생존을 유지하는 것이다. 신체의 감정적 조기경보 시스템인 편도체가 이를 가능하게 하는 것이다.

뉴욕대학교 신경과학센터의 신경과학자 조셉 르두스는 의사결정에서 편도체가 수행하는 주요 역할과 단점을 강조한 최초의 학자 중

1명이다. 회의를 할 때 또는 기자가 갑자기 다가왔을 때 위협을 느끼면 종종 바보 같은 말을 내뱉을 때가 있는데, 이때 비난받아야 하는 것이 바로 편도체다. '행동하기 전에 생각하라'라는 오래된 격언은 사실 생물학적으로 불가능하다.

르두스의 연구 이전에는 감각을 통해 수신된 감각 신호가 시상으로 전달되고 뇌의 언어로 번역된다고 알려져 있었다. 그러고 나서 대부분의 메시지가 신피질로 이동해 적절한 응답이 도출된다. 만약 이러한 신호에 감정적 요소가 있다면, 감정적 관점을 위해 신피질에서 편도체로 추가 신호가 전달되어 신피질이 주도적인 역할을 하는 것으로 알려졌다. 하지만 이런 일은 일어나지 않는다.

대신 시상과 편도체를 연결하는 신경 비상출구가 있는데, 이것은 원래 메시지의 일부분이 단일 시냅스를 가로질러 편도체로 직접 전달된다는 것을 의미한다. 즉, 생각하는 뇌를 완전히 우회하고 이성적인 뇌가 무슨 일이 일어나고 있는지 알아차리기도 전에 행동을 시작한다는 이야기다. 이것은 생존이 위협받을 때 더 빨리 대응할 수 있도록 한다. 그리고 이 모든 것은 의식 수준 아래에서 찰나의 속도로 일어나는데, 감정이 촉발되는 것은 주로 개인의 조건화에 달려 있다.

인간은 추락과 큰 소음에 대한 2가지 두려움을 가지고 태어난다. 나머지 것들 즉 실패, 성공, 죽음에 대한 두려움이나, 고소공포나 거미에 대한 두려움 등은 다른 누군가나 또는 경험으로부터 학습된다. 자라면서 주로 조건화를 통해 엄청난 양의 정보를 흡수하는데, 거기에는 2가지 유형의 조건화된 학습이 존재한다. 만약 뜨거운 접시에 손을 데인다면, 우리는 그 경험이 매우 고통스러워서 그것은 즉시 조건화되기 때문에 같은 실수를 반복하지 않는다. 그러한 경험을 단일 조건 반사라고 하며, 명칭에서 알 수 있듯 사건이나 상황에 대한 단 1번의 노출을 통해 매우 빠르게 우리를 학습시킨다.

그러나 대부분의 학습은 그렇게 강렬하지 않고 '다중 반복 학습'을 포함하는데, 우리는 그 경험이 마음에 새겨지고 적절한 반응을 학습할 때까지 반복하게 된다. 조건화는 위대한 생리학자 이반 파블로프Ivan Pavlov가 처음 창안했으며, 그는 무의식적 학습의 현상과 그것이 어떻게 생물학적 반응을 이끌어내는지 연구했다. 파블로프는 개들에게 먹이를 줄 때 호루라기를 불거나 종을 쳐 소리를 내면서 알려주면, 시간이 지남에 따라 개들은 그 소리와 먹는 것을 연합한다는 데 주목했다. 나중에는 종을 울리는 것만으로 개들이 침을 흘리게 하는 것이 가능했다. 침 흘리기와 종소리 사이에는 논리적 연관성이 없는데, 이는 본질이 종종 부정확하고 정교하지 않음을 강조하고 있다. 이는 일치하지 않아야 할 자극을 일치시키고, 그 자극 중 하나 이상의 존재가 상황과 일치하지 않는 감정적 반응을 유발할 수 있다는 것을 의미한다.

조건화가 부정확한 이유 중 하나는 시스템이 정교함보다는 생존을 중심으로 설계되었기 때문이다. 조건화 반응은 종종 둔하며, 고작 견과류를 깨려고 큰 망치를 사용하는 것을 의미할 수도 있다. 누군가가 어릴 때 독버섯을 먹고 24시간 동안 심하게 아팠다고 가정해 보자. 그 사건에 대한 조건반응은 단일 노출이었고, 아이의 뇌는 즉시 상황을 스캔해 다시는 그런 일이 일어나지 않도록 사건의 특성을 변별했을 것이다. 아이는 자라서 맛있는 버섯이 많다는 것을 알게 된 후에 조건화를 만든 버섯 사건을 기억하지 못하더라도, 다시는 버섯을 먹지 않을 것이다. 이성적이고 지성적인 성인의 두뇌는 편도체가 위험한 버섯을 먹는 것을 막기 위해 '위험해! 위험해!'라는 사이렌이 울리는 것을 무시하지 못할 것이다. 편도체의 임무는 위험을 감지하는 것이다. 정확한 의사결정은 전두엽 피질이 담당하지만, 편도체는 전두엽 피질보다 훨씬 빨리 작용한다. 게다가 조건화 과정을 통해 이러한 초기 연관성을 만들 때, 전두엽은 완전히 발달하지 않았기에 조건화 과정의 부정확성을 더욱 강화한다.

편도체에는 비교 기능이 있다. 이는 현재의 현실을 우리가 태어났을 때부터 경험한 모든 것과 끊임없이 비교한다는 것을 의미한다. 새로운 사건 혹은 상황은 위험이 있는지 확인하기 위해 우리가 가지고 있는 모든 데이터와 무의식적으로 비교한다. 새로운 고객을 만나거나 직책을 위해 인터뷰하는 모든 중역은 위험 신호가 될 상관관계가 있는지 알아보기 위해 편도체에 각인된 방대한 이름과 사건에 관련된 모든 사람과 비교할 것이다. 그리고 그것과 일치하는 것을 발견한다면, 편도체는 긴장하게 하거나 짜증나게 하거나 어떤 식으로든 불편하게 만드는 생물학적 반응을 촉발할 것이다.

신체가 보내는 감정 신호를 정교하게 이해하고 인식하지 못한다면, 우리는 이러한 메시지를 놓치거나 완전히 잘못 해석할 수 있다. 둘 다 좋지 않다. 더 나은 감정적인 인식, 문해력 및 자기 관리 능력을 통해 현재의 현실과 전혀 관련이 없는 반응에 대해 부정확한 해석에 기초한 잘못된 결정을 피할 수 있다. 조건화는 꼭두각시의 줄 같은 역할을 하고, 감정은 그 줄을 당기는 역할을 한다. 우리가 이성적이고 검증 가능한 데이터로 조종하고 있다고 생각하지만 그렇지 않다. 의식적인 개입이 없다면, '결정'이라고 불리는 다양한 결정은 우리가 두려워하거나 두려워하도록 훈련받은 것들로부터 우리를 보호하기 위해 고안된, 오랫동안 잊었던 사건에 대한 무의식적 편도체 작용에 기초한 무릎 반사 반응이다. 그리고 이 모든 것은 이성이나 합리성 없이 일어난다.

생후 4개월 된 윌리엄이 장염에 걸려 20분 이상 잠을 자지 않는다고 상상해 보자. 이 상황이 몇 주 동안 계속되었고 그의 부모는 한계에 도달했다. 기진맥진하고 당황한 윌리엄의 엄마는 어느 날 저녁, 화를 내며 윌리엄에게 "빌어먹을, 어서 잠 좀 자!"라고 소리친다. 물론 이러한 엄마의 행동으로 윌리엄은 오히려 위협을 느껴 더 크게 울 것이다. 주 양육자가 화를 내자, 윌리엄은 자신의 생존에 위험이 발생했음을 감지한 것이다. 윌리엄의 편도체는 행동하기 시작하고 '상황 평가 모드'로 돌입해 미래에 참조하기 위해 매 순간 모든 특징과 특성을 정리해 자신이 미래에 이와 같은 위협을 피할 수 있게 한다. 예를 들어, 윌리엄의 편도체는 엄마가 노란색 셔츠를 입고 있고, 자신이 가장 좋아하는 담요가 아기 침대가 아닌 바닥에 놓여 있고, 침대 옆에 불이 켜져 있다고 기록한다. 그리고 '화를 냄 = 노란색 셔츠 = 떨어진 담요 = 빛'이라고 저장한다. 이는 단어로서 의식적으로 저장되는 것이 아니라, 말 그대로 비언어적으로 저장된다. 본질적으로 이것은 메시지가 된다.

앞으로 50년 뒤, CEO가 된 윌리엄이 새로운 이사를 뽑기 위해 면접을 보려고 한다. 어느 겨울 오후, 윌리엄의 비서가 마지막 후보자를 그의 사무실로 안내하면서 불을 켜자, 노란색 셔츠를 입은 남자가 걸어 들어온다. 윌리엄은 곧바로 불편함을 느낀다. 그의 편도체가 '빛'과 '노란색 셔츠'를 매치하고, 그에게 장염에 대한 기억이 없음에도 감정적 반응이 촉발된다. 윌리엄이 감정적으로 매우 뛰어난 지식을 지니고 있지 않다면, 그는 그 후보자를 싫어하게 되어 즉시 탈락시키거나 단순한 인터뷰만 할 것이다. 그는 자신의 불편함을 다른 것으로 오해하고, 처음 조건화된 반응을 '직감', 잘못된 '직관' 또는 '비즈니스 경험'으로 정당화하고 합리화한다. 어느 쪽이든 그의 '결정'은 실제 데이터와 후보자에 대한 적절한 인터뷰 과정에 기초하지 않는다. 그가 생후 4개월 때 기분 나쁜 사건에서 생겨난 잘못된 생존 기반 조건반응에 기초한 것이다!

이상하게 들릴지 모르지만, 이러한 일은 기업 내부와 외부에서 항상 발생한다. 그리고 이러한 조건화를 조절하고 지속적으로 더 나은 의사결정을 하기 위해 필요한 것은 감정적 알아차림과 조절이다. 불행하게도 우리는 직장에서 감정과 지나치게 단절되어 있고 종종 움직이는 에너지의 변화조차 인식하지 못한다. 우리는 그 감정이 무엇인지 확실히 표현할 수 없다. 이는 우리가 방금 내린 결정이 확실한지의 여부와 그것에 실질적 근거가 되는 것이 무엇인지 물어볼 수 있는 인지능력이 없다는 것을 의미한다.

이것이 리더십을 개발하는 데 감정 발달 측면이 중요한 이유다. 그렇게 되면 노란색 셔츠를 입은 유능한 후보들이 충분한 고려 없이 탈락하지는 않을 것이다.

게다가 우리가 할 수 있다고 '생각하는 것'은 종종 조건반응이나 습관에 지나지 않는다는 것이 입증되었다.[60] 즉, 우리가 오랫동안 잊었던 사건과 잘못 인식한 위협에 근거해 잘못된 결론으로 성급하게 넘어가는 것을 막을 수 있도록 타고난 감정 신호를 활용하는 방법을 배울 필요가 있다. 그렇게 할 때, 그 가능성에 대한 시대에 뒤떨어진 생각 대신 자신의 진정한 잠재력을 이용할 수 있다. 우리는 반응하기보다는 '대응할 수 있는' 사람이 되어야 한다. 우리는 감정이 생겨나는 것을 막을 수는 없지만(많은 연습을 하지 않았다면), 대응하는 방법은 배울 수 있다.

진정한 감정 신화

마이클 거버_{Michael Gerber}의 감정 신화에 따르면, 성공한 기업인이 되려면 비즈니스를 시스템화해야 한다.[61] 비즈니스의 성장을 막는 감정 신화는 보편적인 비즈니스 도구로 감정을 무시하는 것과 지성을 훨씬 더 중요하다고 여기는 것이다.

비즈니스는 종종 이윤을 추구하는 냉철하고 합리적인 것으로 여겨진다. 역사적으로 비즈니스는 남성 중심의 스포츠로 여겨져 왔으며, 오늘날 고위 임원층의 여성 비율은 비참할 정도로 낮다.[62] 많은 비즈니스는 여전히 남성들이 운영한다. 대부분의 문화에서 아들은 강인하고 감정 표현은 절제하거나 하지 말아야 하며, 가족을 책임지는 보호자가 되도록 훈련받는다. 비즈니스에 대한 본능적 가설은 남성에 대한 시대에 뒤떨어지고 부정확한 가정에 근거한다. 감정은 여성은 '더 약한 성별'임을 알려주는 나약함의 증명으로 여겨지고, 이는 여성이 비즈니스를 주도하기에 부적절하다는 주장에 대한 오래되고 부당한 여성혐오적 정당화에 종종 사용된다. 또한, 남성들은 어릴 때부터 감정과 느낌을 전적으로 무시하도록 사회화되어 왔다.

이러한 사회화는 집단 심리에 깊이 새겨져 남성에게 그의 감정적 느낌에 대해 물어본다면, 자신의 이성적 생각을 말할 것이다. 만일 남성 CEO에게 동료를 해고하고 나서 어떻게 느끼는지 물어본다면, 그는 그 결정이 왜 필요했는지와 앞으로 비즈니스가 나아갈 방향을 알려줄 것이다. 그는 종종 자신의 감정을 무시하거나 억누르도록 훈련받았거나 그 질문에 대답할 적당한 어휘가 없는 것이다. 낮은 수준의 정서적 인식은 남성이 겪는 어려움이다.

여성의 경우, 자신의 감정을 더 잘 인식하는 경향이 있기 때문에 남성과 약간 다르다. 이러한 인식은 매달 신체적, 감정적 조류를 직접 경험함으로써 촉진된다. 따라서 여성의 어려움은 감정을 알아차리는 데 익숙하지 않다는 문제가 아니라 그것을 관리하는 능력에 관련된 것이다. 여성은 때로 에너지가 더 쉽게 표면으로 부글부글 끓어오르는 것을 느끼기 때문에 거기에 압도당하기도 한다. 감정에 압도될 위험은 특히 비즈니스에서 '여성적'인 이슈로 인지된다. 그 결과 여성의 감정 조절을 위한 몸부림이 '감정이 도움을 주지 않는다'는 남성적 믿음을 강화할 수 있는, 이러한 끝없는 흐름 속에서 남성과 여성은 서로 갈등한다. 남성이 자신의 감정에 대한 알아차림이 부족한 것은 공감 능력이 부족하고 감정적 주파수의 범위가 한정되어 있다는 여성의 믿음을 강화할 수 있다. 도움이 되지 않는 것은 감정의 잘못된 관리지 감정 자체가 아니며, 이는 남녀 모두에게 해당된다.

감정 억압은 감정의 과다나 과잉 표출처럼 독성이 있고 도움이 되지 않는다. 불행하게도 감정을 잘못 관리하는 것이 아니라 감정이 문제라는 잘못된 판단은 남성에게 감정을 알아차리는 것이 부족함을 정당화하고, 감정에 주의를 기울이면 통제력을 잃고 잘못된 결정을 내릴 수 있다고 두려워하는 악순환이 이어진다. 그들은 감정이라는 주제 전체를 무시해 여성을 더욱 짜증 나게 만들어 그들의 화를 돋우고 도움이 되지 않는 고정관념을 더 공고히 해 끝없는 갈등을 지속한다.

감정에 대한 전면적 무시나 과소평가는 우리가 감정보다 인지를 중요하게 여긴다는 사실 때문에 더욱 복잡해진다. 수 세기 동안 지능과 창조성과 사고가 가장 가치 있다고 평가되었다. 14세기에서 17세기까지 이어진 르네상스 시대에 이루어진 지적 변화와 17~18세기 계몽 시대, 19세기 초반의 신사상 운동을 생각해 보자. 사고는 오랜 시간 매우 중요하게 여겨져 왔다. 비즈니스 전략과 분석, 고객에 대한 통찰, 비슷비슷한 판매 수치, 프로세스 재설계 과정 및 모든 종류의 합리적 목표가 높이 평가받았다. 관계 역동성, 예민도, 신뢰, 문화적 뉘앙스, 감정과 느낌은 덜 탐구되고 때때로 터부시된 것처럼 보인다.

직장에서 누군가가 '매우 지적이거나' '매우 똑똑하다'는 이야기를 듣는다면, 그것은 칭찬이다. 그러나 '감정적'이라고 평가된다면 그것은 결코 칭찬이 아니며, 그런 말은 주로 여성 임원을 향한다. 만일 남성 임원이 감정을 표현한다면 '적극적이고' '열정적인' 태도로 간주하는 경향이 있다.

하지만 남성과 여성에 대한 이러한 가정된 차이는 전혀 사실이 아니다. 모든 인간은 남성이든 여성이든 감정을 느낀다. 누구나 유동적인 생리 상태를 유지하며, 이러한 움직임의 에너지는 지속적이고 동시적으로 여러 생물학적 시스템을 거쳐 신체에 보내는 신호를 만들어낸다. 그러므로 세상에 대한 생물학적 반응의 기초는 성별 간 차이가 없다. 감정을 촉발하는 요소와 강도 및 자기 조절 정도는 개인에 따라 다르다. 감정이 매 순간 일어나는 것은 남성과 여성 모두에게 해당된다. 그러나 수천 년에 걸쳐 생성된 성별에 따른 기대치의 무게 차이가 비즈니스 안팎에서 건강하지 않은 편견으로 나타날 수 있다. 이는 감정이 비즈니스를 하는 데에 부적절하며, 현대 비즈니스의 맥락에 속하지 않는다는 잘못된 믿음을 만들어냈다. 그러나 이러한 믿음은 사실과 거리가 멀다.

비즈니스에서 감정이 중요한 이유는 무엇인가?

1776년 발표된 애덤 스미스Adam Smith의 《국부론》은 경제학과 경영학 관련 논문으로 지금도 고전으로 여겨진다. 여기에서 스미스는 노동 분권화에 대해 이야기한다. 비즈니스에서 사람들은 각자 특정한 업무만 해야 했다. 사람들은 할당된 일을 하면 보상을 받고, 그렇지 않으면 처벌을 받는다. 간단하다. 산업혁명 기간에 이 방법은 매우 효과적이었다. 그러나 자신이 원하는 바를 다른 사람이 하게 만드는 일은 보상과 처벌에 관련된 것만은 아니다.

사회과학은 보상과 처벌이 알고리즘적 작업으로 알려진 특정한 유형의 작업에만 효과가 있다는 사실을 입증했다. 효과가 있는 유형은 경로를 따르면 결과가 도출되는 작업으로 단조롭고 지루하다. 알고리즘 작업 외 경험적 작업, 즉 창조성과 혁신, 완전하기 위해 시행착오가 필요한 작업의 경우, 보상과 처벌은 작동하지 않으며 오히려 당신이 멈추고자 하는 바로 그 행동을 촉발할 수 있다.[63] 수백 년 전 대부분의 사람은 많은 시간을 알고리즘적 업무 수행에 할애했지만, 오늘날 기술과 혁신이 그런 업무 중 많은 부분을 대치했고, 이 추세는 점점 가속화되고 있다.[64]

자동화 이후 남겨진 역할이 있긴 하지만, 인간은 기계가 아니므로 그들을 기계처럼 대하는 방식은 더 이상 유효하지 않다. 인간은 감정을 가지고 있으므로 감정을 문 앞에 놓아두라는 말은 그들이 사무실에 있을 때 심장박동 소리 때문에 산만하니 심장을 뛰지 못하게 하라는 것과 같다. 직장에서 감정을 무시하는 것은 비즈니스적으로 현명하지 않은 행동이다. 직원들이 좋은 결정을 내리거나 더 열심히 일하게 만들기 어렵게 하며, 그들의 노력을 막고, 성취감을 느끼지 못하게 하기 때문이다. 게다가 그것은 형편없는 고객 서비스로 이어진다. 만일 경쟁사에 비해 사업적 우위를 확보하고 싶다면, 인간의 기능과 잠재력의 발전에 감정이 얼마나 중추적인 역할을 하는지 이해해야 한다.

1960년 MIT의 경영학과 교수 더글러스 맥그리거Douglas McGregor는 '문 앞에 감정을 두고 떠나라'는 비즈니스적 접근 방식에 의문을 제기했다. 여러 동기부여 전문가들의 연구를 돌아보며, 맥그리거는 남성을 포함한 인간은 기본적으로 걸어 다니는 기계이며, 줄을 서서 업무를 수행하도록 프로그램될 필요가 있다는 개념을 반박했다. 맥그리거는 그때나 지금이나 비즈니스를 방해하는 생산성과 실행의 문제는 인간 행동에 대한 이해의 근본적 오류에서 비롯된다고 믿었다. 그는 X 이론과 Y 이론이라는 매우 다른 두 종류의 경영 방법을 설명했다.[65] X 이론은 사람들이 게으르다고 가정하며 그들이 당신을 따르게 하려면 명령과 관리가 필요하다고 본다. X 이론에서 감정은 설 곳이 없고, 만일 있다고 해도 약점으로 간주된다. 반대로 Y 이론은 일은 휴식과 놀이처럼 보편적이고 필요하며, 모든 사람이 감정적으로 연결되어 비전을 공유하고 향해 갈 때 진정으로 놀라운 일을 이룰 수 있다고 가정한다.

맥그리거의 통찰은 그가 하버드대학교에서 심리학 박사학위를 가지고 있었을 뿐만 아니라 진정한 리더십 경험이 있었기에 유효했다. 업무 관행을 약간 변화하는 게 가능했지만, 아직도 많은 조직에서 경영 방식은 X 이론을 따르는 게 지배적이다. 우리는 무엇보다 감정이 우리를 인간으로 만든다는 매우 기본적 사실을 인정하기 어려워하는 듯 보인다.

우리가 X 이론에 매달리는 이유는 다른 대안을 받아들이기 두렵기 때문이다. Y 이론은 장벽을 깨고 서로 진실하게 소통할 것을 요구한다. 내가 말하는 진실된 소통은 표면적인 외교나 직업적인 공손함을 의미하는 것이 아니다. 우리가 누구인지에 대한 더 깊은 이해와 동료가 누구인지에 대한 이해를 말하는 것이다. 각자의 과거 및 현재와 미래의 희망을 서로 이해하고자 하는 능동적인 열망을 의미한다. 신뢰를 쌓고 허용의 폭을 키워주는 열망은 복잡하고 예측 불가능한 인간의 측면 중 하나인 감정을 직면하는 것을 말한다. 우리가 자신의 감정과 매일 그것을 어떻게 느끼는지 지각하지 않는다면, 감정은 이상하고 이해할 수 없는 개념처럼 여겨질 수 있다. 그래서 우리는 무엇보다 비즈니스가 감정적 인간의 집합체라는 사실을 무시하려고 한다. 이는 마치 모터스포츠의 포뮬러 원 팀을 소유하고 있으면서도 기계공을 고용해 반짝이는 빨간색 차체를 점검하기를 거절하는 것과 같다!

우리는 여기에 관해 요크서 건축 협회의 최고 고객관리자인 올라 헌트Orlagh Hunt와 의논했다. 그녀는 보험회사인 RSA에서 그룹 인력 관리 임원으로 일하던 시기를 회상하며, 비즈니스에서 감정이라는 인간적 요소를 수용하는 것의 중요성에 대해 이야기했다. 300년의 역사를 지닌 RSA는 선도적인 다국적 보험 그룹 중 하나로, 직원 수가 1만 4,000명에 달하며, 약 100개국에서 900만 명의 고객에게 서비스를 제공한다. 그녀는 RSA에서 일하던 시기를 떠올리며 다음과 같이 말했다.

"이론적으로 우리는 함께 일했습니다. 그러나 예전 운영 방식은 전부 개인적 성과 개선에 대한 것이었어요. 성과 관리와 인력 관리 과정을 설정한 방식이었죠. 하지만 더 폭넓게 생각하려면 더 많은 협력과 혁신이 필요하고, 이를 위해서는 다양한 작업 방식이 필요했습니다. 개별적으로는 이사회 임원들이 열린 마음을 갖는 것과 관련이 있었어요. 고위 관리자라는 이유로 모든 답을 갖고 있어야 한다는 생각을 버릴 필요가 있었습니다. 이는 의사결정에 더 많은 사람을 포함시킬 수 있다는 것을 의미하죠. 리더십 스타일을 이러한 방향으로 바꾸는 것이 매우 중요했습니다."

그리고 그 노력은 결실을 보았다. RSA는 팀의 내부를 살펴보고 인간 행동을 보다 정교한 방식으로 이해하려고 노력함으로써 상당한 성과를 거두었다.

"우리는 조직의 유기적 성장(비즈니스에서 유기적 성장이란 역동적 조직 프로세스로, 비즈니스를 확장하기 위한 무기적 성장인 인수 합병과 대조적으로 생산량 증가, 고객 기반 확장 또는 신제품 개발로 표시된다.-옮긴이주) 단계를 지원하고 더 인간적이고 참여적인 리더십 스타일로 전환해 전략이 얼마나 야심찰 수 있는지에 대해 다르게 생각할 기회를 포착했습니다. 그 결과 FTSE에서 좋은 평가를 받지 못하던 조직이 존경받는 기업으로 바뀌었죠. 그뿐 아니라 어려운 경제 환경에도 상당한 수준의 유기적 성장과 세계 최고 수준의 직업 참여도 (갤럽의 평가) 측면에서 이득을 보았어요."

이렇듯 리더십 여정이 성공을 거두기 위해서는 반드시 감정을 이해해야 한다. 물론 감성 사회 지능이 낮아도 영향력 있는 비즈니스 인사가 될 수 있다. 그러나 이런 리더십은 대부분 현대 조직에서는 시대착오적이며, 생산적이지 않은 것으로 여겨진다. 감성 사회 지능이 발달한 리더는 결과를 크게 개선할 것이다. 그들은 직장 내 관계를 개선하고, 리더십 존재감, 건강과 안녕, 즐거움과 삶의 질을 향상시키며, 비즈니스의 중요성과 목적을 증가시키며, 자아에 대한 감각을 확장시킨다. 한발 더 나아가 비즈니스 맥락에서 감정 숙달이 더 중요한 이유는 다음과 같다.

- 사고의 명확도와 학습 능력이 향상된다.
- 의사결정의 질이 높아진다.
- 변화를 효과적으로 관리하게 해준다.

사고의 명확도 및 학습 능력 향상시키기

누구나 열띤 논쟁에서 바보 같은 말을 하고, 상대방이 떠난 지 5분 후에야 훌륭한 반론을 생각해낸 기억이 있을 것이다. 불행히도 내부 감정 신호가 엉망진창이라면, 겉으로는 평온한 모습을 하고 있어도 현명하거나 위대한 생각을 하기 어렵다. 우리가 그 감정을 느끼는지, 아닌지는 그 감정이 존재한다는 사실을 바꾸지 않는다. 그리고 그것은 생각의 명료함과 결과에 영향을 미치고 있다.

이 내용은 다음 장에서 더 자세히 다루겠지만, 궁극적으로 혼란스러운 생리 상태와 격동적인 감정은 전두엽 기능을 정지시킬 수 있다. 그 순간 우리가 갖고 있다고 믿는 명료한 생각은 편도체가 촉발한 반응일 뿐이고, 우리가 필요한 대뇌피질의 질적인 정밀함에서 비롯되는 것은 아니다. 감정은 끊임없이 우리의 명료함과 학습 능력을 조절한다. 문제는 그 영향이 무의식적이고 잠재적으로 부정적 요소가 되는가, 아니면 우리가 이를 의식적으로 관리해 긍정적으로 만들 것인가 하는 점이다.

우리의 내부와 외부에는 우리가 알아차려주기를 원하는 수백만 개의 정보들이 있다. 그것을 여과하는 과정을 의식적으로 통제할 수 있도록 감정적 숙달과 자기 관리를 하지 않으면, 우리가 인식하는 것은 대부분 오래된 조건부 반응과 과민하고 과보호적인 편도체에 의해 결정될 것이다. 게다가 정보가 전두엽에 도달해 생각이 일어나는 것은 편도체가 역사적으로 잘못된 해석에 기초해 더 방어적이고 잘못된 생각을 촉발하는 것보다 적어도 0.5초 더 걸린다. 그것이 우리가 논쟁에서 멍청한 말을 하는 이유다. 편도체는 이성적인 전두엽이 무슨 일이 일어나는지 알아차리기 전에 반응하기 때문이다.

이런 '생각을 하기 전에 감정을 처리하는' 과정은 매우 빠르다. 편도체가 위험을 감지하면, 그것이 진짜든 인지된 것이든, 심장에 신호를 보내 속도를 내게 한다. 심박수는 70에서 150회까지 한 박동에 상승할 수 있다. 이런 심장의 에너지 변화는 편도체, 전방 대상 피질, 해마와 운동 피질로 다시 보내진다. 그 0.5초 동안 우리의 생리는 변화한다. 감정이 생기고, 우리가 그 감정을 인지하는지의 여부와 상관없이 잠재적으로 부적절한 반응을 시작하는 것이다.

이 생물학적 현상은 우리가 실제보다 0.5초 뒤처진 삶을 산다는 것을 의미하고, 그것은 감정이 생각보다 우선하는 기제를 설명해준다. 감정은 생각보다 빠르고, 모든 생각이 일어나는 맥락을 설정한다. 생각은 더 느리며 감정의 지속적인 변화에 영향받아 생성되는 현상이다. 어느 순간 일어나는 생각은 생리와 감정의 변화가 먼저 나타나고 나서야 발생하는 것이다.

이 기제는 위험을 경고하는 데 유용할 수 있지만, 더 나은 감성 지능을 갖추지 않았다면 '공격적인' 편도체는 명료하게 생각하는 능력을 약화시키며, 이는 비즈니스에 유용하지 않다. 우리가 잠재적으로 알아차릴 수 있는 것의 아주 작은 부분만 알아차리고 있다면, 내부 데이터에 대한 인식을 높이는 것이 더 합리적이다. 만일 그럴 수 있다면, 더 나은 결정을 할 수 있고, 사고를 오염시키고 성과를 방해하는 감정적 대응을 하지 않고 상업적으로 연관성이 있는 것이 무엇인지 확실하게 결정할 수 있다.

경험으로부터 학습 능력을 최적화하길 원한다면, 적절한 감정적 상태를 활성화하는 능력을 개발하는 것이 중요한 열쇠다. 이것을 훈련과 개발 산업에서는 '학습자 준비성'이라고 부른다. 그러나 그것은 상식에 지나지 않는다. 만일 우리가 내적 훈련에 매우 큰 비용을 지불하는 데도 잘 작동하지 않는다면, 부분적으로 감정과 관련이 있다. 즉, 훈련자가 부정적 감정을 느낀다거나 그 훈련을 받는 데 적대적이거나 후회하고 있는 것이다. 또는 시간 낭비라 생각한다면, 학습하지 않을 것이고 실행하지 않을 것이다. 그들은 생리 상태가 혼란스러울 때 스트레스 호르몬인 코르티솔을 훨씬 많이 생산한다. 코르티솔은 학습과 기억을 방해하는 것으로 알려져 있다.

더 성숙하고 탁월한 리더가 된다면 주변 사람들의 감정적 반응을 변화시키는 데 도움을 줄 수 있어야 하며, 이는 학습 능력을 발전시키고 성과를 향상시킬 수 있다.

의사결정의 질을 향상시켜라

19세기 중반 노동자 피네스 게이지가 당한 사고로 의사결정에 대한 우리의 이해가 바뀌었다. 게이지는 1840년대 미국 철도 건설 노동자였다.[66] 암석 주위에 철로를 놓기보다 바위를 폭파시켜 뚫고 지나가는 쪽이 쉬웠고, 이를 위해 폭파 전문가인 게이지가 고용되었다. 그 과정에는 바위에 구멍을 내고 화약으로 반쯤 채운 후 도화선을 삽입하고 구멍을 모래로 채우는 일이 포함되었다. 마지막으로 도화선에 불을 붙이기 전, 모래와 폭발물을 제자리에 채우기 위해서는 압축막대를 이용해 매우 조심스럽게 꾹꾹 눌러 넣어야 한다. 그런데 불행히도 1848년 9월 13일 당시 25세였던 게이지가 모래를 채우기 전에 화약을 눌러 넣는 바람에 압축막대에서 불꽃이 튀어 화약이 폭발하면서 약 1.8m 길이의 강철 압축막대가 그의 뇌를 관통했다. 게이지는 약 25미터를 날아가 떨어졌는데 놀랍게도 살아남았다. 그는 의식이 있었고, 사고 후 몇 분 만에 말을 했다.[67]

신경과학자 안토니오 다마지오Antonio Damasio는 이 사고의 결과와 의사결정이 시사하는 바에 대해 광범위하게 기술했다. 당시의 의료 기록과 뇌 재건을 바탕으로, 그는 쇠막대기가 게이지의 뇌를 관통해 전두엽에 있는 논리를 담당하는 부분과 더 뒤쪽에 있는 편도체를 포함한 감정을 담당하는 부분이 분리되었다고 말했다. 사고 전, 게이지를 고용했던 철도 회사는 그를 회사에서 가장 능력 있는 사람이라고 평가했다. 그러나 사고 이후 그의 인격은 변했고, 그가 기초적인 논리 문제에 대답할 수 있었음에도 결정을 내리는 것이 불가능하거나, 결정해도 즉시 그 결정을 포기했다.

게이지는 효과적인 결정을 내리는 것이 불가능했기에, 신경과학자들은 결정에는 감정이 필요하다는 것을 깨달았다. 무언가를 결정하려면, 우리는 '감정'을 먼저 느끼고, 그 감정을 지지하는 이성적 데이터를 찾아본다. 우리가 내리는 모든 결정은 논리에 의해 정당화되는 감정이다. 결정 과정에서 감정을 배제하기란 불가능한 일이다. 완고한 신경과학자도 감정 시스템과 논리 시스템을 분리하는 것이 불가능하다고 말할 것이다.[68] 특히 모든 결정이 이루어지는 전기적, 화학적 맥락을 볼 때, 감정은 결정 과정의 다양한 변수를 설명하는 것으로 보인다.[69]

만일 당신이 이 책을 읽다가 내려놓고 "이건 쓰레기야"라고 말한다면, 그것은 책에 쓰인 내용을 거절하도록 '느끼게' 하는 정보에 대한 감정 반응일 가능성이 있다. 아마도 당신은 자신이 논리적이라는데 자부심을 느끼며, 당신이 하는 의사결정 과정이 합리적이지 않다는 단순한 생각이 불쾌할 수도 있다. 그러나 당신이 좋아하든 말든 감정이 결정을 주도한다는 것은 사실이다. 많은 임원이 자신의 결정이 감정에 따라 추진되었다는 사실을 인정하지 못하고 '사업적 경험'에 의한 결정이라고 생각한다. 역설적인 점은 '사업적 경험'이 실제로 무의식적이거나 '전의식'적인[70] 결정을 내려야 할 때 떠오르는, 그들이 알지 못하는 뇌의 특정 부위에 저장된 감정적으로 충만한 데이터일 뿐이라는 것이다. 그들은 그것을 감정이라고 부르지 않을지 모르지만, 그게 바로 감정이다.

변화의 효과적인 관리를 촉진하라

2008년 금융 위기, 브렉시트의 혼란, '미투 운동', '흑인의 삶은 소중하다Black Lives Matter 운동'과 '팬데믹'까지…. 최근 들어 발생한 사건들을 돌아볼 때, 오늘날의 리더는 변화를 예측하고 사전에 관리하는데 훨씬 더 능숙해야 한다. 21세기에 '통상적인 경영'은 존재하지 않는다. '뉴노멀' 아이디어는 퇴보를 바라는 비현실적이고 낭만적인 욕망이다. 변화의 속도는 빨라지고 있으며, 앞으로 당분간 속도가 줄어들 것 같지 않다. 우리는 매우 변덕이 심한 가속화된 세상에서 살고 있다. 리더 대부분이 이를 알고 있지만, 변화의 역동성과 원칙을 상세히 연구한 사람은 거의 없으며, 많은 사람이 복잡하고 역동적인 변화를 지속적이고 효과적으로 관리하는 방법을 모른다.[71]

오랫동안 똑같은 형태를 유지한 채 생존해 온 비즈니스는 없다. 변화의 과정은 감정적 롤러코스터다. 스위스계 미국인 정신의학자 엘리자베스 퀴블러로스Elisabeth Kübler-Ross가 자신이나 사랑하는 사람의 죽음이 임박했다는 사실을 알았을 때 겪는 슬픔의 5단계를 이야기했고, 이후 우리는 변화가 도전이라는 사실을 이해했다. 퀴블러로스는 주요 감정적 단계를 부정, 분노, 협상, 우울, 수용이라고 설명했다.

퀴블러로스의 모델은 이후 확장되어 비즈니스 분야에서도 활용되고 있다. 새로운 IT의 실행을 비롯해 새로운 생산 라인에 대한 전략적 방향성, 혹은 새로운 경영 관리 등과 같이 어떤 변화의 유형에서 발생하는 감정적 변화를 설명한다(〈그림 3.1〉). 어떤 종류의 변화를 맞닥뜨리든 누구나 감정적인 롤러코스터를 탄다. 그러므로 변화를 제대로 관리하길 원한다면, 사람의 감정을 적절하게 관리해야 한다.

CEO나 고위 임원이 직원들을 변화로 이끌 때, 그들은 직원보다 변화 곡선에서 훨씬 앞서 있다. 리더는 조직을 효과적으로 이끌기 위해 무엇이 앞에 놓여 있는지, 무엇을 실행해야 하고, 왜 실행해야

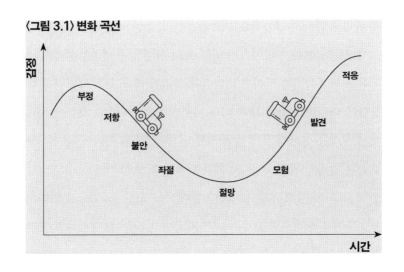

〈그림 3.1〉 변화 곡선

감정 →

시간 →

부정
저항
불안
좌절
절망
모험
발견
적응

하는지 더 깊이 이해해야 한다. 리더는 제시된 변화에 대해 충분히 탐구하고, 변화가 결과적으로는 모든 사람에게 사업상 중요한 긍정적 이익을 가져오리라 확신할 수 있다. 그러나 직원들은 정보를 다 알 수 없으므로 변화가 가져올 장점과 필요에 대해 확신하지 못할수도 있다. 만일 리더가 감정적으로 직원들이 다른 지점에 있다는 사실을 이해하지 못한다면 지나치게 낙관적이거나 망상처럼 보이는 모험을 감행할 위험이 있다. 그리고 그를 따르는 직원들이 열린 마음으로 변화를 수용하도록 하는 일이 어려울 수도 있다. 그들을 위협하거나 뇌물을 주는 것은 답이 아니다. 대신 리더는 감정적 유연성을 가지고 변화 곡선으로 되돌아가 다른 이들과 멀리 떨어지지 않은 곳에서 감정적 위치를 점검해 직원들을 격려하고, 그들이 두려움을 관리해 앞으로 나아가도록 도와야 한다.

사람들이 변화가 의미하는 바를 보며 불안을 느낄 때, 괜찮을 것이라고 안심시키는 강력한 리더십과 격려가 필요하다. 그러나 한번 불안에 빠지면 변화에 대해 더욱 나쁘게 느낄 수 있고, 처음에 의지했던 리더를 신뢰한 것에 대해 화를 낼 수도 있다. 따라서 리더는 동료들과 협력해 발견, 조정 및 실현 단계에 도달할 때까지 계속 영감을 주도록 더 강력하게 지원해야 한다. 성숙하고 잘 조율된 리더는 동료들이 감정적으로 그들과 다른 지점에 있다는 걸 알아차릴 뿐만 아니라 그 자체가 기술이지만, 팀이 변화의 롤러코스터 중 어느 지점에 있는지에 따라 감정적 유연성을 발휘해 감정적 조언을 제공해야 한다. 그리고 최고의 리더는 다른 사람들이 감정을 변화시키길 기대하기보다 그들 자신의 감정을 바꾼다. 현명한 리더라면, 만일 되돌아가 동료들과 감정적으로 연결하지 못한다면 사람들이 따르지 않을 것이고, 그들이 기대할 수 있는 최선이 수용과 통합이라기보다 순응이라는 사실을 알고 있을 것이다.

어떻게 더 건강하고 행복해질 것인가?

우리가 처음에는 임원과 리더의 성장을 방해하는 것은 감정적인 성장의 어려움 때문이라고 생각한다. 그렇지만 감정적 조율은 이미 많은 관리자와 지도자들이 알고 있는 '감성 지능'의 기본적인 부분 이상의 의미를 지니고 있다. 사람들이 자신의 감정을 효과적으로 관리하지 못하는 이유는 어떻게 해야 하는지 방법을 모르기 때문이다. 신경 회로와 '패턴화된 반응'을 바꾸기 위해 새로운 감정 회로와 패턴, 그리고 경험을 설계해야 한다. 이를 '연습에 의한 습득'이라고 한다.

2장에서는 신체적 기술들을 다뤘다. 이제는 리더가 뛰어난 리더로 성장하는 데 필요한 개인적 능력들을 알아보고자 한다. 자세히 살펴보면, 감정 일기는 감성 지능 또는 알아차림을 촉진하고, MASTERY는 보다 나은 감정 사용 능력을 개발하며, 긍정 에너지 연습Positive Energy Practice, PEP과 조성하기landscaping는 감정적 자기 관리를 돕는다. 이러한 기술은 서로를 기반으로 한다. 감성 지능은 신체적 지능을 초월하면서도 포괄적이다. 호흡이 다른 모든 일들이 이루어지는 중요한 장소인 이유다.

지난 장에서 서술한 호흡 기술은 생리 상태를 안정화하고 심장으로부터 조율된 전기신호를 만들어내기 위해 특별히 고안된 것이다. 우리가 무기력, 분노 또는 좌절 같은 감정 세계의 오른쪽에 위치한다면 약간의 시간을 투자해 심장에 집중하고, 부드럽고 리드미컬하게 호흡한다면, 감정 세계의 중앙(즉, 사분면의 영점)으로 옮겨 갈 수 있다(〈그림 1.4〉, 〈그림 2.6〉).

그러나 실질적 혜택은 우리가 감정 세계의 왼쪽으로 이동해서 거기에 머물 때 경험하게 된다. 다음은 감정 세계의 왼쪽으로 이동하는 것을 촉진하도록 설계된 기술이다.

감정적 조율 – 감성 지능 : 감정 일기

만일 우리가 감정 세계의 왼쪽, 긍정적 세계에 머무르기를 원한다면, 감정 지능을 개발해야 한다. 기본적으로 지능이란 알아차림이다. 감정 지능은 단지 감정을 알아차리는 과정일 뿐이다. 결국 자신이 경험하는 감정을 모른다면 이러한 감정을 변화시키거나 사용할 수 없다.

과학 커뮤니티에서는 우리가 얼마나 많은 감정을 경험할 수 있는지, 그리고 그것들을 어떻게 분류할 수 있는지에 대해 의견이 분분하다. 일부 저자는 사랑과 두려움이라는 2가지 감정만 있으며, 다른 상태는 이 2가지의 변형이라고 말한다.[72] 다른 과학자들은 기본적으로 8가지 기본 감정이 있다고 주장해 왔다.[73] 원색을 섞어 무지개의 다른 색을 만들 듯, 이러한 기본 감정을 섞어 다른 감정을 만들어낼 수 있다는 것이다.

지난 25년간 문헌을 연구하고 매일 리더들과 그들의 감정적 삶에 대해 논의하면서, 우리는 인간이 3만 4,000가지 감정을 경험할 수 있다고 믿게 되었다.[74] 물론 대부분은 이렇게 정교한 수준까지 도달하지 못하고, 기껏해야 '감정의 세계'에서 12개의 '행성'을 알아차릴 수 있을 뿐이다.[75] 대부분은 그들이 음악을 분류하듯 다른 감정의 상태를 분류한다. 어떤 사람은 클래식 음악만 듣지만, 어떤 이는 뮤지컬이나 오페라를 선호하고, 또 다른 이는 다양한 음악을 즐긴다. 건강과 행복, 그리고 성과에서 가장 중요한 부분은 개별 감정이 아니라 우리가 감정 세상의 긍정적 혹은 부정적 측면의 어느 곳에서 살아가고 있는가다. 불행히도 대부분은 특정 시점에 자신이 어떤 감정을 느끼는지 잘 모른다. 그래서 감정 지능이 그것을 변화시키는 중요한 첫 스텝이다.

감정적 알아차림을 발전시키는 방법 중 하나는 몇 주 동안 자신이 느끼는 감정을 정확히 추적하는 것이다. 이는 감정 일기를 활용하면 가능하다.

- 회의 중 혹은 하루 동안 당신이 어떤 감정 상태에 있는지 간단하게 적고, 그 순간에 느끼고 있다고 믿는 감정을 적어라.
- 하루를 마치기 전 얼마나 많은 감정을 알아차리거나 느꼈는지 되돌아보라.
- 긍정적 감정은 몇 개인가?
- 부정적 감정은 몇 개인가?

나는 임원들과 일하면서 감정 일기를 작성하라고 한다. 그리고 지난 24시간 동안 알아차린 감정을 물어보면서 이야기를 시작한다. 항상 흥미롭게 살피는 점은 그들이 무엇에 집중했고, 얼마나 많은 감정을 알아차렸는가다.

초기의 저항("왜 이런 걸 하죠?" 혹은 "바보 같은 일이네요" 같은 반응)을 넘어서면, 대부분의 임원이나 리더는 일하면서 느끼는 감정을 적는다. 업무에서 가장 흔히 겪는 감정은 좌절로 다른 감정보다 4배나 더 많이 경험한다. 전반적으로 사람들의 감정 일기장은 부정적인 감정으로 가득 찬 경향이 있으며, 아주 가끔씩 '상징적으로' 긍정적인 감정 하나가 포함되어 있어 너무 비참하지 않게 보이려고 한다.

감정 팔레트에는 색이 많지 않기에, 우리가 느끼는 대다수 감정을 설명할 어휘가 없으며, 유사한 감정 상태 사이의 중요한 차이를 인식하지 못한다. 예를 들면, 나는 수년 전 젊은 골프 선수를 코칭한 적이 있다. 내가 긍정적 감정을 유지하는 게 중요하다고 설명하자, 그는 "저는 화가 났을 때 오히려 좋은 성적을 거둡니다"라고 말했다. 나는 그렇지 않을 거라고 답했다. 그는 화가 났다기보다는 '극도로 결단력 있는 상황'이었을 것이고, 그 차이를 말할 수 없었을 뿐일 것이다. 나는 그에게 만일 그가 진심으로 화가 났다면, 그는 해 온 대로 골프에 대한 결의를 다지기보다 골프채로 누군가를 때리고 싶었을 것이라고 말했다. 매우 활성화된 상태의 이 2가지 차이를 이해하도록 돕는 일은 그가 경쟁적 상황에서 확실하게 성취를 이루도록 안내했다.

12가지 감정을 식별할 수 있는 것은 그저 레드 와인과 커피의 차이를 말할 수 있는 것과 같다. 더 많은 감정을 식별하도록 배우는 것은 감정문해력을 엄청나게 발달시킬 수 있고, 주위 사람들과 더 효과적으로 연결할 수 있도록 해준다.

첫 번째 단계는 시간을 내서 현재 우리가 느끼는 감정을 적고, 의식적 알아차림으로 이끄는 것이다. 우리가 알아차리지 못한 것들을 변화시키거나 사용할 수는 없다. 감정 일기를 이용해 현재 적어둔 목록들과 익숙해지고 자신의 감정이 대체로 긍정적인지 부정적인지 알아차려라.

감정적 조율 – 감정문해력 : MASTERY

우리가 감정 일기를 통해 경험하는 감정의 수와 다양성을 자각하게 되면, 다음 단계는 감정문해력을 높이거나 다른 (또는 비슷한) 감정을 구분하고 각각에 이름을 붙이는 일이다.

감정문해력을 높이는 것을 MASTERY라고 부른다. 대부분은 비슷한 감정을 구분하기 어려워한다. 자신이 경험하는 감정의 상태를 생각할 시간을 가져 본 적이 없기 때문이다. 그러므로 보다 나은 감정문해력을 갖추기 위한 첫 번째 단계는 보통 주관적이고 내적인 경험을 객관화하는 데서 시작한다. 이러한 '주관에서 객관으로Subject to Object, S2O' 가는 방법은 현상에 대해 훨씬 잘 이해하도록 돕는다. MASTERY를 와인 테이스팅 과정이라고 생각해 보자. 매우 예민하고 경험이 풍부한 와인 감별사들은 S2O 접근법을 통해 샤도네이와 사블리를 구분하며, 다양한 샤도네이의 종류들이 각각 어느 나라에서 생산되었고, 몇 년 산인지, 어떤 포도를 사용했으며, 어떤 종류의 땅에서 포도가 재배되었는지 구분할 수도 있다. 와인 전문가는 이런 지식을 가지고 태어난 것은 아니다. 그들은 자신의 팔레트를 사용해 감각을 객관화했고, 그래서 한 와인을 다른 와인과 세밀하게 구분할 수 있는 것이다. 감정을 가지고도 이렇게 할 수 있다.

감정을 구분하는 것은 다음 2가지 이유에서 중요하다.

• 접근성

우리가 다시 경험하고자 하는 특정한 느낌의 정확한 '특성'과 신체 내에서 우리가 경험하는 것을 정확하게 안다면, 그 감정에 대해 의식적으로 접근할 수 있다. 그리고 감정에 대해 예측 불가능한 무의식적 접근 대신 의식적 접근을 할 수 있다면, 필요할 때 그 감정을 깨울 수 있다. 예를 들면, 자신감은 성과에 부정적 혹은 긍정적으로 강한 영향을 미치는 감정이다. 만일 우리가 경험으로서 자신감이 무엇인지 모르고 그것이 신체에 어떻게 느껴지는지 감지하지 못한다면, 그것에 접근할 수 없다. 반면 우리가 감정문해력을 개발하고 감정적 MASTERY 기술을 연마해 왔다면, 필요할 때마다 테니스 결승전이든 주주들 앞에서든 자신감 있는 상태를 재현하는 법을 터득하게 된다.

• 실행

감정의 목적은 행동을 유발하는 것이며, 모든 감정은 각기 다른 행동을 유발하도록 고안되어 있다. 이처럼 감정에는 독특한 생존적 장점이 있다. 그런데 어떤 감정을 느끼는지 구별할 수 없다면, 우리가 처한 환경에서 잘못된 행동을 할 가능성이 매우 높다. 예를 들면, 회색 곰을 만났을 때, 감정이 일어나고(심장이 변덕스럽게 뛰고, 손바닥이 땀에 젖는 등) 두려움을 느낀다. 두려움은 생명을 구할 수 있는 행동, 즉 도주를 유발하도록 설계되었다. 그것이 두려움의 목표다. 만일 두려움을 느끼지 않거나 그 감정적 신호를 혼란스러움으로 오해한다면, 우리는 너무 오랫동안 부동자세로 있게 되고 공격당할 위험을 무릅쓰게 된다.

이와 비슷하게 회의 중 불만과 실망의 차이를 구분할 수 없다면, 잘못된 행동을 할 가능성이 커진다. 실망의 목적은 우리를 뒤로 한 발짝 물러나서, 그 상황을 좀 더 자세히 평가하도록 해주는 것이다. 좌절의 목적은 앞으로 나아가 걸림돌을 극복하는 것이다. 만일 그 차이를 구분할 수 없다면, 뒤로 물러나서 돌아봐야 할 때 앞으로 나아갈 수 있다(반대도 똑같이 성립한다).

대부분은 어느 순간에 진정으로 느끼는 감정이 무엇인지 알 수 있는 실마리를 가지고 있지 않다. 설사 있다고 해도 서로 비슷한 감정의 차이를 정확하게 말할 수 없다. 감정을 구별할 수 없다면 감정에 대한 문해력이 없는 것이고, 결과적으로 건강과 행복, 그리고 성과에 악영향을 끼친다.

이렇듯 MASTERY 기술은 감정 목록을 쌓아 올리는 기술이며, 이를 통해 개인적인 감정 데이터의 차이를 말할 수 있게 해준다. 예를 들어, 당신이 좌절과 실망의 차이를 이론적으로 알고 있을 수도 있지만, MASTERY는 신체에서의 차이를 인지하고 경험으로써 감정 상태를 분별할 수 있게 한다.

MASTERY 기술

와인 테이스팅에 참여하면, 주최 측은 참여자들에게 와인 1잔을 주고 그에 대해 설명해달라고 요청한다. 처음에 참가자는 와인에 대해 모르기 때문에 화이트 또는 레드 와인이라고만 말할지도 모른다. 소믈리에는 더 상세한 표현을 이끌어낼 수 있는 관련 질문을 함으로써, 참가자들이 와인을 더 깊이 관찰하고 설명하도록 돕는다. 연습을 통해 신진 와인 애호가는 와인을 정교한 용어로 기술할 수 있게 되면서 스스로 놀란다. 곧 그들은 와인의 색깔이나 향, 그리고 맛에 대해 정확하게 묘사할 수 있게 된다. 이처럼 감정문해력을 개발하는 일은 감정을 점점 더 자세히 설명한다는 점에서 이와 동일한 과정을 따른다.

- MASTERY 과정

1 편안한 자세로 앉아 눈을 감고 숨을 쉰다.

2 지금 이 순간, 신체가 느끼는 감정에 단순하게 주의를 기울인다.

3 뚜렷한 감정이 느껴지지 않는다면, 음악이나 기억 또는 사진 등을 사용해 감정이 일어나도록 노력한다.

4 감정을 자각했다면, 이름을 붙이거나 그 감정을 잘 설명한다고 생각하는 단어를 정한다. 그리고 그 단어를 적는다.

5 자신이 붙인 이름이 정확한지 아닌지는 이 단계에서는 사실 중요하지 않다. 중요한 점은 감정 경험과 친숙해지는 것이다.

6 신체 내에 있는 감정의 특성을 탐구해 본다. 에너지가 어떻게 느껴지는가? 신체에서 감정의 장소는 어디인가? 감정의 크기는 어떤가? 감정의 색은 무엇인가? 감정이 만들어내는 소리는 무엇인가? 감정의 온도는 어떠한가? 감정의 강도는 어떠한가?

7 움직임의 특성으로 넘어가자. 감정이 몸을 통해 어떻게 움직이는지 묘사하는 시간을 갖자. 피부에서 멈추는가 아니면 몸속으로 퍼져나가는가?

8 그 감정은 어떤 특성을 가지고 있는가?

9 과정을 진행하는 동안 떠올랐던 어떤 통찰이든 적어 본다.

이 과정을 처음 들으면 이상하게 여기는데, 노련한 비즈니스 리더나 고위 임원들이 특히 그렇다. 아무도 그들의 감정이 색깔이나 온도, 위치를 갖추었다고 생각하지 않지만, 회의적인 생각을 극복하고 MASTERY 과정을 진행하고 나면, 감정에 색깔과 크기 등이 존재한 다는 것을 깨달으며 매우 놀라곤 한다.

MASTERY 기술을 계속 연습하면, 시간이 지나면서 중요하고 지속 적인 생물학적 향상을 이룬다. 보통 전적으로 주관적이고 내적인 경 험을 객관적이거나 관찰 가능하며 반복될 수 있는 것으로 바꾸도록 학습함으로써, 회복탄력성을 키우고, 에너지 수준과 행복, 그리고 충 만감을 향상시키며, 효율성을 강화할 수 있다. 내적 경험의 미묘함을 이해하면 할수록, 자신과 타인의 행동을 주도하는 감정을 더욱 잘 조절할 수 있을 것이다.

• MASTERY의 실행

'만족'을 온전하게 이해하기를 원한 진짜 '알파 남성' 임원을 코칭한 적이 있다. 코칭 만족을 어떻게 느껴졌는지에 대한 그의 설명이 기 억에 남는다.

'만족이란 내 마음의 근원에 있는 작고 빛나는 불씨입니다. 그것 은 붉은 황금색이며, 내 가슴과 팔을 통해 스며들어 팔과 다리를 지나고 레디 브렉 키드Ready Brek Kid(시리얼 광고에 나오는 아이로 아침으 로 레디 브렉을 먹고 전신에서 발생하는 열 때문에 빛이 난다. - 옮긴이주)처 럼 빛나며, 체셔 고양이처럼 으르렁거리죠.'

그의 묘사가 너무 생생하고 아름다워서 나는 실제로 그가 어느 정도 만족하고 있는지 느꼈다. 그의 만족에 대한 묘사로 내가 동화되었다! 이 임원은 MASTERY 기술을 연습해 왔기 때문에, 회의할 때나 직원과 있으면서 불만이 생기거나 짜증이 날 때마다 '만족'을 해독제로 사용할 수 있었다.

MASTERY는 자신이 경험하는 감정의 데이터베이스를 쌓도록 도와주며, 비슷한 감정을 구별할 수 있게 해주고, 의식적으로 더 자주 느끼고자 하는 긍정적 감정의 목록을 증가시켜준다. 4장에서 SHIFT 기술을 탐구할 예정인데, 이는 우리가 의식적으로 의도해, 부정적 감정에서 긍정적 감정으로 이동하는 것을 가능하게 해준다. 또 매우 강력한 기술인 긍정적 상태에 머무는 방법을 익히면 훨씬 더 강해진다.

감정적 조율 - 감정적 자기 관리 : 긍정 에너지 연습 및 조성하기

임원에게 그들의 삶을 변화시킬 수 있다는 걸 상기시키며 MASTERY 기술을 가르치고 난 1개월 후 다시 그들과 대화하며, 그들이 이 기술을 연습할 시간이 없었다는 말을 들은 적이 많았다.

나와 함께 일하는 사람들은 다국적 대기업 리더로 늘 바쁘다. 그래서 나는 그들에게 연습이 필요한 새로운 기술을 개발하는 것은 그다지 매력적이지 않을 수 있다는 걸 충분히 이해한다. 그러므로 임원들이 연습한다는 느낌 없이 연습할 수 있도록 도와야 한다. 바로 긍정 에너지 연습Positive Energy Practice, PEP 기술은 실제로는 연습하지 않으면서,

그들을 연습하도록 도와주는 방법이다.

• 긍정 에너지 연습

의식하지 못할지 모르지만, 우리는 일하는 평일에 의식적인 결정을 그다지 많이 하지는 않는다. 우리는 대체로 반복되는 습관이나 의식적인 행사를 반복한다. '아침 의식'부터 '직장으로 출퇴근하는 의식'이나 '회의 의식', 그리고 '일과 마무리 의식'까지 각종 의식이 하루를 채운다. 하루의 대부분은 매우 구조화되어 있고, 이러한 의식들은 내가 이름 붙인 '전환지점Transition Points' 즉, 한 활동에서 다른 활동으로 이동하는 사이에 일어나기 쉽다.

예를 들면, 우리가 하루를 시작하면서 첫 번째로 하는 의식은 수평에서 수직으로 옮기는 신호를 주는 '일어나기 의식'이다. 이것을 진짜로 의식하는 사람은 거의 없지만 누구나 아침 의식을 수행한다. 어떤 사람들은 알람에 맞춰 일어나고 어떤 이는 스스로 일어나기도 한다. 일부는 알람이 울리자마자 일어나고 일부는 알람을 끄고 몇 번이고 다시 침대에 눕는 사람도 있을 것이다. 어떤 이들은 침대에서 바로 뛰쳐나오고, 일부는 다리를 흔들며 침대에 걸터앉기도 한다. 일부는 욕실로 가지만, 누군가는 부엌으로 바로 가서 가스 불에 물을 올린 후 욕실로 간다. 아침 의식을 생각할 때, 대부분은 '일어나기 의식'을 3개에서 10개 단계로 구분할 수 있다. 긍정 에너지 연습 뒤에 있는 생각은 이미 행하고 있는 의식을 구분하고, 긍정 에너지 연습으로 강화하자는 것이다.

예를 들면, '일어나기 의식'은 늘 하는 일이지만 감사와 같은 긍정적 감정을 추가하는 것이다. 그러므로 긍정 에너지 연습은 하고 있던 의식에 몇 초의 긍정적 감정을 삽입하기를 권장한다.[76] 알람 버튼을 누르고 다시 잠에 빠지기보다 침대에서 잠시, 우리가 살아 있고 파트너가 옆에 있으며 우리가 건강하고 혹은 햇빛이 밝은 날이라는 사실에 감사를 느낄 수 있다. 단지 30초간 감사를 느끼고 정상적으로 다른 의식에 들어간다. 캘리포니아대학교 심리학자 소냐 류보머스키Sonja Lyubomirsky는 '행복 부스터'를 연구했는데, 의식적으로 일주일에 1번이라도 자신이 몇 번 축복을 받았는지 숫자를 센 사람들은 6주 동안 전반적으로 삶에 대한 만족도가 증가했다.[77]

20대에 나는 아내 사라와 함께 인도에 3개월간 머물렀는데, 여정 마지막에 대도시 카트만두에 도착해서 3개월 만에 처음으로 따뜻한 물로 샤워했다. 그 따뜻한 물이 가져다준 기쁨은 말로 표현할 수 없었다. 그것은 금을 발견한 것과 같은 긍정적 감정이었고, '난 이 경험을 기억해야 해. 이 경험은 미래에 도움이 될 거야'라고 생각했다. 오늘 내 '일어나기 의식'의 일부는 카트만두에서 샤워하던 1분 동안에 순수하게 행복했던 그 황홀한 순간을 다시 떠올리며 30초를 보내는 것이다. 그것은 나의 하루를 시작하는 위대한 방법이다.

비슷한 사례로, '자동차 의식'을 구분하게 해준 임원을 코칭한 사례도 있다. 처음에 그는 내 말을 이해하지 못하다가 내가 재차 질문을 하자, 그에게 꽤 상세한 '자동차 의식'이 있다는 사실을 알아냈다. 자동 키를 눌러 차 문을 연다-오른손으로 차 문을 열고 들어가서 앉는다-키를 점화장치에 놓고-엔진을 켠다-안전띠를 매고 라디오 4 채널을 틀고 일하러 가는 의식이었다. 의식을 확인하고 나는 그에게 똑같이 반복하되, 30분 중 첫 5분간은 라디오 4 채널을 듣지 말고 좋아하는 CD를 들어 볼 것을 조언했다. 그러자 그는 좋아하는 음악을 들으며, 들뜬 기분과 목소리로 노래 연습을 할 수 있었다! 그는 5분 후 이 긍정 에너지 연습을 중단하고 라디오 4 채널을 튼 후 휴대전화를 켜고, 평소처럼 운전했다. 이 임원은 처음 이 일을 제안했을 때 회의적이었지만 그는 실제로 행동에 옮겼다. 그런데 그를 놀라게 한 것은 사소하고 단순한 연습이 직장에 도착했을 때, 에너지가 넘치고 긍정적인 기분을 느끼도록 해주고, 이로 인해 자신의 하루와 주변 사람들에게 긍정적 영향을 주었다는 점이다.

하루 일과에 긍정 에너지 연습을 삽입하는 가장 좋은 방법은 전환 지점 주변에 당신의 의식을 발견하고, 30초에서 몇 분간 감정을 연습하는 것이다. 이 방법으로 삶 자체가 연습이 된다.

• 조성하기

긍정 에너지 연습 계획으로 하루 종일 긍정적 감정을 경험하는 것과 함께, 삶에 긍정적 감정을 심기 위해 일정 시간을 잡고 규칙적으로 연습하는 것 역시 도움이 될 수 있다. 이를 위한 가장 좋은 방법은 일주일을 '조성해 보는 것'이다. 조성하기는 최고의 효과를 얻는 연습 방법이다.

일정표가 물이 반쯤 찬 바구니이고, 거기에 바위, 자갈과 모래를 넣는다고 생각해 보자. 바위는 감정적 자기 조절을 연습할 수 있는 15분의 타임 블록이고, 자갈은 2~5분의 연습을, 모래는 2분 이하의 연습을 할 수 있는 시간이다. 한 주를 조성하는 가장 좋은 방법은 정말 필요할 때, 아주 힘든 회의 전 큰 덩어리의 연습(즉, 바위)을 넣는 것이다. 이렇게 하면 회의 전에 감정 상태를 가능한 한 최상으로 만들고 연습을 통해 실제적인 효과를 얻을 수 있다. 바구니 안에 남겨 놓은 공간에 따라, 그렇게 중요하지 않은 일과 주변에 자갈을 넣고, 마지막으로 할 수 있을 때 2분 이하로 연습할 수 있는 모래가 스며들 수 있게 하는 것이다.

금요일에 이사회가 있다고 치자. 정말 중요한 미팅이어서, 적절한 마음의 틀과 좋은 감정 상태를 이끌어내기 위해 10분을 할애하고 싶을 수 있다. 부서장과 매주 1번 갖는 모임이 있을 수 있는데, 이 회의는 이사회 회의만큼 중요하지는 않기 때문에 몇 분 정도의 감정적 준비만 필요할 수도 있다. 당신의 한 주를 조성하면서 활동의 중요도에 따라, 각 활동 전 약간의 여유 시간이라는 요소를 고려한다.

조성하기는 이미 바쁜 상황에서 연습을 일상적인 업무에 통합하도록 장려하는 도구다. 이렇게 함으로써 정말 중요한 상황에서 감정적 자기 조절의 혜택을 경험할 수 있다. 이 접근법은 또 주말이나 연휴에 회복을 기대하는 대신, 한 주를 살아가면서 새롭게 회복하고 에너지를 얻게 해준다. 연습은 우리가 살아가는 방식의 일부가 된다. 무의식적 능력이 확립되고 혜택은 축적된다.

요약

이것만은 기억하자!

- 건강과 행복은 비즈니스와 관련이 있다. 왜냐하면 고용인의 업무 능률을 높이고 예상하지 못한 경영권 승계의 위험을 감소시키며, 회사 전체의 생산성을 높여주기 때문이다.
- 감정을 잘못 처리하면 질병과 정신적 고통이 이어진다. 부정적 감정이 지속되면 심장병, 암, 뇌졸중, 우울증으로 이어진다는 수많은 증거가 있다.
- 감정은 건강과 행복에 운동이나 섭취하는 음식보다 더 큰 영향을 준다.
- 감정은 복합적이고 생리학적인 신호다. 느낌은 이러한 복합적 데이터의 의식적 자각 혹은 판단이다. 남성이나 여성, 젊은이나 노인

등 모든 사람에게 감정이 있다.

- 사람들이 겉으로 차분해 보이고 자신의 감정을 무시하거나 억제하는 것을 배웠다 해도 그들이 내적으로 조율된 상태임을 의미하지 않는다. 감정 데이터는 혼란한 상태일 수 있으며, 이러한 감정적 혼란은 정신 및 신체 건강에 매우 해롭다.

- 비즈니스에서 야기되는 실제 감정 신화는 감정을 비즈니스 도구로서 무시하고 지성을 비즈니스에서 훨씬 더 중요하게 여기는 사실이다.

- 비즈니스를 하면서 우리는 확인 가능한 데이터와 지성적인 사고를 기반으로 합리적이고 논리적인 선택을 한다고 생각한다. 감정적 관리가 없을 때, 실제 일어나는 일은 외부 위협에서 우리를 지키기 위해 만든, 오랫동안 잊고 있던 잠재의식의 조건 반사로 감정에 휘둘리는 편도체가 의지와 상관없는 자동 반사적 반응을 주도한다.

- 감정 관리는 비지니스 분야에서 중요하다. 유연한 사고, 학습 능력, 의사결정, 업무상 관계, 변화의 효율적 관리, 리더십의 표출, 건강, 복지, 즐거움 그리고 삶의 질이 향상된다. 또 감정의 의미와 중요성, 목적과 동기를 찾고 회복탄력성에 도움을 주며 자기가 확장된다.

- 감성 지능이나 자각(감정 일기), 감정문해력MASTERY과 자기 감정 관리(긍정 에너지 연습, 조성하기) 등을 훈련하면 감정 집중에 이를 수 있다.

4
장

사 고 의 질 을 높 이 는 조

✓ 중요한 회의에서 연습했던 모든 것을 잊어버리고 갑자기 멍한 상태로 참석한 적이 있는가?

✓ 무얼 하려고 사무실을 나갔는데, 왜 나왔는지 잊어버린 적이 있는가?

✓ 특정 과제와 프로젝트에 집중해야 하지만, 그것에 대해 생각하는 것이 불가능하다고 느낀 적이 있는가?

✓ 어떤 날은 '불타오르고', 어떤 날은 좋은 아이디어를 생각해낼 수 없는 경우가 있지 않은가?

✓ 상자가 어디에 있는지 또는 상자 바깥에 무엇이 있는지 잘 모르는데도, 사람들에게 상자 밖에서 생각하라고 말하는 데 지쳤는가?

✓ 나중에 후회하는 결정을 내리거나 큰 소리로 명령을 내린 적이 있는가?

✓ 당신의 분노나 변덕이 당신의 결정에 부정적인 영향을 미치는지 걱정되지만, 그것을 어떻게 변화시킬지는 전혀 모르겠다고 생각한 적이 있는가?

만일 그렇다면, 당신만 그런 것이 아니다.

사업을 성장시키려면 생각이 명확하거나 경쟁사보다 앞서 생각할 수 있는 능력이 필요하다. 의식의 내용과 질을 결정하는 것은 생리학이다. 이 장에서는 내용(우리가 생각하는 것)과 질(우리가 얼마나 잘 생각하는가)을 포함해, 사고를 주도하는 것이 무엇인지 살펴보고자 한다. 우리는 생리학이 에너지 수준, 건강, 행복뿐만 아니라 사고와 명확하게 표현하는 능력에도 영향을 미친다는 사실을 알게 될 것이다. 이 사실은 이 책의 많은 기법을 사용해 보안업체인 G4S의 전 CEO 닉 버클스Nick Buckles가 내무선정위원회 2번째 진상 조사에서 좀 더 일관된 성과를 낼 수 있었다. 그는 그 기법들이 다음과 같다고 말했다.

"저 자신을 보다 잘 표현했고 그 결과 제가 말하려는 핵심을 더 잘 전달할 수 있었고, 좀 더 진심 어린 사과의 태도를 전달할 수 있었습니다. 저는 교만하지 않고 문제를 해결하는 일에 집중했습니다. 이런 위기 상황이 생겼을 때 여러분이 두려워한다면, 다른 사람들이 상황을 통제하도록 허용하는 것입니다."

기업에는 양질의 생각을 꾸준히 할 수 있는 사람이 필요하다. 훌륭한 아이디어를 창출하고, 기회를 포착하고, 경쟁 우위를 제공하는 것을 정의할 수 있는 혁신가가 필요하다.[1] 혁신과 높은 수준의 생각이 없다면, 경영진은 낡은 아이디어와 전략, 그리고 똑같은 낡은 제품을 새로운 것처럼 재포장하는 경우가 많다. 중국의 텐센트Tencent나 독일의 유니콘 기업 셀로니스Celonis처럼 매우 빠르게 성장하고 있는 몇몇 회사를 보면, 그들이 최고의 혁신을 이룰 수 있는 최고의 사상 가를 고용하고 있다는 것을 알 수 있다. 진정으로 앞서 나가려면, 다른 사람보다 더 똑똑해져야 하는데, 그것은 생리학에서 시작된다.

자발적 전두엽 절제술

사람들은 압박감을 느끼면 제대로 생각할 수 없다. 모든 사람이 이런 경험을 한다. 대부분은 시험에 대한 압박감을 느껴 보았을 것이다. 오랫동안 복습했어도 시험지를 넘기는 순간 잊어버릴 수 있고, 스트레스로 뇌가 정지될 수 있다. 이는 우리가 '자발적' 전두엽 절제술을 경험하고 있는 것이다.

20만 년 전 인간이 처음으로 직립보행을 시작했을 때, 뇌는 압박감으로 정지될 수 있는 특성을 가지고 있으나 우리에게 생존의 이점을 제공했다. 우리 조상들은 사바나를 가로지르다 사자와 마주쳤을 때, 영리한 사고가 필요 없었다. 만약 그들이 사자 앞에 서서 사자가 배고파 보이는지 아니면 자신들을 그냥 지켜보는 중인지 곰곰이 생각했다면, 아마 목숨을 잃었을 것이다. 위급할 때 인간은 '싸움/도주(아드레날린)' 또는 '죽은 척하기(아세틸콜린)'라는 2가지 선택만 남기고, 다른 뇌의 모든 영리한 사고 영역을 정지시키는 메커니즘으로 진화시켰다. 실제 위험에 직면했을 때, 뇌는 자신의 생명을 구하기 위해 '싸움/도주' 또는 '죽은 척하기'라는 이진법적 선택을 한다.

문제는 20만 년이 지난 지금, 여전히 같은 메커니즘을 활용한다는 것이다. 우리는 여전히 20만 년 된 소프트웨어를 사용하고 있으며, 업그레이드한 적이 없다. 유일한 차이점은 사바나에서 사자를 만나는 사람은 거의 없다는 것이다. 하지만 그 대신 우리는 서로를 만난다. 즉, 까다로운 상사, 상대하기 어려운 동료, 열받은 파트너와 불만을 품은 고객을 만나게 된다. 그들이 바로 오늘날의 사자다. 불행하게도 어려운 상사나 동료를 만나면, 사자 앞에서 그랬듯 우리는 자발적인 전두엽 절제술 상태가 된다.

설상가상으로 뇌가 정지되면 지각적 알아차림이 남아 있지 않기 때문에, 우리는 자발적인 전두엽 절제술을 했다는 사실을 알아차리지 못한다. 초점을 잃었거나, 요점을 벗어났거나, 혼란스러워지거나 불명확한 소리를 웅얼거릴 때조차 여전히 제 역할을 하고 있다고 생각한다. 현대 비즈니스의 압박 때문에 너무 많은 사람이 부분적으로, 또는 경우에 따라서는 완전히 자발적인 전두엽 절제 상태로 사무실을 배회하는데, 이는 그들의 인지와 업무 능력에 큰 영향을 미친다.

리더들은 대부분 자신들이 직면하는 도전에 대해서는 생각하지만 정작 자신에 대한 생각은 하지 않는다. 그들은 왜 자신이 어느 날은 아이디어로 가득 차 있고, 왜 그다음 날은 유용한 아이디어를 하나도 생각해내지 못하는지 궁금해하지 않는다. 우리는 인간 인지의 본질을 이해하지 못하고, 우리의 생각이 진공 상태에서 일어나지 않는다는 것을 깨닫지 못한다. 만화에서처럼 머릿속에서 말풍선이 연달아 나오는 것이 아니다. 생각은 생리적 맥락에서 생겨난다. 우리가 생각할 때 심장은 항상 뛰고, 내장은 언제나 소화시키고, 근육은 늘 움직이는데, 이러한 생리적 신호는 우리가 무엇을 생각하고 그것을 얼마나 잘 생각하는지에 심오한 영향을 미칠 수 있다.

생리적 조율이 없으면 정서적 조율을 유지하는 것이 불가능하고, 정서적 조율이 없으면 질 높은 사고를 하는 것이 어렵다. 그렇기에 생리적 조율을 축적하는 것이 필수다.

사람들은 시험이나 주주총회에서, 또는 기자와 인터뷰하면서 실수를 범할 때, 이러한 일은 피할 수 없거나 정상적이고 받아들일 수 있는 상황인 듯 어깨를 으쓱하면서 "이런 일은 언제든 일어날 수 있어" 혹은 "사람이 할 수 있는 실수야"와 같은 말로 잊어버린다. 하지만 실수는 흔히 일어날 수도 있지만 피할 수도 있다.

많은 고위 임원은 압박에 익숙해지면 실수를 피할 수 있을 것이라는 잘못된 믿음을 갖는다. '실험적 상황'에 자신을 노출시킴으로써 어리석은 실수를 저지를 가능성을 최소화하려고 한다. 하지만 이러한 방법은 통하지 않을 것이다. 우리의 생물학은 무척 강력하다. 연설 연습을 하는 것은 도움이 되지만, 분석가에게 예상하지 못한 까다로운 질문을 받았을 때 머릿속이 하얘지는 것을 막기에는 충분하지 않다. 아무리 많은 연습을 했더라도 두뇌 기능 정지, 이분법적 사고, 총체적 과잉 단순화 혹은 이후에 생겨난 현대적인 완곡한 표현인 '실수' 또는 '잘못 말했다'고 변명해야 할 위험에 처한다.

누구나 나중에 생각해 보면, 당황스러운 결정이나 행동을 한 적이 있을 것이다. 그러나 인식이 어떻게 작용하는지, 또한 우리가 영원히 전두엽 절제술의 언저리에 존재한다는 것을 깨닫는다면, 그렇게 어리둥절하지는 않게 된다. 뇌는 신체 시스템으로부터, 특히 심장으로부터 미주신경을 통해 끊임없이 신호를 받는다. 압박을 받을 때, 심박변이도는 '대뇌피질 억제'를 불러와 혼란 상태가 되고, 전두엽 기능이 사라지게 된다.

나는 이것을 TEDx 강연에서 증명했다. 용감한 자원봉사자 닐이 무대로 올라왔는데, 그의 귓볼에 작은 클립을 붙여 그의 심박변이도를 측정해, 이를 뒤에 있는 큰 화면에 실시간으로 표시했다. 처음에 닐의 심박수는 약 75bpm으로 정상이었다. 나는 그에게 수학 문제를 냈다. 그에게 계속 숫자를 제시하고 그 숫자에서 3을 뺀 답을 말하도록 했다. 특히 닐이 수학을 제법 잘한다고 장담한 것처럼 이 문제는 매우 간단했다. 흥미롭게도 그가 '아주 좋다'고 말하자마자 그의 심박수는 급상승했으며, 이는 그가 한 말과 달리 자신이 없다는 것을 보여주었다. 나는 300부터 시작했고 그는 '297', '294'라고 순조롭게 답했다. 그런 다음 나는 옆에서 틀린 답들을 외쳤고, 이러한 행동은 그의 부담을 가중시켰다. 그는 곧 당황하기 시작했고 심박변이도가 매우 불규칙해졌다. 닐은 여전히 침착하고 자신감 있어 보였지만, 내가 준 압박감으로 그의 뇌는 작동을 멈추고 불규칙한 심박수 변동 신호가 자발적 전두엽 절제술을 유발했다. 몇 초 만에 나는 똑똑한 사람을 바보로 만들었다.

닐은 이런 일이 일어나길 원하지 않았지만, 일어나고 말았다. 뉴스 속보나 결함 있는 제품을 다루기 위해 긴급 회의를 소집할 때, 여러분의 경영진이 겉으로는 침착하고 이성적인 것처럼 보인다고 해서 안심할 수 없다. 심박변이도 클립을 그들의 귀에 부착한다면, 생리학적으로 매우 다른 이야기를 할 것이다. 겉으로 차분하고 침착해 보인다고 해서 정말로 그런 것은 아니다. 그리고 그들의 심박변이도가 불규칙하다면, 위기가 주는 압박 때문에 전두엽 절제술을 받은 듯한 상태가 되었을 것이다. 하지만 당신이나 그들도 그것을 깨닫지 못한다.

혼동된 심박변이도로 전두엽에 대한 접근을 차단할 때(〈그림 4.1〉), 우리는 일시적이지만 두뇌 기능 정지의 결과를 경험할 수 있다. 전두엽은 두뇌의 '집행부'로 대부분의 사고 기능이 일어나는 곳이다. 따라서 전두엽 기능을 상실하면 아주 원시적인 최소한의 기능과 능력만 발휘하게 된다.

생리적, 정서적으로 조율된 상태가 인지 기능과 능력의 현저한 향상을 촉진하겠지만, 획기적인 도약을 원한다면 성인기 성숙도의 수직적 성장이 유일한 방법이다. 복잡한 세상에서 성공하기 위해서는

〈그림 4.1〉 생리학이 뇌 기능에 미치는 영향에 대한 도식

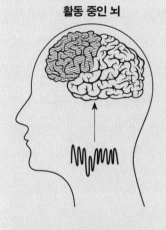

활동 중인 뇌

심장에서 나오는 일관된 신호

• 명확성을 강화한다.

• 창의성을 향상시킨다.

• 반응속도를 향상시킨다.

• 사고와 의사결정을 향상시킨다.

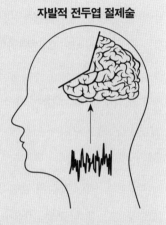

자발적 전두엽 절제술

마음에서 오는 혼란스러운 신호

• 지각 능력을 손상시킨다.

• 정신의 명료성을 감소시킨다.

• 창의성을 감소시킨다.

• 문제 해결 능력을 감소시킨다.

• 효과적인 결정을 내리는 능력을
감소시킨다.

인식과 성숙함을 확장해 리더십 자질을 기하급수적으로 높여야 한다. 우리가 생각하고 조직을 이끄는 방식은 주어진 시간 안에서 운영하는 의식과 인식의 단계, 성숙도에 따라 달라진다. 이러한 수준은 말 그대로 성공하는 데 필요한 능력을 변화시킨다.[2]

이러한 성장의 판도를 바꾸는 특성을 전달하기 위해 메타포를 살

펴보겠다. 아이들은 신체적, 감정적, 인지적, 도덕적으로 동일한 특정 발달 단계를 경험한다는 것은 널리 알려진 사실이다. 이러한 단계는 종종 가시적이고 명백하다. 대부분은 부모, 고모, 삼촌으로서 이러한 발전을 직접 목격했을 것이다. 인간이 보통 14세의 발달 단계에 도달했을 때, 대부분의 성인 세계에서 필요한 기술과 능력을 충분히 습득한다. 14세 이후에는 '불타는 플랫폼(예측할 수 없는 결과에 대한 두려움에도 불구하고 변화는 필요하다는 것을 강조하기 위해 사용되는 비유-옮긴이주)'이나 자신의 발전을 위해 더 노력할 필요가 없다.

그 후 그들은 학교를 떠나거나, 직장을 얻거나, 대학에 가서 새로운 '학습곡선'에 오를 수 있다. 하지만 많은 사람이 22세나 23세가 되면 본질적으로 자신의 교육과 발전이 완성되었다고 믿는다. 실은 이제 막 아기 발달을 마쳤을 뿐이고, 진짜 마법이 일어나는 성인 성장의 첫 단계조차 다다르지 못했다. 그들은 신체적으로 성숙해졌을지도 모르지만, 수직적인 성인 발달에 중요하고 광대한 잠재력을 여는 열쇠를 쥐고 있는 내적이고 숨겨진 일은 아직 시작하지도 않았다.

성인 발달은 14세로 넘어가는 초대장이다. 그것은 육체적으로뿐만 아니라 에너지적, 감정적, 정신적, 도덕적으로 거대한 새로운 여정이다. 이러한 수직적 성인 발달은 더 넓고, 깊고, 성숙하고, 정교한 관점을 갖도록 해준다. 성인이 된 후 인식을 확장하면 건강과 복지는 물론 행동과 결과를 크게 바꿀 수 있다.

기업 교육이나 리더십 프로그램에는 보통 성인 발달에 대한 인식이 반영되어 있지 않다. 대신 전적으로 수평적 기술 습득에 초점을 맞춘다. 물론 개인은 기술을 향상시켜야 하지만 그것은 성장이 아니다. 기업 관련 기술은 지식 축적과 뛰어난 사용자 경험을 추가함으로써 강화된다. 하지만 그중 어느 것도 성장이 아니다. 성장은 우리가 한 인간으로서 변화하는 것이고, 우리가 알고 있는 것에 관한 게 아니라 우리가 알고 있는 방법에 관한 것이다. 수평적 기술 습득은 가치가 있지만, 기껏해야 점진적인 변화를 만들어낼 뿐이고 인식의 확대나 성숙도의 향상을 제공하는 경우는 거의 없다.

누군가가 겉보기에 어른스러워 보인다고 해서 그들의 내면 또한 성숙한 것은 아니다. 성공적인 여성 임원이 몇 가지 수평적 기술을 습득했다는 1장의 내용을 떠올려 보자. 그녀는 주변 세상에 눈을 뜨지 못한 채 성인으로 성장했기 때문에 습득된 기술은 오히려 그녀를 더 효과적으로 괴롭히는 사람으로 만들었다. 그녀는 자기 뜻대로 하는 방법에 대해 더 잘 알고 있는 사람이 되었다. 이러한 상태는 비즈니스에 도움이 되지 않는다.

기술, 지식과 경험의 습득은 결승선이 아닌 출발선에 이르게 할 뿐이다. 수직적 성장은 우리의 역량, 능력, 창의성과 생산성을 확장한다. 성인 발달의 본질에 큰 변화가 있었음에도 불구하고, 대부분의 조직은 성인 발달 단계에 있는 방대한 학술 문헌에 대해 무지하다. 대부분의 기업은 비즈니스의 미래가 리더의 수직적 성장에 달려 있다는 사실을 깨닫지 못하고 있다.

피아제Piaget**3**, 콜버그Kohlberg**4**, 로에빙거Loevinger**5**와 같은 초기부터 켄 윌버, 수잔 쿡 그루터, 빌 토버트Bill Tobert, 클레어 그레이브스Clair Graves와 같은 유명 학자에 이르기까지 성인 발달과 성숙을 이해하는 데 커다란 역할을 한 예가 많다. 각각은 성인 발달과 성숙의 수직적 진화를 약간 다른 관점에서 설명한다(〈표 4.1〉). 이중 가장 광범위하게 글을 쓰고 발달 모델**6**을 대조한 윌버는 의식 단계의 진화에 집중한다. 이것은 특히 더 똑똑해지는 방법과 개인적인 성숙도를 높이는 방법을 고려할 때 유용하다. 쿡 그루터는 자아 성장 수준을 탐색했고, 이는 우리의 정체성에 대한 생각과 관련되어 있으며, 내 저서인 《4D 리더십》에도 자세히 설명되어 있다.**7** 토버트의 '행동 논리'는 이러한 단계들이 비즈니스에서 어떻게 작용하는지 탐색하는데, 이는 행동을 살펴볼 때 통찰을 제공하며, 다음 장에서 자세히 살펴볼 것이다. 마지막으로 그레이브스의 진화하는 가치관에 대해서는 6장에서 살펴볼 것이다. 그레이브스의 작업은 팀의 역동과 문화를 변화시키길 원할 때 도움이 된다. 비교는 〈표 4.1〉을 참조하라.

이 모델들은 우리 삶이 어떻게 작동하는지에 관련된 심오한 진실과 통찰력을 얻기 위한 명확하고 세련된 틀을 제공한다. 그레이브스는 다음과 같이 이야기했다.

"성숙한 인간의 심리는 개인의 실존적 문제가 변화함에 따라 오래되고, 낮은 차원의 행동 체계를 새롭고 높은 차원의 시스템에 점진적으로 종속시키는 것으로, 전개, 출현, 진동, 나선형 과정으로

〈표 4.1〉 주된 성인 발달 체계의 비교

윌버의 의식 단계	그레이브스의 가치 체계	쿡 그루터의 자아 발달*	토버트의 행동 논리	세계관
⑩ 비원화		빛나는		
⑨ 순수한 알아차림		구체화		관습적 이후 (우주 중심)
⑧ 이중성의 단일화(통합)		통합적	풍자가	
⑦ 순수한 존재	행성, 터키색	연금술사	연금술사	
⑥ 통합된 자아	역설, 옐로	통합적	전략가	관습적 이후 (세계 중심)
⑤ 초월적 자아	이익, 오렌지	성취가	성취가	
		전문가	전문가	관습적인 (민족 중심)
	과정, 블루	순응주의자	졸업자	
④ 구체적인 자아	힘, 레드	자기방어적	기회주의자	관습적 이전 (자기 중심)
③ 개념적 자아	온정주의, 퍼플	자기중심적	충동적	
② 감정적 자아	생존, 베이지	충동적		
① 신체적 자아				자아 이전

참고
더 이해하기 쉽게 그레이브스의 원본 레이블을 수정했다.[8]

* 쿡 그루터는 성인 발달의 6가지 주요 단계가 있으며, 그중 일부는 더 잘 정립된 단계 사이의 중간 단계 라고 생각한다. 이해하기 쉽도록 쿡 그루터의 원본을 수정했다.[9]

특징지어집니다. 각각의 연속적인 단계, 파동 또는 존재의 수준은 사람들이 다른 존재 상태로 가는 동안 통과하는 단계죠. 인간이 존재의 한 단계에 집중할 때, 그들은 그 상태에 특화된 심리를 갖게 됩니다. 감정, 동기, 윤리 및 가치관, 생화학, 신경 활성화 정도, 학습 시스템… 경영, 교육, 경제, 정치 이론과 실천에 대한 개념과 선호도 모두 해당 상태에 부합합니다."[10]

우리가 어떤 학문적 이론가에게 손을 내밀든, 수직적 성장의 어떤 측면이 우리의 상상력을 촉진하든 간에 거기에는 다음 단계로 전환되는 과정에서 발생할 수 있는 다양한 현상이 존재한다. 괴테가 한 말처럼 '진보는 곧은 상승선이 아니라 진보와 퇴행, 발전과 해체의 리듬을 지닌 나선형'을 취해 왔다.[11] 행동과학자들 또한 괴테의 독창적인 통찰을 확인했다. 진보는 대부분 흔들림, 정체 또는 퇴행 뒤에 온다.[12] 새로운 발전 단계에 접어들면 우리는 다소 불안정해진다. 그 변화는 불편하고 낯설게 느껴질 수 있다. 누군가가 발달 단계를 뛰어넘는 것을 도와주려고 하면, 당신은 그들이 불편함을 처리하는 것을 도와 새로운 단계가 변형적인 발전을 가져오고, 퇴행을 막도록 해야 한다.

각 단계와 이전 단계를 통해 이동하는 과정에는 다음 내용이 포함된다.

- 변별 : 이 단계가 이전 단계와 어떻게 다른지 이해하는 것

- 동화 : 새로운 단계의 학습을 내재화
- 병합 : 새로운 단계로의 편안함과 동일성을 증가시키는 것
- 깨달음 : 무언가 빠졌다는 걸 알고 현재 상황에 안주하지 않기
- 변형 : 다음 단계로 나아가는 것
- 퇴행 : 적절한 통합이 이루어지지 않을 경우 이전 단계로 후퇴하는 것

가속화되고 불안정한 세계에서 성공하기 위해 리더들은 훨씬 더 정교하고 체계적인 사고방식을 개발할 필요가 있다. 협업과 효과적인 변화 관리를 마스터해야 하는데, 이 모든 기능은 6단계 이상이 되어야 정교해진다(〈표 4.2〉). 불행하게도 토버트가 〈하버드 비즈니스 리뷰〉에서 보고한 바와 같이, 현재 85%의 리더가 이 수준 이하다.[13] 현재 전체 리더의 절반 이상(55%)이 향후 비즈니스가 번영하는 데 충분하지 않은 수준으로 운영하고 있다. 비록 이것이 현대 비즈니스의 스트레스 수준을 일부 설명하는 데 도움이 되겠지만, 이는 진정한 수직적 발전과 더불어 변화할 수 있다.

성숙도나 인식 단계는 우리가 세상을 보고 상호작용하는 렌즈를 효과적으로 만들어내기 때문에 더 똑똑해지는 능력에 필수다. 대부분은 자신이 상대적으로 제한된 관점으로 세상을 보고 있다는 사실을 전혀 알아차리지 못한다. 그것은 성숙도 수준, 가치관, 그리고 많은 다른 요소로 결정된다. 우리가 이 사실을 '깨달아'야만 진정으로

'성장'하고 다른 시각으로 볼 수 있다.

물속에서 수영하는 물고기를 생각해 보자. 그 물고기는 물속에 있다는 것을 전혀 알지 못하지만, 물고기의 삶은 물에 좌우된다. 존재 자체가 물에 달려 있는 것이다. 우리도 물고기와 같다. 모두 각자의 특정한 의식이나 성숙함 속에서 헤엄치면서, 다른 모든 사람이 자신과 동일한 수영장에서 수영하고 있고, 동일한 것을 보고, 동일한 생각을 하고, 동일한 방식으로 세상을 본다고 가정한다는 점에서 물고기와 비슷하다. 하지만 우리는 모두 다른 수영장에서 수영하고 있다.

우리가 경험하고 생각하는 것과 그 생각의 깊이와 넓이는 우리가 어떤 수영장에서 수영하고 있는지에 따라 크게 좌우된다. 자신이 어떤 수영장에 속해 있는지, 또는 현재 어떤 단계의 의식 또는 성숙도로 운영되는지 이해하는 것이 매우 큰 도움을 줄 수 있다. 자신이 어디에 있는지 이해하면 수직적 발달 여정의 다음 단계를 예상할 수 있다.

의식의 10단계

생명체는 2만 개의 뉴런 수준에서 의식적으로 환경을 인지하게 될 수도 있지만[14], 인간은 머리에 70억 개의 뉴런을 가지고 있으며, 머리

이외에도 신경 네트워크가 존재한다. 우리 몸 전체에 통합된 신경망은 극도로 정교한 의식이 가능하다. 우리가 성장함에 따라 대부분은 처음 4단계의 의식 수준에 다다르지만 결코 4단계의 '구체적인' 단계를 통과하지 못하고 10단계(〈표 4.2〉)에는 도달하지 못한다.[15]

자기 각성을 시작하고 생각의 질을 성찰하는 리더들은 영화 〈매트릭스The Matrix〉에서 새로운 의미를 발견할 수 있을 것이다. 이 영화는 기본적으로 '총격 장면이 많은' 액션 영화지만, 인간의 의식에 대한 통찰력 있는 해설이기도 하다. 주연 키아누 리브스가 연기한 컴퓨터 해커 네오는 컴퓨터 코드에서 매트릭스에 대한 언급을 발견하고 답을 찾아낸다. 그의 컴퓨터 화면에 나타난 메시지를 통해 그는 '네오를 깨우고' '흰 토끼'를 따라가도록 권유받는데, 이 토끼는 루이스 캐럴의 《이상한 나라의 앨리스》 속 토끼를 말한다. 이는 변화된 의식 상태에 대한 이야기다. 네오는 모피어스를 만나게 되는데, 모피어스는 그에게 빨간색 알약과 파란색 알약 중 하나를 선택하라고 한다. 네오는 빨간색 약을 선택해 수십억 명이 가상 현실을 경험하며 에너지를 모으는 기계에 연결되어 있다는, '보이지 않는' 현실을 깨닫는다. 파란색 알약을 선택한 사람들은 자신이 걸어 다니고 친구들과 이야기하며 평범한 삶을 살고 있다고 믿는다. 하지만 그것은 환상일 뿐이었고, 빨간색 약을 선택한 레오는 진실을 보게 되었다.

인간이 성장함에 따라 이와 비슷한 경험을 하게 되는데, 각 발전 단계에서 자신이 현실을 있는 그대로 경험하고 있다고 확신하지만

⟨표 4.2⟩ 의식의 10단계

인식 단계		첫 개화의 평균 연령	주요 특성
10단계	비이원화		9단계와 같지만 진화적 차이가 있다. 광대하고 초월적인 행복한 공허함, 즉각성, 순수한 존재
9단계	순수한 알아차림		순수한 자각, '관찰자'가 사라진 직접적인 경험, 주체-대상 관계를 초월하고 시간과 공간, 개념을 초월한다. '무형의 연합'. 옅은 미소
8단계	이중성의 단일화(통합)		'신성한' 통합의 체험, 대상(신, 골프공, 연인)과의 '하나됨', 그러나 주체와 대상은 남는다. '통합'을 중심으로 강박관념이 존재할 수 있다. 통합을 관찰하는 증인이 있기 때문에 이중성이 존재함.
7단계	순수한 존재		더 일관된 '존재' 상태, 영감을 주는 개인적 상태, 경이로운 에너지 및 집중력, 강한 이타심. 다른 사람들에게 '영적인 사람'으로 체험됨.
6단계	통합된 자아		주요 성장 작업 완료, 감정적 부담 해소 및 '그림자' 통합
5단계	초월적 자아	11~15세, 많은 성인	내적인 세계가 처음으로 제대로 열린다. 생각에 대한 생각이 떠오르면 추상적 사고와 대수(수학)가 가능해짐.
4단계	구체적 자아	7~11세, 대부분의 성인	분명히 인식할 수 있는 '의식' 또는 자각. 물질세계와의 관계. 규칙과 역할은 행동을 주도 (참조 : 영화 ⟨매트릭스⟩)
3단계	개념적 자아	3~6세	세계의 3차원적 표현. 언어는 주로 여기서 습득되며, 세계에 이름을 붙일 수 있는 능력이다.
2단계	감정적 자아	2~3세	2차원적인 감정은 경험에 깊이를 부여한다. 형식적인 자아 정체성은 '나'의 느낌에 따라 나타난다. 그리고 '나'는 '너'와 다른 느낌을 가질 수 있다.
1단계	신체적 자아	0~1세	신체적 필요에 의해 지배되고 생리학에 주도되는 1차원적 경험. '나'와 '너'가 다르다는 깨달음

그것은 사실이 아니다. 우리는 해당 의식 단계에서의 현실을 경험한다. 만약 우리가 생각의 깊이, 인식, 통찰의 전혀 다른 차원으로 이동하고 싶다면, 의식을 이해하고 능동적으로 발전시켜 일상을 벗어나 인식을 보통 이상으로 확장시켜야 한다. 인식을 수직적으로 성장시키면, 경쟁적 우위를 점할 수 있다. 각 단계에 따라 우리는 알아차림 단계를 더욱 확장해, 우리를 더욱 똑똑하게 만들고 모두가 말하는 유명한 '상자 밖'의 아이디어와 혁신에 접근할 수 있다. 우리가 성장함에 따라 실제로 어떤 일이 일어나는지 더 많이 볼 수 있게 되고, 그 지식을 통해 게임의 판도를 바꿀 힘을 갖게 된다.

다음은 윌버가 설명한 '의식의 10단계'에 대한 간략한 설명이다.

1단계 : 신체적 자아

가장 먼저 나타나는 의식 단계는 신체적 자아의 인식이다. 이는 생후 1년 안에 일어나며, 이때 보통 아기는 엄지손가락을 깨물면 아프고, 담요를 깨물면 아프지 않다는 것을 깨닫는다. 따라서 의식적 인식의 첫 번째 단계는 신체적 감각에 뿌리를 둔다. '내가 깨물면 아픈 건 나다', 이전에는 '자아'가 없고 외부 세계나 타인에 대한 변별이 거의 없다. 그것은 단지 '나'일 뿐이다. 이 의식에서조차 세상은 여전히 1차원적이고, 신체적인 필요와 기능 외의 것에 대한 인식은 대부분 결여되어 있다. 이 단계는 생리학에 기반을 둔다.

2단계 : 감정적 자아

일단 신체적 자아가 안정되고 다른 것들과 분리되어 있다는 것을 인식하게 되면, 사람마다 차이는 있지만 생후 2년째에는 감정 자아가 나타난다. 이 시기에 유아는 자신이 다른 사람들과 물리적으로 분리되어 있을 뿐만 아니라 다른 사람들과 동일한 감정을 경험하지 않을 수도 있다는 것을 깨닫는다. 예를 들어, 아이는 부모 때문에 자신의 요구가 좌절된 것에 대해 매우 화가 날 수도 있고, 왜 부모는 자신처럼 화가 나지 않는지 매우 당황할 수 있다.

이러한 분화 이전에 아이들은 자신의 감정 욕구와 타인의 감정 욕구를 구별하지 못한다. 이 단계는 환경을 통제하고 요구를 충족시키기 위해 짜증을 부리기 때문에 '미운 두 살(우리나라에서는 미운 네 살-옮긴이주)'이라고 불린다. 하지만 이는 발달 단계의 일부분일 뿐이다.

이 시기 분리가 부족하기 때문에 유아는 감정적으로 쉽게 전염된다. 그들은 쉽게 서로에게 눈물과 웃음을 유발하고, 주변 어른들의 기분에 쉽게 영향을 받는다. 정서적 욕구가 충족되기를 원하기 때문에 믿을 수 없을 정도로 자기중심적이기도 하다.

일단 분리가 시작되고 감정 자아가 성장하면, 갑자기 세상이 깊어진다. 즉 2차원이 된다. 두 번째 차원으로 들어가는 것은 아이들에게 마법과 같은 시간이다. 아직까지 세상을 움직이는 것에 대한 실질적인 책임과 대단한 이해는 없다. 이 점에서 아이들은 신체적, 감정적으로 주위 세계에서 분리된 존재지만 그들의 생각은 여전히 마법적이다. 이 연령의 아이들에게는 구름이 자신들을 따라오고 있는 것 같다.

3단계 : 개념적 자아

아이가 2~3세가 되면 언어, 이미지, 기호, 개념 등을 이용해 세상을 표현하는데, 이는 6세 정도까지 지배적으로 나타나는 현상이다. 아이들은 이 초기 몇 년 동안 놀라운 속도로 단어를 습득하는데, 대략 하루에 6개의 새로운 단어를 흡수한다. 그들은 모든 것에 이름을 붙이는데, 이것은 그들이 세상을 탐색하는 것을 돕는다. 그들은 이전에 경험했던 감정을 개념적으로 표현하면서 감정을 발달시키고 의식적으로 인식하기 시작한다. 세상은 3차원이 되고 생각은 마법적 사고에서 신화적 사고로 변화한다. 그들은 자신이 세상에 명령할 수는(마법) 없지만 누군가는 할 수 있다(신화)는 것을 안다. 이것은 아이들이 더 이상 세상을 지배하지 않는다는 것을 깨닫기 때문에 조금 두려울 수 있고, 악몽이 일어날 수 있다. 이 단계에서는 감정이 중심이 된다.

4단계 : 구체적 자아

의식의 네 번째 단계에서는 자아의식과 자기의식(자아의식은 자신의 존재와 독립성을 알고 있는 인식이고, 자기의식은 자신의 내면 경험과 심리적인 측면을 인식하는 것 - 옮긴이주)이 모두 나타난다. 3차원 세계는 훨씬 더 구체화된다. 세상을 지배하는 규칙과 규제가 있고, 이것들은 반드시 지켜져야 한다. 아이들은 더 순응적이 되고 '옳다'와 '그르다'에 대한 신념을 발달시킨다. 그들은 사회적 규칙이나 행동 방식을 배우는 방법으로 다양한 사회적 대본을 연습하기 시작한다. 계속되는 "엄마, 이건 왜 그래요?"와 같은 질문은 세상에 대한 엄청난 호기심뿐만 아니라 게임 규칙을 이해하려는 욕구임을 증명한다. 소속감에 대한 필요성을 실감하고, 또래의 압력과 집단적 사고방식에 압도당한다. 합리성과 '셀프토크self-talk(자기 대화)'는 행동을 정당화하는 것이 훨씬 더 정교해짐에 따라 시작된다. 이 단계는 보통 5~6세에 시작해 8~9세까지 지속된다.

4단계인 구체적인 자아는 제한적이지만 사고방식이 정교화되는 첫 번째 단계다. 이는 아인슈타인이 인간이 사고의 경계 조건에 가둬진다는 것을 언급했던 단계다. 4단계 의식은 우리를 가두는 상자가 만들어지는 곳이고, 불행히도 많은 사람들에게는 이곳이 여정의 종착점이 되어, 규칙과 규정을 따르거나 무시하며 콘크리트한 3차원의 세상에서 평생을 보내는 곳이 된다. 이 단계에서는 어느 정도 자아의식이 있지만, 삶은 매우 구체적이고 물질적이다. 그것은 규칙을 만들고 규칙을 따르고, 일을 잘하는 것이다. 욕구를 처리하고 '통과'하는 것이 주요 목표다. 이 의식 단계에서 삶을 사는 방법은 다음과 같다.

- HAVE(소유)
- DO(실행)
- BE(상태)

'만약 내가 충분한 돈을 가지고 있다면(HAVE), 원하는 것을 할 수 있을 것이고(DO), 그러면 행복할 것이다(BE).'

'만약 내가 시간이 충분하다면, 내 일을 할 수 있을 것이고 성공할 것이다. 혹은 부모가 간섭하지 않았다면, 내가 좋아하는 일을 할 자유를 누렸을 것이고 그렇게 되면 덜 힘들었을 텐데.'

이 밖의 많은 버전의 레시피가 있다. 우리는 이 단계의 성숙도로 비즈니스를 운영하는 사람을 많이 만난다. 이들은 업계, 회사 또는 상사가 정한 규칙을 준수하며, 대부분 이러한 규칙을 질문 없이 준수하거나 '상자 밖에서' 운영하기 위해 의도적으로 '규칙을 위반'하지만 아이러니하게도 이러한 위반 자체가 운영 방식에 대한 규칙이 된다!

사람들은 겉으로 보기에 40세지만, 내적 발달상으로는 훨씬 더 어린 단계일 수도 있다. 여러분은 관리자들이 자기중심적 욕구를 주장하기 위해 아이처럼 행동하는 것을 목격했을 것이다. 이것은 실제로 '나는 상사이므로 내 욕구를 충족할 수 있어야 한다'는 자기중심적 규칙에 의해 욕구가 충족되기를 원하는 3단계의 욕구가 결합된 것이다. 아이들이 놀이터에서처럼 약자를 괴롭히는 행위는 관리자가 이 단계를 넘어서지 못했을 때 발생할 수 있다. 관리자가 파란색 알약을 삼킨 〈매트릭스〉 속 사람들과 같은 단계인 셈이다. 우리는 게임이 어떻게 진행되는지 알고 있고 규칙을 따르고 있다고 생각하지만, 사실 그 규칙을 따르고 있다는 것을 대부분 모르고 있다. 우리는 규칙을 어길지도 모르지만, 어떤 면에서는 여전히 규칙을 어기는 규칙의 범위 안에 머물러 있다. 이 단계에서 리더는 더 정교한 버전의 현실을 인식하지 못한다. 즉, 실제로 깨어 있지 않거나 어떤 일이 벌어지고 있는지를 인식하고 있지 못한다. 하지만 이 단계의 임원들은 자신이 위와 같은 것들을 알고 있다고 믿는다.

하지만 아인슈타인이 말했듯이, 문제를 만든 사람과 같은 단계의 의식으로는 문제를 해결할 수 없다는 사실을 기억해야 한다. 사람들이 4단계 의식에 갇혀 있을 때, 그들은 문제를 만든 의식의 단계를 벗어날 수 없기 때문에 도전에 대한 새롭고 창조적이고 혁신적인 해결책을 찾기란 거의 불가능하다. 그들은 말 그대로 상자 밖에서는 생각할 수 없기 때문이다.

4단계에서는 '~에 관해 이야기를 한다'고 한다. 그들은 어떤 것에 대해 이야기하고 있지만 그것이 반드시 옳고 적절한 것은 아니며, 그들은 그것에 대해 적용하거나 어떤 것도 하고 있지 않다.

5단계 : 초월적 자아

9세에서 14세 사이의 아이들은 자신이 듣거나 이전에 깨달았던 것 이상의 무언가가 진행되고 있다는 것을 깨닫는다. 4단계가 대부분 성인이 사는 곳이고 구체성에서 벗어나는 것이 첫 번째 실제 성장 과제이기 때문에 이 단계의 등장에 대해 약간의 시간을 할애하는 것이 가치가 있을 듯하다.

5단계의 복잡한 상황에서 부족, 민족 중심적인 3차원적 집단적 사고방식은 무너진다. 더 이상 '나 자신'만의 문제가 아니다. 개인의 자각은 더 '통합적'이 되고 사고에 대해 생각하는 능력이 출현한다. 전두엽과 신경 연결은 완전히 수초화되는데, 이는 전두엽 피질과 다른 뇌 영역과의 고속 광대역 연결을 가능하게 하며, 더 정교한 사고와 추상화가 가능해진다. 따라서 아이들은 대수학을 배울 수 있다.

만약 당신이 8세 아이에게 "4B=16, B는 무엇을 의미하는가?"라고 묻는다면, 그들은 당황한 듯 당신을 쳐다볼 것이다. 12세 아이에게 똑같은 질문을 하면 '4'와 '16'의 관계를 해결하는 동안 'B'를 추상적으로 생각할 수 있다. 일단 답이 '×4'라는 것을 깨달으면, 그들은 'B=×4'라는 답을 구하기 위해 추상화 상태에서 'B'를 가져온다.

이러한 새로운 인지 기능은 내부 세계가 처음으로 열리게 된다. 결과적으로 4차원에 처음으로 접근할 수 있게 된다. 자기반성이 가능해지고 심지어 그것이 바람직하다고 생각된다. 이는 물리적 세계가 처음에 생각했던 것처럼 단순한 3차원이 아니라는 깨달음을 가져온다. 구체적인 규칙과 역할을 초월할 수 있다는 사실을 깨닫고, 삶에는 다른 사람, 세대 혹은 정해진 사회적 역할을 따르는 것 이상의 무언가가 있다는 것을 알게 된다. 판단하고 비판할 수 있는 능력이 두드러지며, 이 단계에 이르면 처음에는 비판적이고 판단적인 태도를 보이고 자신과 타인에 대해 용납하기 어려울 수 있다.

이러한 갈등은 당신에게 이 단계 내의 또 다른 단계인 10대의 시절을 상기시킬지도 모른다. 10대가 세상이 어떻게 돌아가는지에 대한 호기심이 급증한다는 것은 더 많이 생각한다는 것을 의미한다. 자기중심적 욕구를 충족시키는 것에만 제약받지 않게 된 그들은 규칙에 의문을 품고 경계를 시험한다. 이는 종종 부모와 10대 사이에 심각한 갈등을 빚는 원인이 된다. 똑똑한 10대들은 부모가 준 규칙서가 전적으로 조작되고 자의적이라는 것을 깨달으면서 종종 싸움이 일어나기 때문이다. 이 단계에서 10대는 빨간색 알약의 한 귀퉁이를 물어뜯고 세상을 있는 그대로 보기 시작한다. 규칙, 역할, 10대의 정체성에 대한 싸움은 양쪽 모두 이것이 정상적인 발달 단계이며 '치킨게임'이 아니라는 것을 깨닫지 못한다면, 몇 년 동안 격렬하게 계속될 수 있다.

이 싸움에서 누가 이기든 간에, 젊은 성인이 집을 떠날 때 그들은 '사회'라 불리는 훨씬 더 강력한 부모를 만나게 되는데, '취업해라', '자격증 따라', '결혼해라', '돈 벌어라', '아이를 낳아라', '좋은 시민이 돼라' 등 그들만의 규칙을 강요한다. 이 전지전능한 '부모'에게서 벗어날 수 없다는 사실은 청년들을 다시 4단계 의식과 구체적인 세계로 밀어 넣는 허탈감과 절망감을 불러오곤 한다. 그들은 빨간색 알약을 완전히 먹지 못하고 무의식중에 파란색 알약과 최소한의 저항 과정을 선택한다. 그들은 순응하며 대중을 따르고, 숫자로 안전을 가정하고, 사회적 관습과 사회 규범을 노예처럼 따른다. 그 대안은 너무 무서워서 그들은 다시 무의식적으로 되고, 그들이 알고 있던 현실의 힌트를 '잊고' 매트릭스에 다시 접속한다.

구체적인 자아로 다시 내려앉은 사람들에게 규칙과 역할이 다시 한번 지배하면서 삶은 매우 틀에 박힌 것이 될 수 있다. 우리가 장막을 벗고 생각의 본질을 생각해 보도록 초대받는 것은 개인적인 차원을 넘어선 초월 단계다. 그것은 무엇일까? 생각은 어디서 오는가? 무엇이 생각을 결정하고 무엇이 우리가 얼마나 잘 생각하는지 결정하는가? 생각의 질은 우리의 지식과 경험 및 그 데이터에 대한 접근뿐만 아니라, 의식의 내용 또는 우리가 얼마나 인식하고 있는지에도 달려 있다.

• 깨어나기 – 의미의 질병

그럼에도 불구하고 4단계의 순응에 종종 초인적 단계 인식이 간헐적으로 끼어들게 된다. 만일 우리의 삶이 단지 사회적이고 조직적인 혹은 다른 집단의 어떤 규칙의 일부에 따르는 것이 아니라면, 5단계 이전 단계의 시련과 고난에 진입할 수도 있다. 첫 번째 징후는 우리가 왠지 불편함을 느낀다는 것이다. 세상은 더 이상 우리가 생각했던 것만큼 안전하거나 안정적이지 않다. 뭔가 잘못됐는데 우리는 그게 무엇인지 모른다. 불행하게도 안전지대에서 약간 벗어난 것만으로는 사람들을 깨우기에 부족하다.

누군가가 아주 운이 좋다면, 재앙적인 일이 일어나서 그를 깨우거나 현실 세계의 수면 상태로부터 쇼크를 줄 수도 있다. 이는 대부분 개인적인 위기로 나타나며, 일자리, 결혼, 사랑하는 사람의 상실, 목적 상실 또는 우울증의 기간을 통한 존엄성의 상실과 같은 손실의 형태다. 이러한 일은 보통 중년에 일어나는데, 그 위기는 '의미의 질병'이라고 불리는 허무주의적 위기로 특징지어진다. 사람들은 자신이 어떤 규칙을 따르며 살아왔고, 그것이 보상해줄 거라는 암묵적 '이해'에 기초해 수십 년간 어떤 역할을 수행해 왔다는 것을 깨닫는다. 단지 그들에게 약속된 건강과 부와 행복이 실현되지 않았을 뿐이다!

의미의 질병에 걸렸을 때 사람들은 스스로 "이게 뭐지?"라고 묻는다. 그들은 약속을 지켜 왔다고 생각하기에 낙담하게 된다. 충실한 남편/아내, 아버지/어머니, 리더, 노동자, 친구와 동료로 지내 왔는데, 그럼에도 불구하고 잘되지 않은 것이라고 생각한다. 그들은 속은 기분이 든다. 자신의 역할을 수행하고 규칙을 따랐으나 보상은 받지 못했고 혹은 보상을 받았다고 하더라도 그들이 생각했던 것만큼 많지 않기 때문이다.

나는 이런 불공평함을 비즈니스에서도 종종 봐 왔다. 기업을 인수 합병할 때 한쪽이 불공정하게 대우받거나, 상대가 규칙대로 하지 않는다고 느끼는 경우다. 또한, 25년간 충실하게 일한 누군가가 갑자기 해고될 때도 일어난다. 그들은 이사회에 진출하지 못하고 버려지는 것이다. 그들이 이런 대우를 받는다는 것은 무척 충격적인 일이다. 조직이 이렇게 냉담하고 비인간적일 것이라고 생각해 본 적이 없기 때문이다. 하지만 우리는 그들이 얼마나 오랫동안 회사를 위해 일했는가에 상관없이 더 이상 필요 없다고 판단되면, 바로 보안요원을 통해 건물 밖으로 내몰리게 될 것이다.

갑작스러운 위기를 겪는다고 해서 모든 사람이 '의미의 질병'에 걸리는 것은 아니다. 어떤 이는 불만이 커지거나 어떤 것이 제대로 작동하지 않는다는 자각이 점차 커진다. 이 단계에서 사람들은 삶이 기대했던 모습대로 되지 않고 무언가를 놓치고 있는 것처럼 느낀다. 때로는 이런 자각이 주는 고통이 매우 따끔할 수 있다. 종교적인 용어로 이것을 연옥 또는 '지옥 같은 세상'이라고 부른다.

수많은 사람들이 자신의 삶이 그것이 단지 발달 단계라는 사실을 자각하지 못하고 초기 초월적 인식의 '의미 없는' 늪에 빠져 보낸다. 의식의 더 높은 단계로 이동하는 대신, 그들은 그것과 같이 살아가야 하는 것이라고 믿고 고통을 완화하기 위한 탐색에 나선다. 고통을 무디게 하는 가장 널리 알려진 2가지 전략은 다음과 같다.

- 마취

- 기분 전환(오락)

고통을 마취하는 것은 보통 과다한 음주나 약물(처방약 혹은 다른 약)을 복용하는 형태로 일어난다. 음주는 바쁜 리더에게 특히 인기가 많은데, 그들은 점심이나 저녁 시간에 자주 와인 1잔이나 위스키를 마신다.

의미의 문제에 직면하는 것을 피하기 위해 사람들이 선택하는 기분 전환 전략과 게임의 범위는 매우 다양하다. '중년의 위기'의 흔한 예는 외도다. 속임수의 흥분이나 신체적 친밀함의 행위를 하는 동안, 사람들은 자신의 삶이 의미 없다는 사실을 잊을 수도 있다. 불행하게도 외도는 끝나고 고상함은 사라지며, 고통이 돌아오고 후회와 죄책감이 증폭된다.

물질주의는 흔한 '기분 전환 전략'이다. 신형 페라리를 둘러볼 때는 너무 흥분해서 자신이 왜, 무엇을 하고 있는지 삶의 깊은 의미를 생각할 틈이 없다. 몇 주 동안 아끼는 차를 돌보고 속도를 내서 운전하고 동료, 가족, 친구에게 자랑하면서 인생의 새로운 의미를 가질 수도 있다. 그러나 그런 행동이 점점 식상해지고, 차가 찌그러지거나 긁히기 시작하면서, 당신은 그 차의 속도와 남들의 부러워하는 시선에 익숙해진다. 오래지 않아 그것은 그저 차일 뿐이고, 의미의 문제는 다시 떠오른다. 문자 그대로 쇼핑에 돈을 쓰는 것은 흔한 기분 전환 전략이고, 그것은 일시적인 진정제나 부풀어 오른 신용카드 청구서 이상의 의미를 지니지 않는다.

강박적으로 하는 운동도 다른 흔한 기분 전환 전략인데, 중역들은 '신체적 아름다움'에 사로잡혀 '체육관 토끼gym bunny'가 되어 버린다. 운동으로 인한 열기로 '몸의 화끈거림'이 느껴지면, 의미에 대해 생각할 필요가 없다. 비록 알코올이나 약물보다 건강한 기분 전환 방법이지만, 운동에 집착하는 것 역시 시들해지며, 결국 의미의 문제는 다시 돌아온다.

이러한 모든 전략은 무언가를 가지거나have, 하거나do, 존재be하는 레시피를 사용해 의미를 찾으려고 하지만 제대로 작동하지 않는다. 진정한 해법은 의식의 단계가 완전히 깨어나 성장하게 하는 것이다. 어느 시점에서는 중년의 위기가 주는 통증이 매우 강렬해진다. 종종 이 강도에 도달하는 것이 오히려 큰 진전을 성취할 수 있는 유일한 방법이다. 사람들은 '바닥을 치고' 매우 어두운 시기로 들어선다. 그들의 삶이 제대로 작동하지 않고, 아무도 자신을 도우려 하지 않는다는 것을 지각한다. 현실에선 백마 탄 기사가 마법의 말을 타고 구해주는 일은 없다. 아무도 그들을 구하러 오지 않는다.

지금이 삶에서 가장 중요한 순간이다. 부모, 상사, 사회나 정부도 이를 고칠 수 없고 결국 우리 스스로 고쳐야 한다는 것을 깨달을 때, 우리는 주인의식을 가지게 되고, 진화하며 알아차림과 잠재력은 기하급수적으로 팽창한다. 이 단계에서 사람들은 주의를 외부에서 내부로 돌릴 수밖에 없다. 마침내 타인을 향했던 책임과 비난, 상황이나 혹은 일이 자신의 고통을 멈추거나 삶을 향상시키는 데 도움을 주지 않았다는 것을 깨닫는다. 마침내 그들을 지옥의 무의미함에 갇혀 있게 한 것에 대해 다른 사람을 탓하던 생각을 내려놓고 자신의 내부를 들여다본다. 그렇게 그들은 20년간 무시했던 빨간색 알약을 삼키고, 마침내 매트릭스의 플러그를 뽑는다. 이것이 조지프 켐벨Joseph Campbell이 말한 '문턱을 넘어서는',**16** 즉 무지에서 계몽으로 이동하는 것은 오직 자신에게 달려 있다는 해방적인 깨달음이다.

5단계에서 사람들은 '바르게 사는 것'에 대해 이야기한다. 이 단계의 초기 단계에 있는 사람들은 책 몇 권을 읽고, 몇 가지 과정에 참가하며 이렇게 말할지 모른다.

"물론 우리는 더 감정적으로 똑똑해져야 해."

그러나 종종 그들은 논의 중인 주제에 '관해aboutism' 알고 있지만 더 깊은 지적 이해는 없고, 지식을 지혜로 바꾸거나 그들의 삶에서 그 지식을 실행으로 옮기지 않았다.**17**

6단계 : 통합된 자아

6단계의 의식적 성장에 이르는 데는 상당한 노력이 필요하고, 대부분의 사람들에게 수년간의 개인적 발전을 요구한다. 자신의 성장에 주인의식을 가지게 되면, 진지한 개인의 수직적 발전을 위한 필요성을 느끼고 깊이 관여하게 된다. 이것은 다양한 형태로 나타날 수 있다.

5단계의 초기에는 자기계발서를 읽고, 종교를 탐구하며, 무엇이 자신을 행복하게 해줄지 또는 사는 동안 무엇을 하길 원하는지 알아보려고 심리학이나 요가, 그리고 철학 강의를 듣기 시작하기도 한다. 어떤 이들에게 그것은 수업이나 책처럼 순서가 있거나 구조화된 것이 아니라, 그들 자신의 행동에 대한 알아차림이 늘어나고, 삶을 돌아보며 그들이 결정한 것에 대해 왜 그런 결정을 내렸는지 뒤돌아보는 시간을 갖는 일이기도 하다. 많은 사람은 목적이라는 개념에 집착하게 된다. 자신의 개인적 목적을 정확히 알아내는 것은 돌파구가된다. 그러나 그것은 여정 상의 단계지, 그 자체가 목적지는 아니다.

어떤 임원은 휴가나 안식년을 갖는다. 만일 이것이 또 다른 기분전환 전략이라면, 얻는 것이 거의 없을 수도 있다. 그러나 진정한 통찰이 따른다면, 발전적 진전이 있을 수 있다. 알아차림의 6단계에 도달하기 위해 중요한 것은 도움이 되지 않는 자신의 패턴 혹은 인간 본성의 어두운 면을 인정하는 능력이다. 이는 우리가 언제 틀렸는지 인식하고, 그러한 오류를 인정하는 것처럼 간단할 수 있다. 그러나 진정으로 6단계에 도달하는 위해서는 그런 에러가 일어나는 이유와 미래에 그것을 예방하는 방법에 대해 더 깊이 이해해야 한다. 소위 '그림자 작업shadow work' **18**이라고 한다. 이것은 보고 싶지 않은 우리 자신의 측면들을 피하지 않고 마주하며, 궁극적으로는 치유하는 것을 포함한다.

그러나 오르기 힘든 오르막처럼, 당신은 개인 성장의 상위 5단계에 도달했을 때 어려움을 겪는다. 막다른 골목, 거짓된 길과 중복된 경로가 있을 뿐만 아니라 정상을 약속하며 우리를 유혹하는 거짓된 안내도 있다. 불행히도 그들은 그 여정을 자신이 직접 경험하지 않았기 때문에 우리를 그곳으로 제대로 인도할 수 없다. 많은 코치가 효과적인 안내자가 되기 위해 그 여정을 경험할 필요는 없다고 주장할 수도 있다. 하지만 시간 관리의 측면이나 기술적 능력을 배양한다는 점에서는 그럴 수도 있으나, 개인의 수직적 진보를 위해서는 사실이 아니다.

상위 단계에 이른 사람은 이전 단계의 문제에 직면한 사람을 이해할 수 있다. 그러나 전 단계의 여행자들은 상위 단계에 있는 사람의 사고의 과정과 도전을 개념화할 방법이 없다. 수직적 성장에 대해 이야기할 때 이것은 사실이다. 만일 어떤 임원이 그들을 코칭하는 사람보다 상위 단계에 있다면, 코치는 임원의 도전과 사고 과정을 개념화할 방법이 없다. 그래서 그 임원이 더 정교한 단계로 올라갈 수 있게 도와줄 수 없다. 의식의 상위 5단계의 숲 바깥으로 나갈 수 있는 사람들은 아주 적다. 그것을 도와줄 안내자나 임원을 위한 코치가 없기 때문이다.

나는 지난 20~30년 동안 개인 성장의 숲에 갇힌 많은 사람을 목격해 왔다. 그들은 여전히 여러 종류의 강좌를 듣고 있으며, 슬프게도 그들의 배우자나 그들 자신에게 만족하지 못한다.

5단계에서 벗어나려면, 성장하려고 노력해야 한다. 개인은 변화해야 하고, 과거의 패턴을 초월해 온전히 통합된 인간이 되어야 한다. 6단계에서는 더 이상 과거의 상처에 속박되지 않는다. 자아의 모든 면의 좋고 나쁜 것을 알고 있으며 그러한 기질을 다스릴 줄 안다. 자신을 치유했고 이전의 삶의 조건에서 유도된 반응적 행동에 갇히는 대신 자유롭게 다른 선택을 한다.

이전 장에서 소개한 조건화 예에서 윌리엄이 6단계 혹은 그 이상의 의식 단계로 초월해 생리적, 감정적 조율을 달성했다면, 노란색 셔츠를 입은 면접자에 대해 그런 반응을 보이지 않았을 것이다. 대신 그의 전두엽이 온전히 가동되어 모든 기술, 지식과 경험을 동원해 후보자 적합도를 조사한 후 그 역할에 맞는 사람을 찾았을 것이다. 6단계 의식에서는 더 이상 희생자가 되지 않으며 다른 사람이 자신의 감정을 조절하도록 허용하는 게 나을 것이 없다는 걸 깨닫는다. 이는 믿을 수 없을 만큼 즐겁고 해방적인 경험으로, 그것은 개인 성장에 대한 진부한 소리가 아니며 우리가 자유의지로 무언가를 할 때 감사하게 된다.

엘리너 루스벨트Eleanor Roosevelt가 "아무도 당신의 동의 없이 당신이 무능하다고 느끼게 만들 수 없다"며, 6단계의 알아차림을 의미하는 이야기를 한 적이 있다.[19] 다른 사람이 무엇을 하거나 말하는지 조절할 수 없지만, 그런 것들이 우리에게 어떤 의미로 다가오는지는 조절할 수는 있다. 이러한 확장된 알아차림 또는 감정적 자기 관리가 없으면 타인의 행동과 반응에 휘둘린다. 누군가가 상처주는 이야기를 했다면, 그가 잘못된 행동을 한 것이다. 그러므로 그것은 그의 문제지, 우리의 문제가 아니다. 만일 우리가 그 말 때문에 마음이 상한다면, 타인의 잘못 때문에 자신을 처벌하는 것이나 마찬가지다. 그것은 말이 되지 않는다. 만일 우리에게 마음을 상하게 하는 것을 만들어내는 힘이 있다면, 그것을 '없앨' 힘도 가지고 있다. 아니면 처음부터 만들어내지 않을 수도 있다.

자신의 자유의지를 진정으로 감사하지 않는다면, 알지 못하거나 좋아하지 않거나 존중하지 않는 사람 때문에 자신의 하루를 망치는 것과 같다. 당신이 감정에 대해 알고 부정적 감정이 자신의 건강에 어떤 영향을 미칠지 아는 데도 타인이 당신의 동맥을 상하게 내버려둘 생각인가? 그런 일을 하게 할 필요가 없음을 깨닫고 누군가가 나쁘게 행동하는 것은 그들의 선택이지, 우리 탓이 아님을 알았다면, 우리는 주도성과 감정적 주권을 얻게 된다. 우리가 주도성을 갖고 감정적 주권을 성취할 때 삶은 향상될 수 있다. 이렇듯 6단계에서는 '자아'의 모든 측면에 대해 완전한 주도권을 가진다.

이 소유의 순간은 판도를 바꾸는 변화로 서투른 애벌레가 군중 위를 나는 나비로 탈바꿈한 것이다. 그 역치를 넘어설 때 우리가 알던 세상을 뒤로하고 떠날 수 있다. 물론 그것은 타인이 나쁜 행동을 하는 것을 막지는 못한다. 그러나 그에 대해 어떻게 느낄지 선택할 수 있다.

오스트리아 신경과 및 정신과 의사였던 빅터 프랭클Victor Frankl은 나치 수용소에서 겪은 경험으로 이를 설명한다.[20] 그는 나치에게 아내, 형제, 부모뿐만 아니라 그의 재킷 안에 바느질해서 숨겨두었던, 자신이 일생을 바친 업적을 담은 원고를 빼앗겼다. 그는 말로 형용할 수 없는 공포와 생존 위협에서 벗어나기 위해 매일 투쟁했다. 나아가 나치가 자존감이나 현재 일어나는 일에 대해 어떻게 느끼는지 선택하는 자신의 능력을 빼앗아 갈 수 없다는 사실을 깨달았다. 프랭클은 1945년 드디어 미국에 의해 해방되자,《죽음의 수용소에서》를 출판했다. 이 책에는 시련에 맞서 어떤 도전을 하게 되더라도, 자신의 삶에서 의미를 찾을 수 있도록 도와주는 실존주의 상담기법이 담겨 있다.

책임감 있는 인간이 되기를 원한다면, 대응할 수 있는 법을 배워야 한다. 즉, 반응react하는 것이 아니라 대응respond할 수 있어야 한다. 우리는 피해자처럼 행동하는 것이 아니라 대응을 선택할 수 있다. 프랭클이 말했듯이, '자극과 반응 사이에는 공간이 있다. 그 공간에서 우리는 대응을 선택할 힘이 있다. 성장과 자유는 우리의 대응에 달려 있다.'

6단계에서 사람들은 '말한 것을 실천한다'. 그들은 자신이 읽었거나 아는 것을 실천하며 '~에 대해 이야기하기'를 행동에 옮긴다. 즉, 그들은 연민을 가지는 것에 대해 말하는 것이 아니라 연민을 갖

는다. 그들에게도 좋은 날과 나쁜 날이 있을 수 있지만, 훨씬 더 빨리
스스로를 조절할 수 있다.

7단계 : 순수한 존재

이 단계 사람들은 자신의 짐을 모두 처리했기 때문에 자신이 배운
내용의 살아 있는 본보기가 된다. 그들은 따뜻한 광채를 발산하고
자양분이 있는 존재이며, 경이로운 에너지와 믿을 수 없을 만큼 사
심이 없을 뿐만 아니라 집중력을 발휘한다.

이에 대한 예로, 달라이 라마Dalai Lama를 만나고 나서 묘사한 경험
을 들 수 있을 것이다. 나는 유럽에 있는 달라이 라마의 측근인 마티
외 리카르와 대화를 나눈 적이 있다. 사람들은 달라이 라마를 만나
러 들어갈 때와 그를 만나고 나올 때가 달랐다고 한다. 그들은 달라
이 라마를 만나러 들어갈 때는 자만과 우쭐함에 가득 차서, 넥타이
를 매만지고 머리를 빗질하며 잘난 체했다. 그런데 나올 때는 눈물
을 흘리며 나온다는 것이다. 달라이 라마의 성스러움이 그들을 사랑
스러운 연민으로 감싸 안았기 때문이다.

나 또한 동료와 함께 도르도뉴에 있는 아주 작은 집에서 마티외
와 그의 어머니와 함께 저녁을 보냈을 때 이를 경험했다. 우리는 티
베트 승려들과 여러 종류의 명상 중 생리 상태를 자세히 들여다보는
연구를 수행하고 있었다.[21] 티베트 불교로 개종한 마티외의 어머니
는 훌륭한 화가이기도 했다. 우리는 소박한 집 안 테이블 주위에서

이야기를 나누었다. 30분쯤 지나자, 나는 지구상에서 영적으로 가장 중요한 사람 중 2명과 이야기하고 있다는 걸 깨달았다. 하지만 마티외와 그의 어머니는 정작 자신들이 그렇게 중요한 인물인지 전혀 의식하지 못했다. 이것은 이 단계의 주요한 개인의 자질, 즉 '사심 없음'을 강조하는 대목이다.

넬슨 만델라Nelson Mandela 역시 7단계 의식의 좋은 예다. 그 역시 사람들의 존재에 영양분을 주고 마음을 끄는 이타심을 지니고 있었다. 만델라가 자신의 90번째 생일기념을 하고 있는데, 유명 인사들과 국제 단체에서 그의 사진을 찍으러 찾아왔다. 비록 그것이 자신이 원하는 바는 아니었지만, 만델라는 인내심을 갖고 우아하게 그들이 해달라는 대로 해주었다. 사진 찍는 일이 끝나자, 그는 하루 종일 사진을 찍어주던 사진작가에게 그 역시도 자신과 사진을 찍고 싶은지 물어보았다. 만델라에게 사진작가는 그날 방문한 사람들보다 더 중요하지도, 덜 중요하지도 않았다. 그렇다고 만델라가 항상 사심 없고 우아한 것만은 아니었다. 그가 감옥에 투옥되었을 때, 그는 분노에 차 있었다. 하지만 27년 후, 그는 아주 특별한 명상가이자 철학자, 대통령 선출자가 되었다. 수감 생활이 끝났을 때 더 분노할 수도 있었지만, 그는 그렇게 하는 대신 개인적으로 더 높은 차원으로 진화된 인간이 되는 데 필요한 영적인 탐구를 했다.

7단계 의식은 편견이 없고 놀랄 만큼 통찰력 있고 사랑이 넘친다. 이런 이들을 만나면, 마치 그들이 우리를 진심으로 '받아들이는' 것처럼 느껴진다. 그들이 우리의 오점과 모든 것을 꿰뚫어 보지만 괜찮다. 존재하는 것들은 모두 평가 없이 그대로 사랑스럽고 공감 가는 것이다. 그것이 바로 달라이 라마를 보기 위해 줄을 섰던 사람들에게 일어난 일이다. 그들은 존재 그대로 이해받고 받아들여지는 것을 느꼈고, 거기서 비롯된 에너지 부스트는 수년은 아니더라도 수 주간 지속될 수 있었다.

그들은 신체적으로 아이에서 어른이 되었을 뿐만 아니라, 어른에서 성숙한 성인으로 진화하는 인간으로 성장했기 때문에, 그들은 놀랄 만한 에너지 수준을 보여준다. 그들의 에너지 탱크에서는 좌절과 비판, 그리고 부정적 감정으로 에너지가 소진되지 않는다. 그들의 마음에는 더 이상 안개가 끼지 않고, 자신을 전두엽이 절제된 상태(이성이 작동하지 않는 상태)로 몰아가지 않으므로 명료함과 뛰어난 집중력을 발휘한다.

7단계에서는 '행동으로 보여준다(말과 행동이 분리되지 않는 상태)'. 이 단계에 다다른 사람들은 축적한 지식과 개인적 성장이 온전히 통합되어 자신이 추구하고자 했던 존재의 살아 있는 표현으로 살아간다. 그들이 얼마나 지적이고 성숙한지는 이와 같이 높은 발달 단계에 살고 있는 타인에 의해서만 온전히 감지될 수 있다.

8단계 : 이중성의 단일화(통합)

이 단계에서 이루어지는 발달은 이중성의 단일화, 의식의 궁극적 상태로 여겨졌다. 동양에서 이 단계는 '고전적 열반', 즉 배우는 이가 '신성함'과 즐거운 통합을 이루었을 때 도달하는 영적 여정의 궁극적 목적지라 불렸다.

수많은 사람들은 인생의 어느 시점에서 통일성을 경험한 적이 있을 것이다. 어디서 어떻게 그 순간을 경험하는지에 따라 그들의 삶이 영원히 변할 수 있다. 그것은 그들이 관심을 갖는 것에 대해 큰 영향을 줄 수 있기 때문이다. 예를 들면, 그랜드캐니언의 장엄함을 감상하다가 경험할 수도 있다. 그 경이로운 순간에 에고는 증발해 버리고 그랜드캐니언과 합일을 이룬다. 종종 자연으로 유도된 경험은 반 영적으로 느껴지며, 환경에 대한 열정에 불을 붙일 수도 있다.

어떤 이들은 이 통합의 순간을 스포츠를 통해 경험한다. 누군가 골프에 집착하는 이유는 '완벽한 샷'을 경험했기 때문이고, 공을 너무나 완벽하게 쳐서 '공과 하나가 되었기' 때문이다. 이런 축복받은 경험이 매우 감동적이기에 그들은 통합의 순간을 다시 경험하고 싶어 골프를 멈추지 않는다. 여러 스포츠에서도 같은 일이 일어난다. 테니스에서의 완벽한 백핸드, 축구에서의 완벽한 슛이나 서핑의 킬러웨이브 등이 그런 예다.

누군가에게는 교회에서 일치의 순간을 경험하며, 사람들은 그것을 '신의 얼굴을 보는 것'으로 묘사할 것이고 그들은 독실한 기독교인, 이슬람교도 또는 힌두교도가 되거나 그들이 통합을 경험했던 어떤 종파가 될 것이다.

실제로 대부분의 사람들은 섹스할 때를 제외하고는 거의 통합을 경험하지 못한다. 사람들은 문자 그대로 오르가슴의 절정에 이르러 자신을 잊는다. 그래서 섹스가 대부분의 사람에게 가장 중요하고 큰 동기가 되는 이유 중 하나다.

그러나 이런 경험은 모두 순수한 형태의 통합이 아니다. 이중성 안에서의 통합일 뿐이다. 우리가 경험한 통합이 완전하지 않은 이유는 통합의 경험을 관찰하는 내부적 관찰자가 있기 때문이다. 우리가 경험이라고 이름을 붙이자 마자, 우리는 그 경험으로부터 자신을 분리한다. 예를 들어, 그랜드캐니언을 바라보는 사람은 그 순간 통합을 느낄 수 있지만 정신적으로 혹은 언어적으로 그 장관의 위대함을 인정하는 순간, 통합에 이중성을 만들어낸다. 즉, 관찰자인 나와 관찰된 주관인 그랜드캐니언을 분리한다.

8단계 의식에서도 그 경험을 묘사하는 것은 어렵지만 경험했다면 알 수 있다. 그리고 9단계에서는 확실히 더 알 수 있다.

9단계 : 순수한 알아차림

9단계의 알아차림을 묘사하려고 하면, 우리를 8단계로 바로 떨어뜨린다. 우리가 다시 관찰자가 되기 때문이다. 이러한 고차원의 단계를 제대로 이해하려면, 물리적으로 경험해 봐야 한다. 이성적인 마음으로 그것들을 포착하기란 쉽지 않기 때문이다.

그러나 순수한 알아차림을 한번 시도해 보자. 티베트인은 그것을 아무것도 아닌 것, 또는 빈 것이라 부르는데 다들 이런 명칭에 놀랄 것이다. 누군가는 그것을 '광활한 파란 하늘'이라고도 말한다. 진정으로 이것을 경험할 때, 관찰자가 관찰하는 것이 더 이상 없어지고, '형태가 없는 통합 혹은 단일화'의 경험만이 있을 뿐이다. 그랜드캐니언을 바라보는 것을 의식하는 누군가가 존재하지 않으며, 주체-객체의 관계를 초월하는 형태가 없는 개인과 그랜드캐니언뿐이다.

누군가 9단계를 경험할 때 역시 시간과 공간을 초월한다. 즉, 시간도 구성물일 뿐이며 시간이 없다는 것을 깨닫게 된다. 공간 또한 무한하다. 공간에 대한 경계도 없고, 개인은 끝이 없는 우주 전체와 연결되어 있다. 이런 관찰을 관찰하는 관찰자는 없고 단지 그것을 경험할 뿐이다. '나'는 여기에 있고 '다른 것'은 거기에 있는 것이 아니다. 모두 하나다. 순수한 알아차림은 우리가 존재하는 모든 것이라는 직접적인 경험이다. 그것은 매우 크게 팽창된 의식의 상태다.

9단계에서는 인생의 이중성인 선과 악, 옳고 그름, 희고 검은 것, 위와 아래가 낮은 의식 단계의 인위적인 구조물로 보인다. 이중성도 옳고 그름도 없고 그저 존재할 뿐이다.

이 관점의 시작은 내가 다큐멘터리 〈생명의 위대한 역사Life on Earth〉의 에피소드를 볼 때였다. 뛰어난 동물학자이자 방송인 데이비드 애튼버러David Attenborough는 만일 지구 진화와 모든 생명체의 발현을 1년 내로 축소해서 설명한다면, 생명체는 8월이 될 때까지 출현하지 않았다고 했다. 11월 초에 척추동물이 출현했고, 이들은 물을 떠나 땅을 지배하게 되었다. 12월 초가 되자, 척추동물은 물에 대한 의존성을 버리고 12월 중순이 되어서야 체내에서 열을 발산하고 비늘을 깃털로 바꿀 수 있었다고 한다. 12월 25일에 공룡이 사라지고 포유류와 털 달린 동물이 출현했고, 12월 31일 이른 아침에 유인원이 도착했으며 인간은 자정 2분 전에 나타났다.[22]

인간이 약 자정 2분 전에 걸어 다니기 시작한 존재라는 사실을 깨달으면, 그 어떤 것에도 심하게 화를 내기는 어려울 것이다! 그러나 9단계는 그 사실을 지적으로 아는 것에 대한 것이 아니라 우리 몸에서 경험하는 것이다. 인간 발달의 관점에서 유아기에 있다고 말하는 것이 굉장히 절제된 표현으로 보이겠지만, 우리는 모든 것을 파악했다고 생각하며 뽐내고 걷고 있다. 하지만 우리는 아직 그러지 못했다.

이러한 관점에서 볼 때, 크고 작은 모욕과 분노, 도전, 재앙과 트라우마는 사물의 흐름일 뿐이다. 순수한 알아차림 상태에서 우리는 선호하는 것을 멈추고 선과 악, 옳고 그름이라는 이론적인 개념을 초월한다.

그것들은 모두 우리가 세상을 해석하는 것을 도와주는 낮은 의식의 상태지만, 실제로는 세상은 훨씬 더 확장되어 있고 그 모든 것들이다. 이것이 행복한 존재의 상태다. 그것은 누군가가 행복을 관찰하는 게 아니라, 그 자체가 축복이며 행복에 겨운 희열로 가득 찬 광대한 공간이다. 이것이 우리가 선택할 수 없다는 의미는 아니다. 충분히 선택할 수 있지만 우리가 선택을 인식하는 방법이 완전히 다를 뿐이다.

10단계 : 비이원화

이것은 9단계 의식과 매우 비슷하다. 다만 10단계에는 진화적 측면이 있다. 개인이 시간과 공간을 초월한다는 것은 그가 존재하기를 멈추는 게 아니다. 아직 책상과 사무실이 있고, 그는 거울로 자신을 볼 수 있다. 그러나 책상과 사무실과 자아의 개념에 대한 관계가 다르다. 우리는 그런 것들이며, 그런 것들을 본다. 그리고 그런 것들을 경험하지만 우리 역시 그런 것들이 아니다.

10단계 역시 순수한 자각이지만 우주가 진화하고 있으므로 단지 정적인 존재일 뿐만 아니라 움직임 속에 있는 존재다. 모멘텀이 있고 사물은 항상 변화하고 진화하기에 알아차림 역시 움직임 속에 있다.

당신은 어디에 있는가?

앞의 설명을 읽으면 현재 작업 중인 단계에 대한 예비 표시를 측정할 수 있다. 당신이 자신에 대해 생각하는 순간 '도대체 이 사람이 무슨 말을 하고 있는 거지?'라는 의문이 떠오른다면, 당신이 그 단계보다 1이나 2단계 전 단계에서 작동하고 있음을 알려주는 표지다!

당신이 정원에서 휴식을 취하고 있는데 개미 떼가 나뭇잎을 들고 가는 것을 보았다면, 당신은 개미들이 무엇을 하고 있는지 알 것이다. 그 광경을 더 크고 넓고 확장된 관점에서 보기 때문이다. 그러나 개미들은 당신을 의식하지 못한다. 개미들은 자기 할 일이 바쁘고 자신이 관찰되고 있다는 것을 감지하지 못한다. 당신이 개미의 언어를 사용해 그들에게 관찰당하고 있다고 이야기해준들, 개미에게는 필요한 기준이 되는 틀이 없기에 당신이 무슨 말을 하는지 이해할 수 없다. 개미들은 일반적으로 인간과의 경험이 잠깐일 뿐인데, 그 경험은 밟히거나 어떤 식으로든 임무가 중단되는 것이기 때문이다. 우리가 발달 단계 이상의 수준을 이해할 수 없는 것은 개미가 자신이 나뭇잎을 나르는 것을 관찰당한다는 사실을 이해할 수 없는 것과 마찬가지다. 상위 단계의 성숙을 달성한 사람들은 현재 단계에 이르게 진화한 모든 성숙의 단계를 이해할 수 있으나, 하부 단계에 있는 사람은 더 높은 단계에 있는 사람을 이해할 수 없다.

모든 사람은 5단계까지 성장할 수 있다. 성인은 그 여정과 일치하는 신체적 성장을 이루었기 때문이다. 그러므로 대부분의 성인은 생각이나 심사숙고 없이도 세월이 지나면서 5단계에 도달한다. 그러나 대부분은 4단계로 떨어지거나 수직적 성장에 참여할 동기를 찾지 못하고 5단계의 기슭에 영원히 갇힌다.

그들은 더 높은 단계가 있다는 것을 알 수는 있지만 그에 대한 실제 경험은 없다. 또한 달라이 라마나 넬슨 만델라에게 매우 특별하고 다른 무언가가 있다는 걸 깨달을 수는 있지만 자신에게서 그런 자질을 발견할 수는 없다. 매우 소수만이 8단계 이상을 경험적으로 이해하기 때문이다. 성인의 발달과 성숙의 문맥상 진정으로 중요한 것은 성인은 어린이와는 다르게 성장하며, 성숙되기 위해서는 일정한 노력과 자기성찰이 필요하다는 것이고, 그것이 결과를 변화시킨다.

이러한 성숙 모델은 경쟁이나 나쁘고 좋은 것, 또는 최상의 것에 대한 조사는 아니다. 개미는 인간보다 더 낮거나 나쁜 것이 아니라 단지 우리와 다를 뿐이고, 인식의 다른 단계에 머물 뿐이다. 원숭이는 바위보다 더 나은 존재가 아니고 다른 인식 단계에서 행동하기에 단지 바위와 다를 뿐이다. 바위는 적절한 상황에서 매우 유용하다. 만약 코코넛을 깨뜨리기를 원한다면, 바위는 원숭이보다 훨씬 더 쓸모가 있다.

인간에게도 마찬가지다. 이러한 성숙의 각 단계와 성인 발달은 '나쁘다, 좋다 또는 가장 좋다'라고 평가할 수는 없다. 그것들의 장점은 성장을 위한 틀을 제공하는 것이지, 비교의 도구는 아니다. 단순히 우리가 지혜를 얻고 성숙해지며 의미를 만드는 다양한 방법과 관련이 있다. 성숙의 각 단계는 포괄적이며, 점차적으로 분화의 수준이 증가해 아이에서 사춘기로, 성인 및 성숙한 어른으로의 통합적인 성장 단계를 더 효과적으로 다루게 한다. 글로벌 CEO의 삶이 유아의 자기중심적인 삶보다 더 복잡하다.

그것들은 누구의 규칙들인가?

개인의 세계관이나 가치관을 변화시키는 의식이나 인식의 변환은 더 많은 기술, 지식이나 경험의 축적보다 훨씬 더 중요하다. 이러한 변환이 생각을 새 단계로 끌어올려주는 것이다. 마르셀 프루스트 Marcel Proust는 수직적 성장에 대해 명백히 이해하고 "발견으로 떠나는 진정한 여정은 새로운 풍경을 추구하는 데 있지 않고, 새로운 시각을 갖는 데 있다"라고 말했다. 우리가 세상을 새로운 시각을 통해 바라볼 때 세상은 그 자체로 변화되며, 이러한 각성된 변화는 우리의 해석과 경험, 생각, 느낌, 행동, 그리고 결과를 변화시킨다.

그러므로 우리가 이해할 점은 특히 비즈니스에서 세상에 대한 우리의 경험은 비즈니스의 본질에 관련해 매우 정교한 규칙을 따르는 것의 결과일 뿐이며, 우리는 구체적인 의식에 갇혀 있는 것일지도 모른다. 이러한 규칙들이 우리로 하여금 '개가 개를 무는 세상'이나 '누구나 자신만을 위한다'거나 '힘으로 정상에 오르거나' '주주 이익에 관한 것이다'와 같은 믿음을 갖게 한다. 성공적으로 회사, 팀이나 부서를 운영하는 것에 관련된 '규칙'은 끝이 없고, 대부분의 임원들은 규칙이 어디서 왔는지, 누가 규칙을 썼는지, 혹은 언제 만들었는지도 모르면서 순응한다. 그리고 이러한 규칙에 의문을 제기하지도 않는다. 리더들이 고위 임원으로 승진하면 그들은 임원이 지켜야 할 규칙을 익히고 그에 따라 행동한다. 매우 뛰어난 리더십을 갖춘 사람만이 한걸음 물러서서 "잠시만, 우리가 어떤 규칙을 따르고 있지? 그리고 그 규칙이 회사를 위한 최고의 규칙인가?"라고 말한다.

고정관념은 작동되지 않는다. 증거자료에 의하면, 전 세계 임원들은 번아웃되고 비참한 상태로 중년에 이른다. 그들은 아내에 대해 잘 알지 못하며, 아이들도 잘 보지 못한다. 그들은 일련의 규칙을 준수하고 구체적 인식에 단단히 뿌리내리고 살아왔지만, 약속된 보상이 구체화 되지 않았음을 발견할 뿐이다. 때때로 문자 그대로 마음을 다해 일했지만 '약속'은 절대 현실화되지 않는다는 것을 배운다. 보상은 오지 않고, 혹시 얻었다 하더라도 가족이나 친구 등 중요한 관계를 잃거나 건강상의 손실을 보는 등 막대한 개인적 비용을 치러야 했다.

만일 지구상에 모든 생명체를 포함해서 인간이라는 종이 불과 몇 분밖에 존재하지 않았다면, 확실히 우리가 한 종으로서 진화를 끝내지 못했다는 것을 인정하는 게 현실적이다. 우리는 육체적으로 자라 성인이 되었고, 지식과 정보, 기술, 그리고 경험과 같은 수평적 성장을 축적해 왔을지 모르지만, 수직적 성장을 위한 여정은 겨우 시작했을 뿐이다. 현실에 깨어 있지 못한다면, 삶 속에서의 성장과 의미 있는 진보는 존재하지 않을 것이다.

그리고 우리가 수직적 성장을 할 수 있는 유일한 방법은 인생의 늪을 헤쳐나가서 진정 행복이 무엇이고, 어떻게 봉사의 삶을 살 것인가를 배우는 것이다. 규칙은 약속한 것을 항상 제공하지는 않는다는 현실을 알고 성장할 필요가 있다. 성장의 일부는 우리의 '그림자'를 보게 하고 혹은 도움이 되지 않는, 파괴적이고 불쾌한 행동을 인정하는 것이다. 누군가 그들의 그림자를 인정하고 내부의 치유를 통해 진실로 통합한다면, 그 개인이 세상을 어떻게 살아가는가에 항상 영향을 줄 것이다.

진정으로 성숙하고 발전된 리더는 다르게 나타난다. 그들은 비즈니스의 단기간 성과에 연연해하지 않는 능력을 기른다. 그들은 회사의 규칙, 문화, 그리고 신화에 의문을 제기하고 어려운 질문을 던지며, 비즈니스, 사회와 지구의 올바른 장기적 이익을 위하는 것이라면 상반된 방향으로 나아가려고 한다.

어떻게 더 현명해질 것인가?

어떤 비즈니스에서든 양질의 사고는 중요하다. 새로운 생각과 상품, 창조적인 문제 해결, 일어나기 전에 미래를 보고 적절하게 적용하는 능력은 전략적 우위와 성장에 방대한 기회를 제공한다.[23]

나는 인간의 잠재력에 대해 아주 낙관적이다. 우리 스스로 불러오는 전두엽 절제 상태를 피하도록 관리하면서, 의식을 확장하고 성숙 수준을 성장시키며, 생리를 조절하고 감정을 알아차리고 상업적 경험에 이를 통합해내기만 한다면, 우리가 믿고 있던 것보다 더 복합적이고 정교한 능력이 있다는 것을 깨달으리라는 사실을 알기 때문이다.

1장에서 소개한 생리학적 기술과 2장의 개인적 기술을 토대로, 더 현명한 사고와 지속적으로 뛰어난 성과를 내는 것이 인지적 조율이다. 시스템 내의 에너지를 변화시켜 더 나은 지각적 알아차림을 하게 되면 인지적 조율이 촉진된다. 이는 SHIFT 기술을 통해 성취할 수 있다. 소매업에서 눈부신 경력을 쌓은 CEO였던 존 브로윗_{John Browett}은 비즈니스에서 이성과 인간적 측면을 조합하는 것이 중요하다는 사실을 강조하며 다음과 같이 말했다.

"비즈니스에서 당신은 사람을 다루는데, 그들은 이성적인 기계가 아닙니다. 여러분은 기술적으로 완벽한 결정을 내리기 어려울 수 있어요. 왜냐하면 그것이 문제를 해결하기보다는 더 많은 문제를 유발할 수 있다는 걸 알기 때문이죠. 대신 누구나 행복하고 80% 정도의 성과를 내는 다른 해결책이 있을지도 모릅니다. (…) 여러분이 냉철하고 계산적인 사람이라면 사람들은 당신을 좋아하지 않겠지만, 비즈니스에서 사람들이 나를 좋아해주면 도움이 되죠. 그렇다고 어려운 결정을 멀리하라는 이야기가 아니라, 정말로 중요한 때를 위해 잠시 판단을 보류하라는 뜻입니다. 여러분이 사람들과 함께 간다는 것은 중요해요. (…) 그것은 결국 흐르는 강물과 같습니다. 만일 여러분이 올바른 일을 한다면, 한 방향으로 갈 것입니다."

브로윗이 반복해서 말했듯이, SHIFT 기술은 생산적 상호작용과 협동을 촉진한다.

"여러분의 작은 버전인 에고는 예민하거나 걱정되거나 행복하지 않을 수 있습니다. 그래서 내면의 평화나 고요의 관점에서 움직이는 법을 배우는 건 변혁적입니다. 탁월한 상태에서 여러분은 사람들을 돕는 데에 더 큰 능력을 발휘할 수 있습니다. 저는 제 자신을 그런 상태로 두었을 때 영향력을 미친 더 많은 사례들을 생각할 수 있어요. 그것들은 매우 도움이 되고, 강력했습니다."

인지적 조율-SHIFT 기술

새로운 생각의 수준을 발전시키는 방법은 무엇인가? 누군가 중요한 보고서 또는 까다로운 이메일을 쓰다가 막힐 때를 상상해 보라. 중요한 점이나 논쟁을 어떻게 하면 잘 표현할 수 있을까? 새로운 아이디어를 어떻게 발견할 것인가? 누군가는 잠시 멈추고 커피를 마시러 갈 것이다. 머리를 맑게 하려고 산책을 나갈 수도 있다. 어떤 이는 충분히 생각할 시간을 가지려고 결정을 미루기도 한다. 운동을 선호하는 사람은 체육관에서 새 아이디어가 떠오를 수도 있다. 또 어떤 사람은 음악을 듣고, 와인을 마시거나 친구와 전화를 하기도 한다. 이런 방법은 모두 효과를 발휘하므로 널리 사용되고 권장된다. 그러나 매번 효과를 내는 것은 아니고 시행착오적인 해결책이다. 게다가 모두 일하면서 할 수는 있는 건 아니고, 한창 열을 올리고 있는 때에 할 수도 없다. 이사회 회의 중이라면, 8km를 달리기 위해 밖으로 나가거나 잠을 자거나 오전 10시에 위스키를 따르기 위해 모두를 해산시킬 수 없다. 그런데 이러한 방법들이 효과적인 이유를 알아보던 중 우리는 흥미롭게도 공통으로 활성화되는 요소를 발견했다. 이 분석으로부터 변환의 기술SHIFT Skill이 탄생했다.

SHIFT의 과정

다음 지시를 따라 해보라.

1 당신 삶이나 일의 영역 중 현재 당신에게 도전이 되는 부분을 써본다. 관련된 생각과 기분, 그리고 관련된 행동을 적는다.

2 당신의 생각, 기분, 그리고 행동을 기록했다면, 변환의 기술을 사용하라. SHIFT는 약어고, 그 과정은 다음 각 단계를 거친다.

당신이 하고 있는 모든 것을 멈춘다Stop.

단순히 당신의 주의를 심장Heart에 두고 가슴의 이 영역, 즉 심장을 통해 숨을 쉰다.

긍정적 감정을 유발한다Induce.

그것을 몸을 통해 느낀다Feel. 40초 정도 당신의 몸을 통해 어떻게 이동하는지 즐긴다.

그리고 그것이 당신의 뇌를 다시 켜도록Turn on 허락한다. 당신의 통찰을 자각하고, 그것을 적는다.

어떤가? 당신이 SHIFT 전에 적은 내용과 차이점을 느끼는가? 당신이 기록했던 것의 차이점이 보이는가? 이슈가 변하거나 변환되는 것을 자각할 수 있었는가? 무엇을 배웠는가?

만일 당신이 직원에게 편지를 써야 하는데 어떤 문장을 써야 할지 모른다고 하자. 당신은 30분 이상 고민했고, 알맞은 단어를 찾을 수 없었다고 하자.

• 주의 변환하기(S)

어떠한 문제 상황에서든 가장 먼저 할 일은, 하고 있는 걸 멈추고 당신의 주의를 환기시키는 것이다. 만일 이메일과 씨름하고 있다면, 일어나서 키보드에서 멀어져 주의를 다른 것에 기울인다. 커피든, 산책이든, 담배든, 친구에게 전화하는 것이든, 10까지 숫자를 세든, 운동을 하든 어떤 다른 것을 하던 주의를 환기한다. 이런 방법 모두 동일한 결과로 귀결된다. 주의를 그 이슈에서 다른 것으로 전환하는 것이다.

• 긍정적 감정 유도하기(I)

주의를 의도적으로 환기하는 것은 운이 좋다면 긍정적 감정을 유발할 수 있다. 산책을 나갈 때, 나무의 아름다움이나 빛이 도로에 비추는 특정한 방식, 피부에 닿는 부드러운 바람, 즐거워하는 사람들의 웃음소리가 느껴질지도 모른다. 자신의 고민을 우스꽝스럽게 이야기하는 친구와 통화를 하면서 영적으로 도움을 받을 수도 있다. 마키아토를 홀짝이면서 맛있는 커피가 주는 단순한 즐거움을 경험할

수도 있다. 이러한 경험은 모두 긍정적 경험을 유발하는 데 도움이
된다.

• 몸으로 느끼기(F)

감정이 변화한 것만으로는 충분하지 않다. 에너지의 변화를 진정으
로 느껴야 하고, 신체 내에서 긍정적인 감정을 느껴야(F, feel) 한다.
기쁨과 연결됨을 느낄수록 활기찬 상태를 유지할 수 있고, 생리적
상태를 변화시킬 수 있으며, 이 생리적 상태의 변화가 뇌 기능에 영
향을 준다.

• 뇌 다시 켜기(T)

그 느낌을 유지하면서 생리적으로 조율된 상태로 변환하면 생각 역
시 달라진다. 뇌가 다시 켜지는 것이다. 뇌를 다시 켜면, 인지적 능력
에 훨씬 더 잘 접근할 수 있고 새로운 생각 혹은 관점이 나타날 것이
다. 당신은 이 과정이 실행되는 것을 이미 경험했다. 당신은 아마 문
제를 어떻게 바로잡을지 몰라 혼란스러웠을 것이다. 그것에 대해 며
칠간 고민해 오다가, 어느 저녁에 오래된 친구가 전화를 걸어 왔을
때 당신의 주의는 그 문제에서 멀어졌을 것이다. 공유된 기억 때문
에 웃고 전화기를 내려놓았을 때 당신 얼굴에는 미소가 번졌다. 그
순간 갑자기 문제를 해결하는 데 필요한 깨달음을 얻는다. 이것은
우연이나 우발적인 일이 아니다. 단지 당신의 감정 상태를 부정에서

긍정적 상태로 변환할 때 나올 수 있는 예정된 결과일 뿐이다.

앞에서 설명했듯, SHIFT는 약어인데 당신은 설명에서 H가 빠졌음을 알아차렸을 수 있다. 빠진 요소는 심장(H)을 포함한다. 2장에서 설명한 방법대로 부드럽고 리드미컬하게 호흡하며 심장에 집중하면, 오직 자신을 믿게 된다. 이것은 어디서든 할 수 있다. 긍정적 감정의 대부분이 머무는 위치가 심장이라는 것을 기억하고, 심장에 집중하는 것은 주의를 변환시켜(S, shift) 긍정적 감정을 유도할 수 있다(I, induce). 긍정적 감정을 '붙잡고 유지'하면서 신체에서 그 감정을 느낄(F, feel) 필요가 있다. 그것은 다시 뇌를 켜고(T, turn on) 불과 몇 분 전에는 접근할 수 없었던 해답을 가져다준다.

이 과정은 이전 장에서 설명했던 MASTERY 기술을 통해 연마해온 긍정적 감정 중 하나로 변환하게 해준다. 회사의 간부가 자신의 비즈니스 결정을 향상시키려고 만족으로 변환하는 것처럼, 우리 역시 인지적 능력과 조율의 최대치에 근접하는 데 도움을 주는 건설적인 감정 상태로 변환할 수 있다. 새로운 긍정적 상태에 도달해 30초 동안 머무른다면, 새로운 통찰에 접근할 것이다. 단 30초 후 우리가 직면했던 도전으로 돌아가 떠오르는 새로운 아이디어나 통찰을 기록할 수 있다.

이 연습은 도전에 대한 초기 해석과 한번 감정적 조율 상태에 도달하고 난 다음에 오는 통찰의 차이를 단 30초처럼 짧더라도 즉시 확인할 수 있다. 그래서 사람들에게 매우 명확하게 다가온다. 이렇게 획득한 해결법은 단순하고 명확하다. 그러나 조율되지 않았을 때 그 것은 부정적 감정 상태에 가려져 모호하게 느껴진다. 사람들은 대부분의 문제에 대한 해답을 이미 알고 있다. 단지 우리가 부정적 상태에서 긍정적 상태로 SHIFT할 때까지 그 해답에 접근할 수 없는 것뿐이다.

긍정적 감정 모으기

감정문해력을 개발하면, 15개 정도의 다른 긍정적 감정에 매우 익숙할 수 있다. MASTERY 기술은 그런 긍정적 감정의 생물학적 풍경에 더욱 친숙해지도록 도와줄 것이다. 이러한 긍정적 감정 상태가 다양한 상황에 맞춰 적절하게 입을 수 있는 옷들이라 생각해 보자. 누구도 중요한 행사에 반팔과 슬리퍼를 신고 가려 하지 않을 것이다. 그런데 왜 우리는 좌절하거나 화가 난 상태로 중요한 회의에 가려고 할까?

혹은 이런 감정을 음악 컬렉션에 있는 다른 CD라고 생각해 보자. 만일 누군가 자신의 결혼 생활에 화가 나 있다면 발라드를 듣는 것은 도움이 되지 않을 것이고, 온종일 요동치는 메탈 음악을 듣는다면 문제를 해결하는 건설적인 감정 상태에 도달할 수 없다. 따라서 음악을 바꿀 필요가 있다. 부정적 감정 상태를 깨고 더욱 많은 영감을 주고 긍정적인 경쾌한 음악을 들어야 당면한 도전을 풀 수 있다.

감정적 MASTERY는 긍정적 감정의 악보집에 추가되어 우리가 필요로 할 때 그것이 나타나기를 바라기보다 그 감정으로 SHIFT할 수 있게 해준다. 물론 긍정적 음악을 다운로드하는 것만으로는 충분하지 않고 그것을 재생해야 한다. 즉, 더 긍정적이고 건설적인 감정 상태에 머물려면 감정 상태를 변환하는 연습이 필요하다는 뜻이다.

우리는 일상생활에서 감정적 촉발을 경험한다. 초조하거나 좌절하고 화를 내기도 하겠지만, 이러한 감정 기술은 우리가 어떻게 반응하는지 조절할 수 있다는 것을 의미한다. 만일 부정적 감정 상태를 알아차린다면, 잠시 뒤로 물러나 자신의 상태를 재조정해 감정적 유연성을 갖추고 올바른 방향으로 확신을 가지고 나아갈 수 있을 것이다.

좋은 소식은 우리는 매우 쉽게 감정적 상태를 바꾼다는 것이다. 무의미한 회의를 끝낸 후 불만을 느끼고, 그런 다음 고객을 만나기 위해 차를 몰고 가는 경우를 예로 들어 보자. 당신은 라디오에서 좋아하는 음악이 나오면 볼륨을 높이고 큰 목소리로 따라 부른다. 노래가 끝났을 때, 당신은 완전히 다른 감정을 느끼며 얼굴에 미소를 띨 수 있다. 음악이 당신의 감정 상태를 변환시킨 것이다. 혹은 당신에게 큰 보너스를 준다는 상사의 이메일을 받는다면, 그 소식은 당신의 감정 상태를 기쁨으로 바꾼다. 그 후 그 이메일이 당신에게만 온 것이 아니라는 사실을 알게 된다면 감정이 다시 변하는데, 이번에는 오히려 상처받았다고 느낄 것이다. 즉, 당신의 감정 상태는 끊임없이 바뀐다. 그것을 의식적으로 의도하지 않을 뿐이다. 당신이 외적인 사건에 휘둘리는 순간, 원하든 원하지 않든 상관없이 사람들과 환경이 당신의 감정 상태를 바꾼다.

우리가 해야 할 일은 통제권을 되찾아 우리가 느끼는 감정을 상급자, 파트너, 아이들, 고객 혹은 동료가 아니라 스스로 결정하는 것이다. 감정적 상태를 변환시키는 것 자체는 어렵지 않지만 필요를 느낄 때 의도적으로 하려면 연습이 필요하다.

인지적 조율은 행동 조율을 촉진한다

기업의 성공 또는 실패는 집단적인 인식과 최상의 사고에 지속적으로 접근할 수 있는 능력에 따라 결정된다. 비즈니스에서는 특히 경영진이 경쟁업체에 비해 더 나은 해답을 찾는 능력을 기르는 것이 필요하다. 그들은 더 창의적이고 혁신적이 되어야 하며, 지각적 인식을 확장할 필요가 있는데 그것이 궁극적으로 승자와 패자를 나누기 때문이다.

더 많은 에너지로의 접근과 효율적으로 에너지의 활용, 감정 지능과 수직적으로 발전된 지적 능력, 성숙도를 겸비한 감정문해력은 사고의 질과 사업의 성공에 큰 영향을 미칠 수 있다. 더 현명해지는 것은 성장의 모든 내부 발전경로를 체계적으로 향상시킬 때 비로소 가능하다. 각 경로는 서로에게 기반이 되며 상호작용해 다음 경로를 촉진한다. 감정적 MASTERY 기술은 감정적 회복탄력성을 제공하는데, 이는 실적과 최종 결과에 막대한 영향을 미칠 수 있다. 잘 적용한다면 감정적 MASTERY 기술은 전두엽에 영원히 접근할 수 있도록 보장할 수 있다! 또 인지를 확장하고 자신의 가치를 이해할 때 인지적 조율이 촉진된다. 생리적 조율이 감정적 조율을 촉진하고, 감정적 조율은 인지적 조율을 촉진하며, 인지적 조율은 행동 조율을 촉진한다. 여기에 대해서는 다음 장에서 탐구해 볼 것이다.

요약

이것만은 기억하자!

- 비즈니스를 성장시키기 위해서는 명료한 사고력 혹은 최소한 경쟁사보다 더 나은 사고력이 필요하다.
- 스마트한 사고력을 갖기 위해서는 더 높은 품질의 내용(무엇을 생각하는지)에 접근하고, 그 내용을 좀 더 효과적으로 처리하는 방법(어떻게 잘 생각하는지)이 필요하다.
- 위기나 압박에 맞닥뜨렸을 때, 우리의 뇌는 이분법적 사고를 하고 DIY 전두엽 절제술을 경험한다. 이는 진화적 메커니즘으로 뇌가 현명한 사고를 멈추고 단 2개의 선택지만 남기는 것을 말한다. 싸움/도망(아드레날린 주도) 혹은 죽은 척하기(아세틸콜린 주도).

- 압박 혹은 다른 상황에서 뇌가 계속 깨어 있게 하는 유일한 방법은 생리적 조율과 감정적 조율, 특히 심장 집중 조율이다.

- 부드럽게 박자에 맞춰 심장 중심 호흡을 통해 심장에 집중할 때, 심장에서 나오는 집중 신호는 미주신경을 타고 흐르며 최선의 사고를 할 수 있도록 해준다.

- 생리적, 감정적 조율이 인지 기능을 향상시킨다면, 결과를 변환시키는 것은 수직적 성장이나 성인 성숙도다.

- 우리의 중요한 목표는 '깨어나고 성장하는 것'이다.

- 개인 성장을 위한 '불타는 플랫폼'이 없다면 대부분은 신체적으로 성숙했을 때 성장을 멈춘다. 아이에서 어른으로의 신체적 성숙은 성숙의 한 종류일 뿐이다. 흐름을 바꾸는 진정한 변화는 신체적으로 성숙한 이후에 일어난다. 즉, 어른에서 성숙한 어른으로 자라는 것이며, 이때 진정한 마법이 시작된다.

- 경영진 중 절반 이상이 복잡한 세상에서 생존하고 번영하기에는 불충분한 자각 상태이거나 성숙되지 못한 채 작동하고 있다.

- 인식과 성숙도를 수직으로 발전시키는 유일한 방법은 개인 작업과 연습뿐이다. 이에 대한 보상은 의미 있으며 엄청난 잠재력을 발휘할 수 있다.

- 생각의 질은 감정이나 감정적 자기 조절에 전적으로 의지한다. SHIFT 기술은 부정적 생각에서 긍정적 사고로 전환하게 해주며, 필요할 때 최선의 사고에 도달할 수 있게 한다.

5
장

성
공
적
인

리
드
를

위
한

조
율

✓ 당신이 매년 같은 말만 하는 것처럼 보이는 데도 왜 연간 성과 평가를 하는지 궁금해한 적이 있는가?

✓ 당신은 상황을 명백하게 설명했는데도 팀이 합의된 사항을 제대로 이행하지 않아서 당혹스러운 적이 있는가?

✓ 핵심 인재의 행동에 혼란스러워진 적이 있는가?

✓ 당신이 찾을 수 있는 최고의 재능과 가장 뛰어난 인재를 모집하는 데 큰 비용을 지불했는데도 결과에 실망한 적이 있는가?

✓ 사업 실행이 부족해서 좌절을 느끼는가?

✓ 해야 할 일과 실제로 이루어진 일 사이에 지속적인 조율이 없는 경우가 있는가?

✓ 비즈니스에서 생산성이나 성과가 일관적이지 않은 것에 대해 혼란스러운가?

만일 그렇다면, 당신만 그런 것이 아니다.

우리는 성공이 궁극적인 보상이자 최종 목적지라고 배웠다. 평생 규칙을 따르고, 좋은 교육을 받고, 최고 경영진으로 가는 경력 사다리를 오르도록 격려받아 왔다. 우리는 열심히 일하고, 오랜 시간을 투자하고, 만약 운이 좋거나 똑똑하거나 혹은 2가지를 다 갖추었다면 정상에 이를 수 있을 것이다. 우리가 리더십 팀과 함께 일하면서 팀에 대한 기대 수준을 물었을 때, 팀의 단기 목표는 지속적인 높은 성과를 내는 것이다. 대부분 팀에게 힘을 실어주려고 비싼 새로운 인재를 영입해도, 일관되게 높은 성과를 얻기란 쉽지 않다. '최고'가 되는 것에 대한 야심 찬 이야기나 '세계적 수준'이 되는 것에 대해 환상적인 과장도 있을 수 있다. 그러나 지속적으로 높은 성과를 내는 비결을 찾지 못한다면, 그 어떤 것도 단지 꿈일 뿐이다.

하지만 경영진은 무언가 작동하지 않는다는 것을 알고 있다 하더라도, 방향을 바꾸는 데는 조심스러워한다. 그들은 종종 무엇을 시도해야 할지 모르기 때문에 동일한 방법을 유지하게 된다. 예를들어 금융 위기를 보면, 상여금 문화가 폐해가 있다는 것을 증명하는 확실한 증거가 많이 있다.[1] 그것은 효과가 없고 대공황 이후 가장 큰 재정적 붕괴를 야기하거나 적어도 크게 기여했다. 그러나 사태가 진정되자마자 은행 업무는 평소와 다름없는 일이 되었다. 아인슈타인의 말을 빌리자면, 맹목적으로 같은 일을 하고 다른 결과를 기대하기에, 우리는 제정신이 아니다. 결과적으로 많은 사람들이 또 다른 금융 위기가 불가피하다고 믿고 있다.[2]

성과 불안

인생에서 무엇을 하든 항상 자신이나 팀, 가족 또는 조직을 위해 결과를 향상시키고, 더 나은 성과를 내는 것을 목표로 삼아야 한다. 더 나은 사업적 성과, 신체적 성과, 대인관계 및 학업 성과를 창출하려면 올바른 행동을 선택해야 한다. 행동은 모든 유형의 성공에 도달하는 최종적 경로다. 이것이 경영, 교육, 건강 또는 범죄 예방 등 사회의 많은 부분에서 리더십 행동과 반사회적 행동에 이르기까지 행동 (및 행동 교정)에 많은 중점을 두고 있는 이유다.

많은 조직이 행동에 매우 집착하고 행동 역량의 틀을 구축하는 데 상당한 시간과 비용을 투자한다. 성과와 결과가 예상대로 되지 않으면, 행동은 항상 수정이 필요한 문제로 간주된다. 이는 논리적 주장처럼 보인다. 결국 우리가 무엇을 하는가에 따라 결과가 결정된다. 그러나 결과가 일관되지 않고 불안정하다면, 분명히 무언가 빠진 게 있는 것이다. 같은 행동을 다시 검토한다고 해서 성과 문제가 해결되는 것은 아니다. 분명히 뭔가 다른 일이 일어나고 있으며, 조직은 그동안 집중해 온 표면적 행동보다 더 깊은 부분까지 들여다볼 필요가 있다.

1996년 이후 글로벌 CEO, 지도자와 함께 일한 경험으로 보면 대부분이 때때로 좋은 성과를 낼 수 있다는 것을 경험해 왔다. 하지만 매일 뛰어난 성과를 내는 것은 매우 어려운 일이다. 이것이 대부분의 사람들이 다양한 결과를 경험하면서도 왜 그런지 알지 못하는 이유다.

일관된 탁월함을 달성하기 위해서는 훨씬 더 정교한 접근 방식이 필요하다. 그것은 우리에게 무엇이 행동이 표면적으로 드러나는지, 안 드러나는지 결정하는가를 더 깊이 들여다볼 것을 요구한다. 즉, 주어진 시간에 생각하는 것, 느끼는 것과 우리가 가지고 있는 에너지의 양을 살펴볼 필요가 있음을 의미한다. 그것이 바로 앞 3개의 장에서 다룬 것이다. 생리 상태(더 젊어지기), 정서와 감정(더 건강하고 행복하기)과 생각(더 현명해지기)으로부터 인간 시스템의 모든 수준을 들여다보고 그것들이 어떻게 상호작용하는지 탐색하면, 우리는 왜 성과와 결과를 예측하기 어렵고, 왜 그렇게 임의적이며 미스터리한지 이해할 수 있게 된다.

결과에 대한 집착

비즈니스와 생활 전반에서 결과, 특히 재정적 결과는 가치의 주요 척도다. 이러한 집착은 몇 가지 의도하지 않은 결과를 낳았는데, 돈을 얼마나 가지고 있든 대부분의 사람들은 항상 더 많은 것을 원한다.

〈세상은 충분하지 않아The World is Not Enough〉는 영화 '007' 시리즈의 제목(한국에서는 〈007 언리미티드〉라는 제목으로 개봉했음 - 옮긴이주)이긴 하지만, 이 개념은 대부분 사람들의 개인적이고 직업적인 삶에 깊이 뿌리 박혀 있고, 성과와 결과에 대한 집착을 설명하는 데 큰 역할을 한다. 페츠 앳 홈의 최고 재무책임자이자 FTSE에서 가장 통찰력 있는 CFO 중 1명인 마이크 이돈Mike Iddon은 이러한 '충분하지 않아'의 사고방식이 팀과 비즈니스에 심각한 부정적 영향을 미칠 수 있다고 설명한다.

"나쁜 소식을 들으면 에너지 수준이 하락합니다. 저도 그런 경험을 한 적이 있습니다. 제가 놓친 숫자에 대해 책임이 있는 것 같았어요. 하지만 새로운 프레임을 통해 우리는 더 긍정적으로 기여했고, 왜 그런 수치가 나왔는지 알아낼 수 있었어요. 이것은 팀의 에너지 수준에 영향을 미쳤고 신뢰 구조를 변화시켰습니다. 사람들은 이전에는 '충분하지 않아'의 사고방식으로 살았고, 그들의 감정 상태는 비즈니스 결과와 일치했어요. 이런 관점의 변화는 우리가 더 나은 신뢰라는 목표를 향해 나아가는 데 도움을 주었습니다."

'더 많이, 더 크고, 더 좋게, 더 빠르고, 더 높게, 더 강하게'라는 냉혹하고 끊임없는 열망이 일상과 기업을 지배하고 있다. 성장이 목표이며, 양, 크기, 규모가 위대함의 주요 지표가 된다. 품질, 가치, 의미는 후순위가 된다. 더 큰 것이 좋은 것이고 성과 그래프의 막대는 점점 더 높게 설정된다. '더 저렴하게'라는 사업 목표는 대부분 당연하게 여겨진다. 만약 더 저렴하고, 더 크고, 더 적은 비용으로 더 많은 것을 제공하지 않는다면, 우리는 충분히 성과를 내지 못하고 있고,

어딘가 부족하거나 '충분하지 않다'고 생각할 수 있다.

바쁜 임원들이 갖는 첫 번째 생각은 '나는 충분히 잠을 자지 못했다'라는 것이다. 이것은 '낮에는 시간이 없다', '나는 충분한 돈을 벌거나 충분한 보수를 받지 못하고 있다', 또는 '나의 경력은 빠르게 발전하지 못하고 있다'는 생각과 부족한 느낌으로 대체된다. 수많은 사람들의 공통적인 두려움은 그들이 하고 있는 일을 하기에 '충분히 좋지 않거나 충분히 똑똑하지 않고 능력이 부족하다'는 것이 드러나게 되는 것이다.[3]

'부족하다'의 사고방식은 팀이나 조직과도 관련이 있을 수 있다. '내가 충분히 좋은 사람을 찾을 수 없다', '우리 팀은 충분히 숙련되지 않았다', 또는 '이 조직은 야망이 충분하지 않다'와 같은 생각은 고객과 관련이 있을 수도 있다. '충분한 고객이 없다', 또는 '고객의 충성도가 충분하지 않다'고 생각하기도 한다. 우리가 매우 성공했다고 생각할 수 있는 사람들조차 종종 만족하지 못한다. 매우 성공한 사업가조차 자신의 사업체가 수익을 더 많이 내고 더 빨리 성장해 더 많은 돈을 벌었어야 했다고 생각하기도 한다.

비즈니스는 특히 경제가 어려운 시기에 완전한 의자 빼앗기 게임이 될 수 있다. 경영진은 한정된 자원 중 자신의 몫을 지키는 데만 집중할 수도 있다. 사람들은 언제 음악이 멈출지, 그리고 자신의 자리를 지키기 위해 다른 사람을 밀어내야 할지 궁금해하며 바쁘게 지낸다. 그러나 게임의 규칙이 바뀌었는데, 이제 리더는 종종 정상에 오르기 위해 싸우고, 은신처를 구축하기 위해 몇 년 동안 매달리게 된다. 그 자리를 확보하기 위해 그들 자신이 했던 과도한 약속을 이행하지 못하면, 해고되기도 한다. 임원 승진에 따르는 금전적 포상은 이제 너무 커져서, 심지어 가장 숭고한 조직에서도 탐욕과 공격성의 문화가 생겨나고, 인간성이 퇴색될 수도 있다.

예를 들어, 나는 한 회사에 20년 동안 충성을 다했고 그 지역에 세계 최고의 사업부를 만든 고위 경영자와 이야기를 나누었다. 불행하게도 그녀는 이 조직의 최고위층에 만연한 정치 활동을 거부했다. 새로운 직속 상사가 임명되자, 그녀는 한 워크숍에서 허심탄회하게 이야기할 기회가 생겨 상사와 자신의 생각을 공유했다. 몇 주 후 휴무일에 상사가 그녀를 사무실로 불러내더니, 이제는 더 이상 필요 없는 존재라며 그녀에게 해고 통보를 했다. 그녀가 '자신의 물건을 정리하러' 사무실에 들러도 되는지 물었으나, 그럴 수 없다는 말을 전해 들었다. 또한, 비서가 그녀에게 전화를 걸어 그녀가 어디에 있는지 물으면 뭐라 대답해야 하는지 묻자, 그는 "당신의 휴대전화도 내놓고 가라"고 말했다. 이 일이 벌어지는 동안 인사팀장도 함께 자리에 있었지만, 아무 말도 하지 않았다.

이런 이야기를 들을 때, 우리는 그러한 소식을 전하는 사람들의 인간성에 무슨 일이 일어났는지 궁금해진다. 일부 조직은 무심코 팀워크와 높은 집단 성취 대신, 공격성과 자만심을 높이는 시스템을 만들었다. 결과에 대한 노골적인 집착이 이러한 '불충분'의 사고방식을 부채질했다는 것은 의심의 여지가 없다. 이는 다시 인간성을 침식하고, 기업과 사회 전반에서 자주 경험하는 탐욕과 권리의 문화를 만드는 데 기여했다.[4]

그리고 이 모든 것에 대해 가장 실망스러운 부분은 '충분하지 않아'의 사고방식이 실제로 결과를 의미 없게 만든다는 것이다. 성장이 아무리 크고 좋아 보이거나 결과가 놀랍다고 하더라도, 결코 충분하지 않을 것이기 때문이다. 최근에 한 다국적 기업의 공급망 책임자는 팬데믹 동안 크게 증가한 수요를 충족하기 위해 운영체제를 재구성하고 공장을 24시간 교대제로 운영해, 15%의 성장을 이루었다. 직원들은 대단히 열심히 일했기에 15% 성장에도 불구하고, 정상적으로는 불가능한 90%의 가용 목표를 유지하지 못했다는 이유로 비난받았다.

더 나쁜 것은, 결과에 대한 집착이 전혀 효과가 없다는 것이다! 오로지 행동과 결과에 집중하는 것은 실제로 행동과 결과를 개선하지 못한다. 오히려 더 나쁘게 만들기도 한다. 지속적으로 결과를 개선하는 유일한 방법은 실제 성과를 유인하는 동력과 무엇이 그것을 저해하는지 더 깊게 이해하는 것뿐이다.

성과 최적화하기

1908년 과학자 여키스_{Yerkes}와 돕슨_{Dobson}은 '춤추는 쥐' 실험을 했다.[5] 그들은 쥐 우리 바닥을 가열해 압박을 가할 때, 쥐들의 수행 능력에 어떤 영향을 미치는지 알아보고자 하였다. 이를 통해 여키스와 돕슨은 압박과 성과 사이의 명확하고 결정적인 관계를 증명할 수 있었다. 이후 이 관계는 사람들, 컴퓨터, 복잡한 시스템 및 기업에서도 증명되었다.

이것은 놀라운 일이 아니며, 압박과 성과의 관계를 설명하라고 할 때, 대부분의 사람들은 압박이 성과에 어떻게 영향을 미치는지 정확하게 묘사할 수 있다. 대부분은 압박으로 성과가 어느 정도 향상되고 나서 떨어진다는 것을 알고 있지만(〈그림 5.1〉), 매니저, 지도자 혹은 조직에서 이런 교훈을 자신의 삶이나 팀 혹은 동료에게 적용하는 사람은 많지 않다.

우리 모두가 좋은 성과를 내기 위해서는 삶에서 약간의 압박이나 '스트레스'가 필요하다. 이것이 많은 사람들이 마감일을 지키는 이유다. 이는 성과 곡선의 건전한 '상승구간'이며, 종종 '좋은 스트레스'라고 불린다. 그러나 더 많은 업무와 마감일 충돌 및 고조되는 압박으로 과부하가 걸리면, 결국 '최고점'을 찍고 한계를 깨닫게 된다. 대부분 최고점에서 일하는 때를 정확하게 파악할 수 있기 때문에 수행 곡선의 피크는 '꼭대기'를 형성한다. 이것이 '성과의 최고점'이며,

우리가 하루에 얼마나 압박을 감당할 수 있는지에 대한 신체적, 정신적, 감정적 한계를 나타낸다.

만약 우리가 최고점이나 그 부근에서 일하는데, 누군가가 연장 근무를 하라고 한다면, 성과는 더 이상 개선되지 않는다. 압박감만 상승하고 성과는 오히려 하락한다.

일에 과부하가 걸리면(또는 다른 사람에게 과부하를 걸면) 성과는 멈추는 것이 아니라, 실제로 하락하게 된다. 〈그림 5.1〉의 첫 번째 점선을 따라 성과가 상향으로 가고 있다고 생각할 수 있지만, 그렇지 않다. 우리는 역치를 넘어 '하락'으로 접어든다. 성과가 떨어지는 초기에 부분적으로는 하려고 하는 것과 실제로 하는 것 사이의 격차

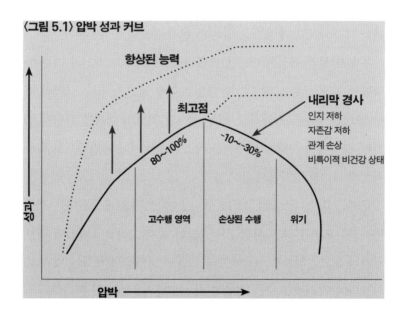

〈그림 5.1〉 압박 성과 커브

가 적기 때문에, 성과가 떨어지고 있다는 것을 알아차리지 못할 수도 있다. 대부분의 사람들은 성과가 크게 저하되는 것을 내리막길을 내려가기 전까지는 모른다. 실제 성과와 기대한 성과에 차이가 있다는 것을 깨달으면, 더 나쁜 감정을 느끼게 되고, 결국 우리는 더 내리막 경사로 밀려나게 된다.

올바른 균형 맞추기

어떤 조직에서도 부진한 성과는 충분하지 않은 압박 혹은 더 흔하게는 과도한 압박 때문에 발생한다. 안타깝게도 낮은 성과에 대한 가장 일반적인 조직의 대응은 '더 밀어붙이는 것', 즉 시스템과 개인에 더 큰 압박을 가하고 더 많은 것을 요구한다. 이러한 접근 방식은 문제를 악화시키고, 개인 또는 팀은 더 빨리 실패로 몰아넣는다.

우리가 성과 곡선의 어느 단계에 있는지, 그리고 자신과 다른 사람들을 위해 균형을 맞추는 방법을 이해할 필요가 있다. 압박이 너무 높으면 성과를 방해하고, 너무 적으면 최적의 성과를 거두지 못한다. 조직에서 사람들 대부분은 시스템에서 지나친 압박으로 성과 곡선의 내리막 영역에서 살고 있다.

문제는 비스니스에서 '110%'나 '120%' 노력을 요구한다는 것이다. 이런 요구를 하는 사람들은 그들이 성과(그리고 산수!)에 대해 얼마나 모르는지를 보여줄 뿐이다. 120% 노력을 발휘하는 것은 불가능하며, 그러한 요구는 '불충분'의 사고방식을 지속할 뿐이다.

어떤 운동선수라도 100%로 끊임없이 경기를 수행하는 것은 불가능하다고 말할 것이다. 엘리트 운동선수들은 대부분 최대 능력의 80~85%일 때 성과 곡선의 건강한 측면에 머물게 된다. 이것이 바로 그들이 경기에서 성과를 높일 수 있도록 하는 것이다. 리더, 임원, 팀도 동일한 작업을 수행해야 하며, 위기 상황이나 연중 바쁜 시기를 대비해 여유 용량을 남겨 두어야 한다. 만약 우리가 자신이나 팀에 너무 많은 압박을 준다면, 성과는 하락하다가 결국 망가질 것이다. 이런 현상은 누군가의 접시에 너무 많은 것이 있고, 그들에게 경쟁적 우선순위가 너무 많을 때 발생한다. 결과적으로 가장 생산적인 리더십 개입 중 하나는 모든 것을 명확하고 단순화해 초점을 좁히는 것이다. 워릭 브래디Warwick Brady는 스위스포트 인터내셔널Swissport International의 CEO로, 에스켄Esken CEO와 이지젯EasyJet 부사장 등을 역임했다. 이지젯에서 일하는 동안, 그는 이러한 접근 방식을 활용해 성과를 올리고 직원의 사기를 향상시켰다. 이지젯은 34개국에 걸쳐 1,000개 이상의 노선을 운항하고 있으며, 2,865명의 조종사와 6,516명의 승무원 등 1만 명 이상의 직원을 보유하고 있다. 워릭은 이렇게 설명했다.

"매일 성과도 좋지 않았고, 고객 서비스도 낮았으며, 비용을 조절하느라 어려움을 겪고 있었죠. 결국 2010년 성과 붕괴로 나타났습니다. 이지젯 항공 편수의 정시 도착비율은 40%로 떨어졌고요.

런던 개트윅 공항에서 정시 운항 항공사 명단을 공개했는데, 이 지젯은 에어 짐바브웨보다도 아래였습니다. 이 사실은 주 경쟁자인 라이언 에어가 전국 신문광고에 헤드라인으로 광고카피를 사용해 세상에 널리 알려졌죠. 회사의 상태가 좋지 않았습니다. 저는 2010년 10월 최고 운영책임자를 맡고 있었어요. 한 팀의 사람들이 3~4년 동안 보람도 없이 정말 열심히 일해 왔다는 사실을 알게 되었습니다. 많은 이들이 이지젯에서 일하는 것을 부끄럽게 생각했어요. 당연히 성과는 형편없었고 누구나 그걸 알고 있었죠. (…) 제가 정리할 것이 많았습니다.

명백히 턴어라운드 규모를 요구했지만 단 1가지, 우리가 진정으로 집중하고 개선해야 할 것이 있다고 판단했죠. 바로 OTP_{On Time Performance}(정시 운행 – 옮긴이주)였어요. 안전을 유지하되, 본질적으로 OTP를 지켜야 했죠. 그 목표를 달성하는 유일한 방법은 그 단 하나의 초점을 바탕으로 팀이 서로 협력하는 것이었습니다. 우린 6개월도 채 되지 않아 성공했고, 운영을 안정화할 수 있었습니다. 12개월 이내에 그 문제를 해결했을 뿐 아니라, OTP에 관한 한 업계 1등이 되었습니다. 우리는 핵심을 바꾸었죠. 이제 고객들은 우리가 정시에 목적지로 데려다줄 것이라 믿게 되었습니다. 승무원들도 근무 후 정시에 집으로 돌아갈 수 있다고 믿게 되었고요.

제 최고의 팀은 주로 우리가 실패를 거두던 암흑기에 일하던 사람들로 이루어져 있습니다. 우리는 최악의 항공사에서 최고가 될 수 있었습니다. 팀은 원활하게 운영되었고 존경받는 팀이 되었죠. 이 모든 것은 OTP와 팀워크라는 1가지에 집중한 덕분입니다."

이런 급격한 성과를 얻어낸 후에 그의 팀은 미팅 과정, 집중과 규율에 관련해서도 단계적으로 변화를 이끌어냈다. 이것은 모든 프로젝트를 검토해서 중요한지를 살피고 다른 프로젝트들이 성공할 수 있도록 진행을 중단한 것도 포함된다. 임원들에게 하던 일을 그만두게 하는 것은 진정한 혁신적인 성과였다.

성과에 대해서라면, 안건 문제를 더 복잡하게 할 필요가 없다. 리더가 압박을 줄이면, 성과는 다른 것이 개입하지 않아도 곧바로 향상된다. 그러므로 리더의 가장 중요한 책임은 사안을 단순하고 명확하게 하는 것이다. 적절한 압박 강도의 균형을 찾는 일은 그들 자신과 팀, 그리고 조직의 결과에 관심 있는 어느 리더에게나 절대적으로 중요하다.

내리막길에서 살아남기

리더들은 내리막으로 미끄러지면, 자신이 성과 곡선의 잘못된 쪽에 서 있다는 것조차 깨닫지 못한다. 많은 리더들이 위기를 맞닥뜨려야 겨우 문제를 알아차린다. 하지만 제대로 일하려면 성과 저하를 조기에 발견하는 것이 중요하다. 시스템에 장애가 발생하고 나서 조치가 이뤄진다면, 엄청난 비용이 들어가며 복구가 불가능할 수도 있다.

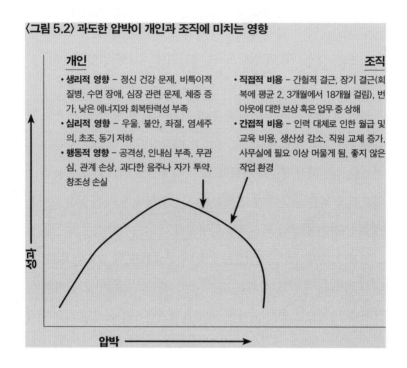

〈그림 5.2〉 과도한 압박이 개인과 조직에 미치는 영향

개인

- **생리적 영향** – 정신 건강 문제, 비특이적 질병, 수면 장애, 심장 관련 문제, 체중 증가, 낮은 에너지와 회복탄력성 부족
- **심리적 영향** – 우울, 불안, 좌절, 염세주의, 초조, 동기 저하
- **행동적 영향** – 공격성, 인내심 부족, 무관심, 관계 손상, 과다한 음주나 자가 투약, 창조성 손실

조직

- **직접적 비용** – 간헐적 결근, 장기 결근(회복에 평균 2, 3개월에서 18개월 걸림), 번아웃에 대한 보상 혹은 업무 중 상해
- **간접적 비용** – 인력 대체로 인한 월급 및 교육 비용, 생산성 감소, 직원 교체 증가, 사무실에 필요 이상 머물게 됨, 좋지 않은 작업 환경

성과

압박 ⟶

우리가 더 민감하게 지각할수록 성과 저하가 금방 드러나고, 더 빨리 개선해 하락 추세를 뒤집을 수도 있다. 성과 곡선에 대한 인식과 알아차림을 넓히지 않는다면 더 열심히 일해 봤자, 이것은 때로 우리가 피하려고 하는 바로 그 일을 초래하기 십상이다. 심한 압박을 받은 사람이 만약 방치된다면, 심각한 건강 문제와 붕괴로 이어질 가능성이 크다. 우리가 책상에서 쓰러지거나 팀 구성원 중 누구도 이와 같은 운명을 겪지 않기를 바란다면, 성과 곡선의 징후를 이해하고 그에 맞게 적응해야 한다.

최고 성과에서 내리막으로 향하는 것을 알려주는 몇 가지 징후가 있다. 첫 번째는 인지력 상실이다. 사람들은 대부분 자신이 내리막길에 있다는 것을 깨닫지 못한다는 점이다. 도전을 받았을 때 그들은 보통 문제가 있다는 사실을 부인하며 곤경에 처했음을 알지 못한다.

이전 장에서 이야기한 바와 같이, 인지력 상실에 대한 타당하고 관련성 있는 신경과학적인 이유도 있다. 압박을 받으면 우리 몸, 특히 심장에서 생성된 혼란스럽고 일관성 없는 생리적 신호는 자기 주도 전두엽 절제 상태를 유발한다. 전두엽과 우리 자신의 지능과 인지 능력의 온전한 깊이에 접근할 수 없다면, 불행하게도 인지적 알아차림은 심각하게 저하된다. 이에 더해 자존감을 상실하고 초조함을 느끼게 되며, 이 모든 것들 때문에 관계가 틀어질 수 있다.

내리막길의 또 다른 경고 신호는 비특이적으로 건강하지 않은 상태다. 내리막에 있는 사람들은 자신이 의사를 찾아가야 하는지 고민할 수도 있다. 불행히도 의사들은 질병이 생기면 그걸 발견하는 것은 익숙하지만, 질병이 발생하기 전에 나타나는 기능 장애나 불안전성을 조기에 발견하는 것은 훈련받지 않았다. 그러므로 의사는 '특이적'으로 잘못되거나 심각한 상황이 발현되지 않았을 때는 그 증상을 무시할 가능성이 있다. 하지만 의사는 이러한 비특이적인 상태에 더 많은 주의를 기울여야 한다. 이는 불안정한 시스템에 관한 초기 경고 신호이며, 주된 질병과 건강하지 않은 상태라는 전조다. 상황이 약간의 기능장애를 보이고 무엇이 잘못되었는지 확신할 수 없을 때가 오히려 우리가 가장 관심을 가져야 할 때다. 이런 것들이 부진한 성과와 건강하지 않은 상태를 원래의 상태로 되돌릴 수 있는 징후이기도 하기 때문이다.

그대로 방치하면 우울, 불만족, 좌절, 비관주의, 흥분, 의욕 저하 등과 같은 보다 뚜렷한 심리적 문제가 발생한다. 이는 직원의 행동 문제, 직장에서의 관계 부진, 극단적 노조 문제, 생산성 저하, 창의성 손상이나 결여, 공격성 증가, 성급함 혹은 무관심을 야기할 수 있다. 궁극적으로 낮은 에너지, 수면 부족, 체중 증가와 같은 비특이적 건강 문제는 심장 질환, 고혈압, 그리고 감염 같은 더 확실한 증상으로 발전한다. 약 복용과 음주의 증가도 내리막길을 걷고 있다는 신호다.

개인의 성과와 건강을 해치는 것뿐만 아니라 내리막길에는 조직적인 비용이 든다(〈그림 5.2〉). 팀 수준에서 건강이 저하되는 신호로는 인간관계 역동성의 악화, 과도한 사일로(곡물을 쌓아 두는 창고로, 여기서는 조직의 고립을 의미함-옮긴이주)와 빈번한 조직원 간의 다툼 등을 들 수 있다. 사업 단위 수준에서 건강 악화는 도움이 되지 않는 문화로 나타날 수 있다. 조직의 수준에서는 원시 부족 수준의 행동이나 영역 다툼 같은 형식으로 나타날 것이다. 의욕이 저하되어 직원들의 결근율이 높아질 가능성이 있다. 이는 장기 결근으로도 이어질 수 있으며, 건강 악화나 업무 중 상해에 대한 보상 청구가 증가하기도 한다. 이런 일은 급여 대체 및 결근을 보충하는 데 필요한 인원 증가로 간접 비용이 발생한다. 직원들은 변화에 완강히 저항할 수 있으며, 결국 지속적으로 높은 성과를 올리는 것을 방해한다.

자신이나 조직의 성과를 높이려면 자신과 다른 사람들의 역량을 끌어올려야 하는데, 이는 성과 곡선의 건강한 측면에서만 효과적으로 이루어질 수 있다.

탁월한 리더십을 말하다

1장에서 탁월한 리더십 모델을 소개했는데, 이는 우리가 최선을 다했는데도 원하는 결과를 얻지 못하는 이유를 설명하기 때문에 좀 더 자세하게 살펴보고자 한다.

켄 윌버의 AQAL은[6] 세계와 거기 포함된 개인이 실제로 어떻게 움직이는가를 설명하는 모델이다. 여기에서 착안해 만든 탁월한 리더십 모델(〈그림 1.6〉)은 기업과 기업 내부 사람들이 실제로 어떻게 움직이는지에 초점이 맞춰져 있다. 이 모델을 비즈니스와 좀 더 연관시켜 보면, AQAL 모델을 시계 반대 방향으로 회전시키고 관점을 '존재(I, 나)', '관계맺는(WE, 우리)', '실행하는(IT, 그것)'으로 단순화할 수 있다. 우리는 개인을 중심에 두고, 그들의 합리적이며 객관적인 세계(IT)를 보았다. 이를 통해 리더는 당면한 문제의 범위를 잘 이해하는 데 도움을 줄 수 있는, 실용적이고 강력한 지적 관점에서 도출한 경영 환경을 볼 수 있다.

우리가 삶의 중심에 서서 앞을 바라보며 최선의 노력을 했는데도 원하는 결과를 얻지 못하는 이유는, '우리(I와 WE)' 뒤에 무엇이 있는지 거의 보지 않기 때문이다. 대신 '그것(IT)', 특히 우리 시간의 80~95%를 차지하는 단기적인 '그것'에 집중한다. 합리적이고 객관적인 세계에서 우리의 노력은 '나(생리, 감정, 느낌과 생각)' 위에 구축되며, 우리가 원하는 성공은 대인관계인 '우리'에서의 연결이 필요하다는 사실을 깨달아야 한다. 만약 그렇지 못한다면, 합리적이고 객관적인 세계에서 뛰어난 효과를 만들어내는 견고한 기반을 만들 수 없다.

리더들은 비즈니스 게임을 하는 동안 '그것(IT)에 집착해' 분기별 실적이나 주주 가치 제고에 쫓기며, '그것(IT)'의 단기 목표나 목적, 평가에 지나치게 집착한다. 시간이 허락한다면, 몇몇 경영자는 전략적인 문제에 초점을 맞추기도 한다. 그리고 많은 리더들이 '우리(WE)'의 중요성을 인정하지만, 문화와 가치, 관계의 관련성을 이해하는 데 어려움을 겪는다.

'나(I)'에 대해 이야기해 보자면, 극소수의 리더만이 알아차림이나 개인적 성장, 사고의 질과 에너지 수준에 대해 생각하는 시간을 가진다. 사실 누구도 피곤함을 알아차리는 일 말고는 자신의 생리에 대해서는 생각하지 않는다. 리더십의 4가지 차원은 경영대학원에서 거의 논의되지 않고, 가르치지 않으며, 경영과 리더십 관련 신문이나 잡지에도 잘 등장하지 않는다.[7] 그러나 우리는 장기적인 '그것'과 대인관계의 '우리', '나'가 사업의 변화와 규칙을 다시 쓰는 주된 요소라고 믿는다.

탁월한 리더가 되기 위해서는 4개의 사분면 모두를 동시에 알아차리고 발달시켜야 한다. 우리는 자기 인식을 키우며, 더 나은 대인관계 기술을 발전시키고, 혁신적이고 탄력적인 사업을 구축해야 한다. 모든 사분면에서 모두 뛰어난 지도자는 거의 없다. 몇몇의 세계적인 뛰어난 리더들만이 4개 사분면 사이를 일관되게 조율하는 능력을 갖추었다.

개인적 성과 : '나'의 주관적이고 내적인 세계

모든 리더십 관련 도서를 한 문구로 요약한다면, '너 자신이 되라'일 것이다. 이처럼 리더십의 여정이 '나(I)'로부터 시작되는 것은 사실이나 대부분의 경영자는 '나'에 대해 거의 공부한 적이 없고, 무엇이 '나'이고, 자신이 정말로 누구인지 이해하지 못하는 것도 사실이다. 리더들은 진정성의 개념을 지적으로 이해할 수 있지만, 시간 부족이나 성향 때문에 '나' 사분면에 대해 성찰하거나 매일 나타나서 그 일을 하는 사람이 누구인지 생각하는 데 시간을 보내는 사람은 거의 없다. 하지만 나 자신이 누구인지 제대로 알지 못한다면, 나 자신이 무엇에 진심인지 어떻게 알 수 있을까?

앞서 말한 것처럼, 리더들이 전적으로 앞을 보는 것에 집중하고 왼쪽 어깨 너머로 '나'의 개인적인 내면세계를 돌아보는 일이 거의 없다는 점을 고려하면, 이것은 그리 놀라운 일이 아니다. 리더들은 그들 자신이 되도록 격려받지만, 자신이 누구이고 무엇이 자신을 움직이게 하는지 생각할 시간이나 지적 틀조차 주어지지 않는다.

지금까지 다루었던 생리, 감정, 느낌 및 사고는 '나' 사분면에서 리더십 행동과 개인적 성과를 실제로 유도하는 것이 무엇인지를 훨씬 더 정교하게 알기 위해 필요한 인지적 틀을 제공하고자 한다.

인적 리더십 : '우리'의 대인관계 세계

리더십의 오른쪽 어깨 뒤에는 대인관계 세계인 '우리(WE)'가 있는데, 이는 다음 장에서 자세히 논의할 것이다. 성공적인 리더십에는 따르는 사람이 필요하기 때문에 리더가 다른 사람과 어떻게 상호작용하는지도 중요하다.

리더에게 인간 상호작용은 일 대 전체, 일 대 다수, 일 대 일 등 3가지 수준에서 일어난다. 가장 높은 수준에서 리더는 조직의 가치 및 문화의 가장 큰 결정자다(일 대 전체). 리더의 영향력은 주변 임원진들과 얼마나 효과적으로 협력하는지에 대한 능력에 따라 결정된다(일 대 다수). 팀을 구성하고 유대감을 형성하는 능력은 조직의 성공에 매우 중요한 역할을 한다. 하지만 리더는 사업, 재무, 운영, 마케팅 혹은 법적 '지위'를 거치며 일해 왔다 하더라도, 팀을 구성하고 결속시키는 훈련은 받지 않았다. 사람들은 리더가 그런 일을 할 수 있을 것이라고 쉽게 가정한다. 마지막으로 리더에게 직원 및 이해관계자와 생산적 관계를 발전시키고 육성하는 능력(일 대 일)도 필수다. 리더가 만나는 모든 사람에게 어떻게 대처하느냐에 따라 개인의 리더십 브랜드와 영향력이 결정된다. 대부분의 리더는 자신의 개인적 리더십 자질, 개인적 브랜드, 또는 자신이 얼마나 영향력이 있는지에 대해 생각하는 데 많은 시간을 보내지 않는다.

'나'와 '우리'는 둘 다 보통 눈에 잘 띄지 않는 현실의 측면이다. 대신 리더는 '그것'이라는 가시적, 외적인 객관적인 세계, 즉 비즈니스에 완전히 집중한다. 많은 리더가 '사람이 가장 중요한 자산'이라고 주장하지만, 그들은 대부분의 시간과 관심을 운영 및 재무에 집중한다. 한 CEO에게 "만약 당신에게 사람이 중요한 자산이라면, 왜 인사팀 책임자와 많은 시간을 함께 보내지 않습니까?"라고 물은 적이 있다. 그랬더니 "그는 바보니까요"라는 답이 돌아왔다. 이는 행동이 말보다 더 잘 말해주는 전형적인 예다. 만약 그 CEO가 그의 재무팀 책임자를 바보라고 생각했다면, 그들은 5분도 살아남지 못했을 것이다. 재정과 운영은 성공에 절대적으로 중요한 것이기 때문이다. CEO가 인사팀 책임자를 바보라고 생각함에도 불구하고, 여전히 그를 그 자리에 두는 것은 그만큼 그 자리를 얼마나 소홀히 하는지를 보여주는 대목이다.

우리는 가장 대담하고 혁신적인 광업 분야 인사 전문가이며 퍼스트 퀀텀 미네랄스First Quantum Minerals 사의 인사관리 전문가였던 닉 워런Nick Warren을 인터뷰했다. 그는 인적 리더십이 중요하다고 생각될 때, 어떤 것을 할 수 있는지 설명했다. 퍼스트 퀀텀 미네랄스는 전 세계 여러 광산에서 구리, 니켈, 금, 아연 및 플래티넘 금속을 생산하며 급속 성장한 광업 및 금속 회사다. 닉 워런은 다음과 같이 이야기했다.

"우리는 실용적인 방법으로 인재개발에 헌신했습니다. 그것이 우리 문화의 일부가 되기를 원했죠. 몇 년 전 대학원 과정을 시작했는데, 그 자체는 특이한 것이 아니었지만 그 과정을 만든 이유는 조직 내 모든 관리자에게 인사관리 책임을 부여하기 위해서였어요. 각 관리자는 그들이 조력해야 할 졸업생이 1명 이상 있었죠. 졸업생들이 학업적 역량을 갖추는 동안, 그들은 성장해야 하고 관리자들은 그 책임을 져야 합니다. 처음에는 저항이 좀 있었지만, 관리자들은 곧 팀 내 인재개발의 이점을 알게 되었고, 자신들의 졸업생뿐만 아니라 다른 직원도 발전시키는 결과를 낳았어요. 우리는 이런 방법으로 사람들을 성장시키는 문화를 만들고 있습니다."

마켓 리더십 : '그것'의 미래 세상

글로벌 사업을 이끌어간다는 것은 매우 복잡하고 압박감이 크기에 지도자는 대부분 미래를 생각하며 시간을 보낸다. 우상 사분면인 마켓 리더십은 장기적인 '그것'이다. 〈그림 1.6〉에서는 리더가 '어떤' '그것'을 해야 할지에 초점을 맞추고 있으며, 미래와 그 미래를 만들어 가는 방법을 강조한다. 전 세계의 재계 지도자는 장기 전망이 중요하다는 사실을 알고 있지만, 매우 소수만이 다른 3가지 사분면에 집중할 수 있도록 일상적인 '잡다한 일'에서 벗어난다. 위대한 비즈니스 리더들은 현재를 관리하는 만큼 미래를 구축하는 데 많은 시간을 투자한다.

1장에서 언급한 바와 같이, 대부분의 기업은 마켓 리더십 우측 위 사분면의 핵심 개념을 명확하게 구별하지 못하기 때문에 미래 설계에 어려움을 겪는다. 전략적 사고에 대한 상세한 교육이 없는 상황에서, 많은 기업은 이를 일부 상세한 시장 분석과 상업적 옵션을 제공하는 전략 회사에 아웃소싱한다. 따라서 많은 조직에서 내부의 전략적 사고 능력은 부재하거나 개발이 미흡하다. 때로 지도자들에게 그들의 전략적 의도를 설명해달라고 요청하면, '연간 계획'에 대한 생각을 말하는데, 그것은 전혀 다른 이야기다. 수준 높은 전략적 사고나 전략적 개발과정의 부재는 연쇄반응을 일으켜 성장과 혁신을 저해한다.[8] 야망의 크기에 비해 세부 정보가 불충분하다면 CEO가 순차적이며 효과적인 결정을 하는 것이 매우 어려워질 수 있고, 특히 신속한 결정이 이루어져야 할 때 더욱 그렇다. 효과적으로 명확하게 제시된 목적이 없기에 직원 참여 수준은 매우 낮아질 수 있다. 모호하게 정의된 비전은 고객을 혼란스럽게 하고, 내부적으로는 참여 수준이 더욱 낮아지게 된다. 마지막으로 대규모의 비효율적 조직 관리는 의사결정을 크게 지연시키고, 임원은 조직 성과를 높이는 데 도움이 되지 않는 번거로운 회의에 쓸데없이 많은 시간을 소비하게 된다.

이러한 모든 마켓 리더십 분야에 대한 질적인 집중은 비즈니스 경쟁사와의 사이에서 '명확한 차이'를 만들어낼 수 있다.[9] 좌상 사분면(사업 성과)보다 우상 사분면(마켓 리더십)에서 더 많은 경쟁적 우위를 확보할 수 있지만, 많은 리더들은 즉각적인 단기 목표 외의 일에 집중하는 것이 매우 어렵다는 것을 알게 된다. 이 문제는 불확실성과 심각한 불안정성을 야기하는 변덕스러운 시장 상황 때문에 악화된다.

사업 성과 : '그것'의 지금과 여기의 세계

이 사분면은 돈, 이익, 비용, 제품, 서비스, 마케팅, 목표 운영 모델, 성과 관리 시스템, 동종 판매 비교 및 성공 지표의 단기 '그것'에만 관심이 있다. 단지 '그것'은 오로지 오늘과 분기별 성과에 초점이 맞춰져 있다. 우리는 직원이 500명 넘는 글로벌 CEO들과 이야기를 나누었는데, 그들은 지금 실천해야 하는 '무엇' 및 '그것'과 관련된 생각을 주로 하고 있었다.

단기 실적은 개인 경력에서 절대적으로 중요하다. 더구나 리더들이 실적을 내지 못한다면, 다른 3개 사분면의 잠재력을 탐험할 기회를 얻지 못할 것이다. 이 시나리오의 역설은 대형 상업적 성과는 사실상 그 다른 3개 사분면에서만 찾을 수 있다는 것이다. 결국 하루

하루의 기준 지표들을 더 잘 파악한다고 해서 경쟁사를 이기는 것은 아니다. 그러나 수많은 운영 지표인 KPI Key Performance Indicator(특정 목표에 대한 시간 경과에 따른 성과를 정량화할 수 있는 측정치인 핵심 성과 지표 - 옮긴이주)와 '조직 운영'을 통해 측정되는 엄격한 비용 관리, 공급 업체 축소, 그리고 최고의 효율성을 위한 운영 압박은 CEO가 주주 이익을 실현하기 위해 사용하는 표준 조합이라고 할 수 있다.

다른 사분면에서 활동이 없을 때 그런 활동들이 필요하지만, 이는 결과를 도출해내려는 지루한 사업이 된다. 이런 조직의 일부가 된다는 것은 흥미로운 일이 아니며, 장기적으로 동기부여가 저하되고, 인재를 유치하고 유지하기가 더 어려워진다. 또한, 주도적인 역할은 잠식되고 명성은 사라진다.

리더들은 자신의 노력과 독립적으로 작동하는 경영 시스템을 구축하는 데 초점을 맞출 필요가 있다. 일상적인 운영 중심에서 벗어나지 못한다면, 그들은 아마도 사업을 이끌어 가기보다는 단지 관리만 하고 있을 것이다. 대부분의 리더에게 도전이 되는 것은 '오늘'의 압박에서 벗어나는 것이다. 리더가 좌상 사분면(사업 성과 영역)에 자신의 역할을 대체할 수 있는 구조를 구축하지 않는 한 비즈니스를 효과적으로 이끌기가 매우 어렵다. 탁월한 리더십은 리더가 모든 사분면을 일관되게 운영될 때만 나타난다.

복잡한 세상에서 리드하기

비즈니스를 경영하는 데 있어서 진정한 리더십을 갖기란 매우 어려운 일이다. 종종 주어진 과업만을 지속하고 단기 결과 창출에 집중하는 것이 안전할 수 있다. 경영은 주로 좌상 사분면(사업 성과 영역)에 해당하지만, 사실상 리더십은 나머지 3개의 사분면에 해당한다. 경영은 실행doing에 대한 것인 반면, 리더십은 존재being에 대한 것이다. 그리고 '당신이 어떤 사람으로 존재하는가'는 성숙도의 문제로 귀결된다. 그러므로 탁월한 리더의 성장은 성숙도와 관련이 있다는 점은 놀라운 일이 아니다.

연구 결과에 따르면, 리더십의 성숙도에 따라 조직의 변화를 이끄는 능력을 예측할 수 있다고 한다.[10] 다수의 학자가 성인 성숙도에 대한 연구와 논문을 썼고, 성인 성장의 다양한 단계를 규명했다. 그러나 이 책에서 소개한 많은 통찰처럼, 성인 발달 이론은 최근까지도 주로 학계에서만 다루고 있었고, 그 통찰이 실제 현장으로 전달되지 않았다.

앞선 장에서 성숙도를 가늠하는 방법, 즉 켄 윌버의 10단계 자아발전 이론을 탐구했다. 다른 여러 학자들도 성인 발달의 다른 측면을 논의해 왔다. 이런 연구는 리더십 발달에 매우 유용한 이론을 제공함에도 불구하고, 인사관리자나 리더십 전문가가 그들의 업적을 연구하기는커녕 들어본 적도 없다는 것은 놀라운 일이다. 예를 들어,

키건은 주관('나'의 세계)과 객관('그것'의 세계)의 관계와 이 관계가 자신의 목표를 만드는데 어떤 영향을 미치는지에 대해 상당히 가치 있는 통찰을 제공하고 있다.

특히 이 분야에 관련된 학자 중 45년간 자아의 성숙과 그것이 조직 내에서 어떻게 역할을 하는지를 연구한 쿡 그루터가 도움이 된다. 그녀의 연구는 조직의 맨 위인 이사회에서의 다툼과 조직 내 상위 계층에서 종종 발생하는 '정치적 책략'이 리더들이 위대한 회사를 구축하고 결과를 실현하는 데 있어서 어떻게 방해를 받는지 설명한다. 이 연구는 왜 리더들이 항상 같은 종류의 문제에 같은 종류의 해법에 도달하는지 설명해준다. 특히 그녀의 업적은 초자아 수준을 정의하고 세분화해 켄 윌버의 설명을 더 깊게 이해할 수 있게 돕는다. 이런 지속적인 연구는 리더십 논쟁의 핵심에 좀 더 다가가며, 왜 많은 리더들이 힘겨워하는지를 다룬다.

윌리엄 토버트는 비즈니스 환경에서 무엇이 행동을 주도하는지의 관점에서 성인 성숙도를 탐구한다. 리더들은 다양한 단계들이 비즈니스에서 어떻게 작용하는지에 대한 그의 설명을 통해 잘 인지할 수 있게 되었다. 토버트가 성숙도, 특히 대부분의 비즈니스에서 '무게 중심'이라고 표현한 3가지 특징은 쿡 그루터의 설명보다 좀 더 쉽게 이해할 수 있다.

우리는 토버트와 쿡 그루터의 연구를 바탕으로 핵심을 더 잘 이해하려고 노력해 왔다.[11] 비즈니스에서 나타나는 가장 흔한 2가지 단

계는 둘 다 관습적인 단계로, 전문가와 성취가로 불린다. ____

성인 성숙도 이론은 서서히 알려졌지만, 비즈니스에서 볼 수 있는 기능 장애의 많은 부분을 이해하는 데 도움을 주는 매우 현명하고 실용적 틀을 제공한다(〈표 5.1〉). 이전 장에서 언급했듯, 리더가 성인 성숙도의 각 단계와 이와 관련된 행동, 그리고 그것이 사업에서 어떻게 표현되는지를 이해하면, 팀에 있는 다른 사람들의 성숙도 단계를 파악할 수 있다. 결과적으로 다른 성숙도 단계를 이해하는 것은 팀이 원활하게 돌아가지 않는 원인과 한계에 부딪히는 이유, 그리고 그 상황에서 해야 할 일에 대한 실마리를 제공한다.

성인 성숙도를 연구하는 학자 대다수는 글로벌 리더로 성장하는 데 필요한 가장 중요한 단계 변화로, 관습적 관점에서 관습적 이후 관점으로의 도약을 이야기한다. 토버트에 따르면, 관습적 관점에서 세계에 접근하는 리더의 비율은 적어도 68%로,[12] 지식에 집중되어 있다. 이와 대조적으로, 관습적 이후 관점의 리더는 지혜와 지식의 구분뿐만 아니라 이 차이를 조직의 성공과 역할과 관련된 실행의 관점에서 중요한 차이를 이해하고 구분한다.[13]

토버트는 관습적 단계의 리더는 특정 분야에서 뛰어난 기술 능력을 가지고 있어 고위직으로 승진할 수 있었지만, 이 능력이 있다고 해서 사업을 이끌 만한 자격을 무조건적으로 부여하는 것은 아니라고 설명한다. 그리고 대부분의 학습과 성장이 실제로는 성장보다 학습에 집중되어 있다는 점을 고려해 보면, 관습적 리더는 '능력 밖의 감당할 수 없는 상황'을 경험한다.[14] 그것은 그 개인이나 사업을 위해서도 좋은 일이 아니다.

관습적 리더는 더 알고, 더 행동하기를 좋아한다. 리더가 성숙해 감에 따라 현상을 구분할 능력이 커지는데, 그 자체가 성장의 증거다. 전문가와 성취가는 세상을 예측하고, 측정하고, 설명하는 것을 좋아한다. 이것을 통해 미래를 예측하고, 과거를 돌아보며 작용하는 패턴, 규칙, 법칙을 발견한다. 얼마나 더 많이 지각하고 퍼즐의 더 많은 조각을 알아차리느냐에 따라 그들의 성공을 좌우한다.

〈표 5.1〉 리더십 성숙도 단계

기술어		단계
12	계몽된	관습적 이후
11	구체화된	관습적 이후
10	융합주의자	관습적 이후
9	연금술사	관습적 이후
8	통합주의자	관습적 이후
7	다원론자	관습적 이후
6	성취가	관습적인
5	전문가	관습적인
4	순응주의자	관습적인
3	자기방어적	관습적 이전의
2	자기중심적	관습적 이전의
1	충동적인	관습적 이전의

대조적으로 관습적 이후 단계의 리더는 환상을 걷어내고 더 깊게 현실을 바라본다. 그들이 관습적 이후 생각의 3단계를 거치면서, 쌓아온 지식과 지혜를 통합하는 능력이 커지는데, 이 역시 성장의 증거다. 그들은 해답에 대한 선입견 없이 문제에 접근하기를 좋아한다. 또 훨씬 더 총체적이고 역동적인 접근법으로 맥락과 미래의 가능성만을 조사하기보다 이슈를 둘러싼 것들을 깊이 있게 검토하려고 한다. 그들은 사고에서 숨겨진 가정을 찾아내고자 노력하며, 폭과 깊이 사이의 상호작용을 탐구한다.

수많은 리더들은 이렇게 하지 않아도 어느 정도 성공을 성취했기 때문에, 자신의 수직적 성장에 집중할 이유가 없었다. 그러나 세계가 가속화하고 더 복잡해지면서, 리더들은 이제까지 해 온 방식으로는 성공을 거두기 어렵다는 사실을 알고 있다. 그들은 자신의 성장이 개인적 성공뿐만 아니라 사업상 성공에도 중요하다는 사실에 '눈을 뜨기' 시작했다. 더 계몽된 비즈니스일수록 이를 더 인지하고, 의도적으로 성장하는 조직을 지향한다Deliberately Developmental Organizations, DDOs.[15]

다양한 발전적 학자들은 서로 다른 관점과 명칭, 뉘앙스를 가지고 자신의 주제를 바라볼 수 있지만, 대부분의 리더가 '성취가' 아래의 단계에서 활동하고 있다는 점에는 모두가 인정한다. 좀 더 확장된 관점과 높은 성숙도를 갖춘 리더는 존재하지만, 현재 대다수 리더들의 전체적인 '중심 경향'은 5단계와 6단계 사이에서 맴돌고 있으며,[16] 이 비율은 85%에 이른다(〈표 5.1〉).[17] 우리는 그 영향을 오늘날 세상에서 고통스럽게 경험하고 있다. 예를 들면, 세상이 혼돈스러운 이유 중 하나는 6단계(성취가) 이하의 생각이 지배적이기 때문이다.[18] 새로운 금융 위기는 불가피해 보이며,[19] 우리의 집단적 능력이 코로나19를 극복하고 수준 높은 공동의 해결책을 도출하는 방식은 비참하게도 효과적이지 않았다. 이것은 리더들이 인수 합병 방식으로 비즈니스를 성장시키려고 하는 주요 이유 중 하나일 것이다.[20] 또한, 글로벌 비즈니스 최고위직을 차지하고 있는 지치고 불행한 경영진의 일부가 부분적으로나마 이러한 상황의 책임을 져야 할 것이다.

우리에게는 진화와 수직적 성장이 필요하다. 그리고 관계자와 주주, 그리고 지구를 이끌어 갈 새로운 방법이 필요하다. 보다 성숙하고 탁월한 리더가 무엇보다 필요한 때이다.

성과를 유도하는 행동

지난 30여 년간 리더십 능력 모델과 행동 체계는 각 기관이 각자의 구조적 체계를 갖추는 지점까지 성장해 왔다. 리더들이 조직에 미치는 영향과 그들이 하는 일을 고려할 때 이것은 합리적 결정이다. 그러나 그런 역량 체계에 상당한 시간과 비용을 투자했음에도 불구하고 도출해낸 것이 거의 없다는 것에 많은 실망이 있었다. 일부 전문가들은 전체 역할 모델에 대한 가정에 문제가 있다고 주장한다.[21] 실제로 많은 학자가 행동 역량에 심각한 결함이 있다고 믿으며, 행동 체계가 현실적이고 상업적인 연관성을 띠는지 의문을 제기한다고 연구 결과는 밝히고 있다.[22]

그러므로 리더십 행동을 변화시키려 노력하는 기관은 어디에서 시작해야 할까? 행동은 성과를 향상시키기 위한 마지막 공통 경로이기에 중요하다. 다행히도 행동 역량의 구조에 대한 사고방식은 지난 수년 동안 상당한 발전을 이루었다. 회사가 쌓아 온 수천 가지 행동들이 '단어 11개로 대표되는 행동 능력'을 기초로 만들어졌음이 밝혀졌다.[23]

진실로 중요한 행동들

높은 성과를 달성하는 데 중요한 행동은 플로리다대학교의 해리 슈로더Harry Schroder와 런던 정경대학의 토니 코커릴Tony Cockerill이 개발한 방법을 통해 식별되었는데, 이는 역량 체계의 모든 문제를 피하는 것을 목표로 한다.[24]

"복잡하고 역동적 상황에서 리더가 높은 성과를 도출하기 위해 어떤 행동 능력을 활용해야 할까?"

그들은 이 질문으로부터 시작했고, 상당수의 (크고 작은) 예측 불가능한 변화를 겪는 사업을 연구해, 중요한 행동 능력과 실제로 적용한 행동을 밝혀냈다.

슈로더와 코커릴의 연구는 초기 아이디어부터 성공적인 실천까지 조직의 성공을 결정하는 데 11가지 행동 능력이 있음을 발견했다.[25] 모든 리더는 생각을 유익한 행동으로 변환해야 한다. 성공과 실패의 유일한 차이는 각 리더가 11가지 기초적인 행동을 얼마나 능숙하게 사용하는지에 달려 있다(〈표 5.3〉).

리더에게 단지 이런 행동들이 있느냐, 없느냐의 문제가 아니다. 중요한 것은 어느 정도 단계로 존재하는가다. 각 행동에는 '제한적'부터 '전략적 강점'까지 아우르는 6개 단계의 역량이 있다. 더 성공적이고 영향력 있는 리더일수록 '강점'이나 '전략적 강점'을 보여준다.

대부분의 조직 체계는 이 연구에 근거하지 않는다. 종종 행동에 대한 상세한 설명이 있지만, 행동 단어는 최대 5개 정도의 '단어'가 섞여 있을 수 있다. 이 경우 조직이 행동 능력을 정확하게 측정하거나 인재 풀 내에서 행동을 발전시키는 것이 불가능하다. 대부분의 조직이 이러한 11가지 행동 능력에 6개 단계의 정교함이 있다는 것을 깨닫지 못하기 때문에, 그들의 역량 체계는 종종 다른 단계의 여

〈표 5.2〉 행동 능력 6단계 | 출처 ·ⓒ Complete Ltd

평가	정의
전략적 강점(5단계)	지속적으로 높은 영향력을 미치는 행동을 하고, 타인에게 그것의 사용을 촉진하며, 조직에 녹아들게 한다.
강점(4단계)	더 장기적인 결과를 창출하기 위해 팀과 사업 단위 혹은 부서에 지속적으로 높은 영향력을 미치는 행동을 한다.
강점을 개발하는 (3단계와 때때로 4단계)	개인적 업무나 때로 더 넓은 영역으로 가치를 더하는 행동을 지속적으로 한다.
가치를 더하는(3단계)	개인적 업무에 단기적으로 기본 수준에서 가치를 더하는 행동을 하지만, 지속적이지는 않다.
덜 개발된(2단계)	행동 능력을 이해하지만, 그것을 사용하지 않거나 사용의 증거가 없다.
제한적인(1단계)	성과를 저하하는 방식으로 행동을 한다.

러 가지 행동을 혼합한다. 마지막으로 많은 회사가 11가지 중요한
행동 능력의 범위를 충분히 다루지 못한다. 이것은 대다수 조직의
역량 체계가 그들이 전달하고자 하는 진보를 제공하지 못하는 것을
의미한다.

〈표 5.3〉 11가지 행동 단어

실행 운영 효율을 극대화하고 조직의 변화를 이끌어 사업 성과와 고객 가치를 도출한다.	상상 사업적 맥락의 관점을 넓고 깊게 해 비전과 전력을 확실하게 하고 경쟁적 장점을 만들어낸다.
능동적으로 행동하기 *Being Proactive*	정보 구하기 *Seeking Information*
지속적으로 향상하기 *Continuously Improving*	개념 형성하기 *Forming CoNcepts*
–	개념적 유연성 *Conceptual FleXing*
활성화 사업을 진행하게 하는 생각, 계획, 전략을 지지하는 헌신과 열정을 보여주는 사람들과 연결한다.	**참여** 개인과 팀의 신뢰를 형성하고 잠재력에 자양분을 주며 최선의 상태로 이끌기 위해 충분히 관여하고 성장한다.
영향력 있게 전파하기 *Transmitting Impactfully*	공감하며 관계 맺기 *Empathic Connecting*
자신감 증진 *Building Confidence*	상호작용 촉진하기 *Facilitating Interaction*
타인에게 영향력 미치기 *Influencing Others*	인재 양성하기 *Developing Poeple*

　　내가 운영하는 콤플리트사에서는 리더십 행동 프로파일을 사용
해 리더를 프로파일링한다. 이는 개인과 팀 행동 능력에 대해 정확
한 통찰을 제공한다. 또 더 나은 성장을 위한 지도 역할을 하며, 개인
과 팀을 더욱 효율적이고 생산적으로 만들어준다. 이 프로파일은 개

인이 11개의 실행을 촉진하는 행동을 조사하고, 개인이 각 행동에서 보여주는 역량 수준을 알려준다(〈표 5.2〉). 만일 특정 행동 능력이 '제한적'이라고 밝혀진다면, 리더는 비즈니스 실행력을 저하시키는 방향으로 행동을 방해하고 있다는 뜻이다. 만일 행동 능력이 '덜 개발되었다'고 판단되었다면, 리더가 현재 그 행동 능력을 사용하지 않거나 드물게 사용하고 있다는 뜻이다. 대부분의 리더는 1단계 혹은 2단계의 '덜 개발된' 행동 능력을 지니고 있다. 만일 어떤 행동 능력이 '가치를 더하는' 것으로 판단되었다면, 리더는 그 행동 능력을 기초적 단계에서 비즈니스에 '가치를 더하는' 쪽으로 사용하고 있으나 일관되지 않은 것이다. 이 리더는 대부분 3단계 혹은 4단계의 '가치를 더하는' 행동 능력을 소유하고 있다.

만일 행동 능력이 '강점'으로 판단되면, 리더는 지속적으로 사업에 행동 능력을 활용해 큰 효과를 가져온다. 리더는 그 행동 능력을 통해 비즈니스의 장기 성과에 상당한 영향을 미친다. '강점' 아래 단계는 '강점을 개발하는' 것으로 리더가 가치를 더하기 위해 그 행동 능력을 지속적으로 사용하지만, 아직은 비즈니스에서 중대한 영향력을 발휘할 만큼 지속적으로 사용하지 않는 상태를 의미한다. 이 리더는 대부분 4단계 혹은 5단계의 '강점'과 '강점을 개발하는' 행동 능력을 지니고 있다.

마지막으로 리더가 특정 행동을 높은 영향력으로 일관되게 사용하고, 다른 사람들을 코칭하며 사업에 영향력을 발휘해 시스템이나 문화 변화를 구현할 경우, 행동은 '전략적 강점'으로 분류된다. 리더의 행동을 글로벌 기준과 비교해 '전략적 강점'의 개수가 어느 정도인지에 따라 임원 중에서 CEO나 글로벌 CEO 후보를 찾아낼 수 있다.

이러한 주된 행동 내에서 현재의 숙련도를 파악함으로써, 리더와 경영진은 개인적 및 집단적 특정 영역의 행동 발전에 집중할 수 있다. 일반적인 '리더십 행동 트레이닝' 프로그램에 가치 있는 시간과 돈을 낭비하는 대신, 이러한 통찰을 활용하면 효과적으로 '가치를 더하는(3단계)'에서 '강점(4단계)' 혹은 '강점(4단계)에서 전략적 강점(5단계)'으로 행동들을 향상시키는 것을 유일한 목표로 삼아 리더십 코칭에 매우 꼼꼼한 분석을 제공할 수 있다. 대부분의 조직이 현재 소모하는 것보다 적은 노력으로 개인과 팀 성과를 크게 개선할 수 있다.

11가지 성과 추진 행동 능력

슈로더와 코커릴의 연구로 밝혀진 11가지 행동 능력은 각각 3개의 행동 능력을 포함한 4개의 고유하고 순차적인 클러스터로 조직화할 수 있다. 단 '실행'은 2개의 행동 능력을 포함한다(〈표 5.3〉).

• 첫 번째 행동 클러스터 : 상상

상상 클러스터는 리더가 사업적 맥락에서 경쟁적 장점을 만들어내는 비전과 전략을 보장하는 폭넓은 관점을 갖추기 위해 필요한 모든 행동 능력을 기술한다. 상상 과정에는 주요한 3가지 행동 능력이 있다.

- **정보 구하기**(S) ｜ 현재 진행 중인 작업과 직접 관련된 것뿐만 아니라 보다 넓은 비즈니스 환경에서 필요한 정보를 찾아내는가?
- **개념 형성하기**(N) ｜ 더 넓은 비즈니스 환경에서 정보와 아이디어를 연결해 수준 높은 개념을 형성하는가?
- **개념적 유연성**(X) ｜ 여러 개의 유망한 옵션을 생성하고 동시에 유지하면서 각 대안의 장단점을 분석해 최적의 해결책을 도출하는가?

- 두 번째 행동 클러스터 : 참여

누군가 상상 단계를 완성하고 실용적 개념을 발전시켜 왔다면 신뢰를 구축하고, 잠재력을 키우며, 타인에게서 최선의 결과를 얻기 위해 개인과 팀을 발전시켜야 한다. 참여 과정에는 다음 3가지 행동이 중요하다.

- **공감하며 관계 맺기**(E) ｜ 경청과 열린 질문을 하며 그 의미가 맞는지 확인함으로써 타인의 관점을 이해하려고 노력하는가?
- **상호작용 촉진하기**(F) ｜ 모든 팀 구성원으로부터 팀 구성원의 기여를 보장하고 각자의 공동의 입장에서 통합된 합작품을 만들기 위해 상호작용을 원활하게 이끌 수 있는 능력이 있는가?
- **인재 양성하기**(D) ｜ 타인의 노력을 지지하면서 그들의 성장과 발전을 위

한 훈련, 조언 및 코칭을 잘 수행할 수 있는 능력이 있는가?

• 세 번째 행동 클러스터 : 활성화

개념이 형성되고, 사람들이 참여해 그것을 실현할 수 있게 되면, 리더는 사업을 진행하는 데 필요한 생각, 계획 및 전략을 지지하며 그들의 헌신과 열정을 알리고 타인과 연결할 필요가 있다. 활성화 과정에 중요한 3가지 행동 능력은 다음과 같다.

- **영향력 있게 전파하기**(T) ｜ 명확하고 체계적으로 요점을 전달하며, 핵심 메시지가 기억될 수 있도록 매력적이고 강력하게 전파하는 능력이 있는가?
- **자신감 증진**(C) ｜ 자신의 입장을 확신 있게 밝히고 성공을 축하하고 긍정적 태도로 다른 사람들에게 낙관과 열의를 불어넣어 긍정적인 분위기를 조성하는 능력이 있는가?
- **타인에게 영향력 미치기**(O) ｜ 이익과 장점을 통해 다른 사람들을 설득하고, 상호 윈-윈 관계를 기반으로 지속가능한 동맹을 형성하는 능력이 있는가?

• 네 번째 행동 클러스터 : 실행

마지막 단계는 각자 아이디어나 업무를 가지고 참여할 때, 운영상 효율을 최대화하고 조직의 변화를 이끌어 사업 성과를 내고 고객의 가치를 실현하는 것이다. 실행 과정에는 중요한 2가지 행동이 있다.

- **능동적으로 행동하기**(P) ｜ 역할과 책임을 할당해 계획을 실현하고 장애와

관료주의 또는 관성을 극복해 변화를 일으키는 능력이 있는가?

- **지속적으로 향상하기**(I) ㅣ 주된 성과 지표를 일상적으로 추적해 품질 관리 및 성과 향상을 위한 적절한 목표를 만들고 측정하는 데 집중할 수 있는 능력이 있는가?

11가지 행동 중 결과의 변수와 관련된 더 자세한 사항은 〈표 5.4〉에서 볼 수 있다. 이런 행동학적 연구는 높은 성과 관리 능력High-Performance Managerial Competencies, HPMC 체계로 알려져 있는데, 세계적으로 리더십 행동 조사의 기초로 널리 활용된다. 이 연구는 오하이오주 리더십 연구[26], 하버드, 미시간[27], 프린스턴 전략 연구, 변혁적 리더십 연구[28], 교육 관리 적합성 연구[29], 미국 경영학회를 위한 리처드 보야티스Richard Boyatzis 교수의 연구[30] 등에서 그 타당성이 증명되었다.

〈표 5.4〉 11가지 행동 능력의 세부 내용

활성화			참여		
영향력 있게 전파하기 (T)	5	사업 단위의 가치와 메시지를 촉진하고 내외적 청중을 프로파일링하기 위해 소통 전략을 만든다. 조직 안팎으로 소통하는 최고의 가치를 만들어낸다.	공감하며 관계 맺기 (E)	5	정직하고 공개적으로 말하는 것에 대해 가치를 느끼고, 자신의 진정한 생각과 신념을 말할 수 있는 신뢰와 환경을 조성한다.
	4	유추, 유머, 강력한 추진력, 제스처, 놀라움과 시각적 보조 도구 등의 사용으로 소통이 더 기억에 남게 한다.		4	들은 것을 되돌아봄으로써, 타인의 아이디어에 대한 자신의 이해를 테스트한다. 다른 사람들도 그렇게 하도록 격려하기 위해 자신의 감정을 공유한다.
	3	언어적 소통이 명확하고 잘 짜여 있으며, 쉽게 이해된다.		3	판단하지 않고 열린 마음으로 질문해, 타인의 관점이나 믿음, 혹은 주장을 이해하기 위해 노력한다.
	2	잘못된 어법, 눈 맞춤, 또는 비효율적 시각 보조 도구로 소통이 방해받는다.		2	타인의 기여를 경청하고 인정한다.
	1	말의 속도가 빠르거나 이해할 수 없는 구조, 횡설수설로 소통이 매우 어렵다.		1	타인의 문장을 방해하고, 말을 많이 한다. 타인의 문장을 끝냄으로써 그의 기여를 차단하고, 그의 의견이나 신념이 가치가 없음을 보여주며, 그를 코너로 몰아가는 질문을 한다.
자신감 증진 (C)	5	성공을 축하하는 과정과 방법, 분위기를 만들고 조직 안팎으로 사기와 확신을 촉진한다.	상호작용 촉진하기 (F)	5	경계를 가로지르는 생각과 업무를 격려하는 과정과 전략을 만든다. 열려 있는 팀의 상호작용과 성장을 위한 가치를 만든다.
	4	희망적이고 낙관적인 진술을 통해 그들 자신, 회사 또는 프로젝트의 성공에 대해 확신을 쌓는다. 성공을 축하한다.		4	둘 혹은 그 이상의 팀 멤버들의 생각이 진정한 '팀의 생각'이 되도록 대화를 촉진한다.

	3	확신에 차 이야기하고 자신의 태도를 타인에게 명확하게 보여준다. 적절하게 결정하고, 필요할 때 어렵거나 인기 없는 결정을 내리는 것을 소극적으로 대하거나 피하지 않는다. 도전을 받을 때 자신의 태도를 견지한다.		3	타인을 기여할 수 있도록 초대하는데, 팀 멤버들 사이의 연결이나 테마를 발견한다. 모든 사람이 연결을 이해하도록 대화를 촉진한다.
	2	정당한 이유 없이 마음을 바꾼다. 필요할 때 결단하는 것을 피한다. 주저하고 의심을 드러낸다. 불확실성을 만든다.		2	팀 토론에 참여하나 권장하지는 않는다.
	1	프로젝트나 회사에 대해 확신이 부족하다는 점을 표현한다. 논쟁적이거나 어려운 이슈를 다루길 거부한다. 비관론이나 낙담의 분위기를 만든다.		1	섣부른 합의나 무대를 장악하거나 타인에게 숨 쉴 시간을 주지 않아 타인의 기여를 차단한다. 상호작용을 그들을 통해서만 하게 해 타인을 낙심하게 한다.
타인에게 영향력 미치기 (O)	5	공동의 목표를 달성하기 위해 다른 조직과 전략적으로 동맹을 맺는다. 어떠한 가치와 관심이 내적 경쟁이나 윈-루즈가 아니라 윈-윈이 되는지 서로 협동하는 분위기를 조성한다.	인재 양성하기 (D)	5	성장, 코칭. 멘토링 프로그램을 만들어 조직에서 학습과 성장을 배양하기 위한 전략 및 과정을 실천한다. 직원의 성장이 사업의 다른 분야와 같은 중요도를 점하도록 확실히 한다.
	4	상호 간에 이득이 되는 목표를 달성할 수 있는지 언급하며 타인과 윈-윈 관계를 맺는다.		4	개인의 성장에 대한 개인적 책임을 진다. 즉, 코칭이나 멘토링을 한다. 타인에게 도전할 기회를 준다. 그들을 성장시키기 위해 프로젝트를 연장하며, 규칙적이고 건설적인 피드백을 준다.
	3	생각, 제안, 상품의 장점과 혜택을 활용해 다른 사람들을 설득하는 걸 목표로 한다.		3	기술을 개발하기 위해 사람들을 훈련 과정에 참여시킨다. 타인이 자신을 발전시키고자 하는 노력을 지지한다.
	2	타인의 동의를 얻으려고 설득하려는 노력 없이 자신의 제안을 그대로 제시한다.		2	성장할 필요성을 인지하나 아무것도 하지 않는다.
	1	자신의 생각을 신뢰하게 하려고 타인의 제안을 비난한다. 사람들의 지지를 얻기 위해 강요나 위협을 할 수 있다.		1	계획, 해법, 관점에 고정되어 대안이나 다른 관점을 고려하지 않는다.

실행			상상		
능동적으로 행동하기 (P)	5	주도권을 잡고 변화를 유도하기 위해 타인을 훈련하고 권한을 부여하며 격려하는 전략을 실행한다.	정보 구하기 (S)	5	현재진행형으로 정보를 수집하고 전파하기 위해 시스템 혹은 전략을 실행한다. 연구 가치를 만들고 지식을 습득한다.
	4	관료주의와 형식적 절차를 버리고 행동의 자유를 허락하고 (받아들여지는 범위 내에서) 주도권을 잡는다. 업무의 역할을 다시 설계해 더 큰 행동의 자유를 허락한다.		4	상황 밖에서도 현재 진행되고 있는 것에 대한 더 넓고 더 나은 진단을 하기 위해 정보를 찾아본다.
	3	책임 있게 단계를 설정하고 할당된 역할과 효과적인 실행계획을 설정한다. 프로젝트의 단계와 순서를 분별한다.		3	당면한 문제에 대한 정보를 적극적으로 탐구한다. 넓게 보다 깊이 있게 탐구할 수도 있다. 당면한 상황에 대한 이해를 얻기 위해 충분한 정보를 모은다.
	2	타인의 제안을 개인적인 것으로 받아들이지 않고 그들의 제안이나 계획에 반응한다.		2	주요 영역을 다루지 못하는 제한된 정보를 탐구한다. 독창적인 탐색은 하지 않으나 이미 알고 있거나 언급된 것을 명확히 한다.
	1	만일 그것이 규칙을 깨거나 '여기서 보통 행해지는 것이 아니거나' 형식적 경계선 밖이라면, 타인이 행동하는 것에 저항하거나 그만둔다. 불필요한 규칙이나 정책을 만들어 타인의 성과를 제한한다.		1	기존 정보에 기초해 가정한다. 타인이 정보를 모으는 것을 막는다. 그들에게 놓여진 정보를 왜곡, 거절, 무시, 혹은 부정한다.
지속적으로 향상하기 (I)	5	성과 측정에 가치를 두는 문화를 만들고 일상의 대화에서 평가 부분을 만든다. 평가는 회사의 목표와 단계적으로 정렬된다.	개념 형성하기 (N)	5	생각의 진화를 격려하고 아이디어를 만들어내는 타인의 노력을 지지하려는 전략이나 과정을 실행한다.
	4	성과를 향상시키는 데 필요한 상호 연결된 목표나 방법을 설정하고 규칙적으로 마일스톤 지표와 비교해 검토한다.		4	강력한 진단 개념, 비전 혹은 해결책들을 만들어내기 위해 명백히 다른 주제들로부터 정보를 연결한다. 즉, 보다 넓은 환경으로부터 상황에 대한 더 깊은 이해를 위해 정보를 연결한다.

3	성과를 관리하거나 향상시키는 목표를 설정한다. 성과를 향상시키는 행동을 취한다.		3	가용 정보로부터 생각과, 판단 혹은 결론을 형성한다. 개념은 당면한 과제와 관련이 있다.
2	향상, 관리 또는 성과 측정에 대해 이야기하지만, 행동은 하지 않는다.		2	타인의 개념을 되풀이하나 자신의 것으로 만들지 못한다. 정보를 조직화하고 구분할 수 있으나 상황을 설명하는 데 사용하지 않는다.
1	성과를 향상시키는 것과 관계없는 목표를 설정하거나 잘못된 것을 평가한다. 성과 향상을 위해 타인이 행동하는 것을 막는다.		1	타인의 생각이 풍부해지기 전에 짓밟는다. 관련 없는 오래된 관념을 재활용한다. 복잡한 아이디어를 이해하는 데 어려움을 겪기도 한다.
		개념적 유연성 (X)	5	타인의 유연한 생각을 격려하며 과정과 전략을 실행한다. 조직의 모든 수준에서 전략적 시나리오를 설정한다.
			4	2개 혹은 그 이상의 해설적 개념, 관점과 대안을 동시에 탐구한다. 판단하기 전 동시에 적어도 2개 이상의 선택 가능한 대안에 대해 장점과 단점을 비교하고 단기와 장기적으로 고려해 본다.
			3	적어도 2개 이상의 대안이나 해법을 제시하거나 사용한다. 상황에 대한 2가지 가능한 진단을 제시하고, 적어도 다른 두 사람의 관점을 본다. 대안은 판단 없이 '평행적인' 것이고 '연속적'인 것이 아니라고 여긴다.
			2	다른 대안이나 관점을 탐구할 수 있다.
			1	1가지 계획이나 해법, 관점에 고정된다. 다른 대안 혹은 관점에 대한 생각이나 인정을 고려하지 않는다.

이러한 11가지 행동 능력에 집중할 때, 사업상 차이를 만들고, 결과를 변화시킬 수 있다. DNA를 구성하는 4개의 염기와 같이, 이 행동의 11개 '단어'는 다른 더 복잡한 수천 가지 행동을 이해하는 데 활용할 수 있다.

'강점'이나 '전략적 강점' 단계에서 온전히 구사할 때, 이런 11가지 행동들은 복잡한 세계에서 뛰어난 수준으로 성과를 내는 리더, 팀 및 조직에 경쟁적 장점을 제공할 수 있다. 이 구조적 틀은 또 개인과 팀의 성취도를 조사해 장점과 약점을 파악하도록 도와준다. 5만 5,000명의 임원 데이터에 기반한 〈표 5.5〉에서 글로벌 벤치마크를 사용하면 개인 및 팀의 역량을 발전시키는 데 필요한 개선 영역을 찾을 수 있다. 예를 들면, 우리는 글로벌 벤치마크를 보고 효과적인 관리자가 '강점' 단계에서 성과를 유인하는 행동 중 3가지를 보유했다는 사실을 알 수 있다.

그러나 만일 관리자가 효과적인 임원 혹은 최고경영자가 되기를 원한다면, '강점' 혹은 '강점을 개발하는' 단계를 더 발달시켜 그것들을 '전략적 강점'으로 변환해야 한다. 글로벌 벤치마크에 기초해서 그 리더가 세계적인 혹은 그룹 CEO와 같은 단계에서 수행하기를 원한다면, 11가지 행동 중 4개는 '전략적 강점' 단계 혹은 그 이상을 보여주어야 한다.

〈표 5.5〉 기준이 되는 리더십 행동 능력

평가 대상자 프로필	개인 기여자	팀장	기능 책임자	부회장 혹은 임원	CEO	글로벌 CEO
강점	강점을 개발하는	강점	강점	전략적 강점	전략적 강점	전략적 강점
강점	강점을 개발하는	강점	강점	강점	전략적 강점	전략적 강점
강점	강점을 개발하는	강점	강점	강점	전략적 강점	전략적 강점
강점을 개발하는	가치를 더하는	강점을 개발하는	강점을 개발하는	강점	강점	전략적 강점
강점을 개발하는	가치를 더하는	가치를 더하는	강점을 개발하는	강점을 개발하는	강점을 개발하는	강점
강점을 개발하는	가치를 더하는	가치를 더하는	가치를 더하는	강점을 개발하는	강점을 개발하는	강점을 개발하는
강점을 개발하는	가치를 더하는	가치를 더하는	가치를 더하는	가치를 더하는	강점을 개발하는	강점을 개발하는
강점을 개발하는	덜 개발된	가치를 더하는	가치를 더하는	가치를 더하는	가치를 더하는	가치를 더하는
가치를 더하는	덜 개발된	덜 개발된	가치를 더하는	가치를 더하는	가치를 더하는	가치를 더하는
가치를 더하는	덜 개발된 +제한적	덜 개발된 +제한적	덜 개발된 +제한적	가치를 더하는	가치를 더하는	가치를 더하는
덜 개발된	덜 개발된 +제한적	덜 개발된 +제한적	덜 개발된 +제한적	덜 개발된 +제한적	덜 개발된 +제한적	덜 개발된 +제한적

이러한 통찰은 매우 중요하며 개인 및 팀 발달에서 학습과 성장을 주도적으로 추진하도록 해준다. 학습과 성장이라는 벽에 모든 것을 던지고 뭔가 얻어지기를 바라는 대신 리더십 행동 프로파일을 통해 강조되었던 구체적인 문제를 해결해 각 구성원에게 최적화된 코칭을 제공할 수 있다.

누구에게나 독특한 고유의 강점이 있다. 이는 리더가 보통 이런 행동 중 4~5개가 뛰어남을 의미한다. 탁월한 리더란 말은 '제한적' 혹은 '덜 개발된' 행동을 보이지 않는다는 사실로도 정의된다. 달리 말하면, 그들은 특정 행동을 부정적으로 사용하지 않으며, 조직에 대해 지속적으로 긍정적인 영향을 미친다는 것을 의미한다.

이는 약점을 강점으로 변환시키는 것이 아니다. 이미 '가치를 더하는' 행동이나 '강점' 단계에서 작동하는 행동을 강조하고 더욱 발전시켜 그들이 '전략적 강점'으로 이행할 수 있는 적극적 단계를 밟아 가는 것에 관련된 것이다. '전략적 강점' 단계에서 움직이는 것은 리더십의 가장 좋은 점을 이용해 사업을 운영하고 리더십 유산을 만들어내는 것을 의미한다.

우리는 한 은행으로부터 행동 역량 체계를 검토해달라는 요청을 받았다. 그들은 리더들이 '그것을 실천하기를' 원했고, 그 행동이 진정 의미하는 게 무엇인지 자세하게 적어 왔다. 검토 결과, 4개의 다른 행동 혹은 '능동적이 될 것'과 '관계를 촉진할 것'을 포함하는 행동 단어가 섞여 있었다. '철자' 4개 중 하나는 '전략적 강점' 수준으로 묘사되었고, 나머지 3개는 '강점'과 '강점을 개발하는', 그리고 '가치를 더하는' 단계였다. 이런 혼란을 고려하면, 그들의 업무 현장에서 이런 행동이 있는지 정확히 조사하는 것은 물론이고, 이러한 행동이 직원들 중에 실제로 존재하는지 명확하게 평가하는 것도 어려웠을 것이다.

11가지 행동을 이해하면 취약한 행동 또는 도움이 되지 않는 방식으로 나타나는 행동을 식별할 수 있다. '제한적'인 행동은 경력 관리에 명백한 제한을 가져온다. 인간은 한계를 결코 강점으로 바꾸지 않는다. 그것은 불가능하다. 대신 개인 혹은 집단 성과에 방해가 되지 않도록 한계의 수준을 충분히 높이도록 집중하면 된다. 그다음에 현재에 '가치를 더하거나' '강점'이 되는 행동에 집중하고 그것들을 더 높은 곳으로 끌어올리면 된다.

우리는 이 행동들을 매일 연습해야 한다. 제프 콜빈Geoff Colvin이 지적했듯, 150년의 연구로 알게 된 것은 타고난 재능 같은 건 없다는 사실이다.[31] 대신 예측 가능한 기술의 발현은 상당한 노력을 기울인 의도적인 연습 뒤에 따라오는 것이다. 우리가 '가치를 더하거나' '강점'에 있을 때 행동에서 성과를 향상시키기가 더 쉽고 빠르다. 이 분야에서 상당한 시간을 보냈기 때문이다.

자신이 11가지 성과 유인 행동 중 어디에 있는지 안다면, 학습 및 개발의 방향을 정하고 결과를 바꿀 수 있다.

어떻게 더 성공적으로 이끌 것인가?

조직 성과 향상을 실제로 이끌어내기 위해서는, 조직 성과를 증진하는 실제적인 행동들을 알고 있다는 것만으로는 충분하지 않다. 우리에게는 그 변화가 실제로 가능하다는 낙관적 믿음과 변화하려는 동기가 필요하다. 탁월한 성과와 행동의 일관성을 지속적으로 유도하려면, 탁월한 리더십 중 2가지 개인 기술에 숙달해야 한다.

앞의 내용에 회복탄력성을 추가해, 개인적 목적을 발견하고 행동을 변화시키기 위해서는 동기를 높여야 한다. 덧붙여 그러한 행동의 변화를 지속시키기 위해서는 낙관적 태도를 발전시켜야 한다. 이것은 감사함을 배양함으로써 얻을 수 있다.

행동 조율 - 자기 동기부여 : 개인적 목적 발견하기

리더는 압박감과 피곤한 일정으로 이 일을 왜 해야 하는지 의문을 제기한다. 상황이 정말 어려워지면, 많은 리더들 스스로도 그것에 대해 의문을 품는다. 내가 리더들에게 의문을 제기하는 이유를 묻자, 거의 대부분은 개인적 목적에 대해 제대로 인식이 없었다.

개인적 목적을 이해하는 것은 지도자들을 어려운 시기에도 계속 나아갈 수 있도록 돕는다. 목적을 식별하는 것은 만족스러운 삶을 살면서 현재를 살아가는 핵심이다. 무엇이 우리에게 동기부여를 하는지 알고, 이 일을 하는 이유가 명확하다면, 우리는 과거나 미래에 메여 있을 필요가 없다. 결정할 때마다 다시 생각하거나 다양한 선택지에 대해 끊임없이 곰곰이 생각할 필요도 없다. 목적에 대해 안다면, 모든 것은 더욱 단순해진다. 모든 행동은 그 목표에 더 가까이다가가게 하거나 멀어지게 하는 것이기 때문이다. 우리가 제대로 된 결정을 내리고 추진하는 것이 훨씬 쉬워진다.

훈련된 성장 코치와 함께 일하면, 숙련된 탐구와 발견 과정으로 몇 시간 안에 리더의 개인적 목표를 찾아내는 것을 도울 수 있다. 우리가 중역들과 일할 때 "그들이 왜 이 일을 하는지" 혹은 "회사의 규칙에 따라 각기 다른 역할을 하며 업무를 수행하기만 하는지" 등 목표에 대한 질문이 자주 나왔다.

최근 클레이 크리스텐슨Clay Christensen(미국의 학술 및 비즈니스 컨설턴트-옮긴이주)은 다음과 같이 제안한다.

"우리는 잘못된 이유로 우리의 직업을 선택하고, 거기에 안주하곤 합니다. 우리는 생계를 위해 자기가 진심으로 사랑하는 일을 직업으로 삼는 게 현실적이지 않다는 사실을 압니다. 타협의 길을 걷고 있는 수많은 사람들을 되돌릴 수는 없지요. 깨어 있는 시간의 대부분을 다른 일이 아니라 업무에 쓴다는 사실을 고려하면, 당신을 괴롭힐 수밖에 없는 타협이죠."[32]

예일대학교의 심리학자 에이미 브레제스니에브스키Amy Wrezesniewski 는 우리가 일에 대해 믿는 것이 직장에서의 성과에 어떻게 영향을 미치는지 수년 동안 연구해 왔다.[33] 그녀는 모두가 일에 대한 마인드셋 또는 '일의 방향성'이 3가지 중 하나로 작동한다는 사실을 발견했다. 모든 사람은 일을 직업, 경력 혹은 소명으로 본다. '직업'으로 보는 사람들이 단지 돈을 벌기 위해 일한다고 생각한다는 것은 놀라울 일이 아니다. '경력'으로 보는 사람들은 돈을 벌기 위한 것도 있지만, 개인적 성취와 자아실현을 위해 일한다. 마지막으로 '소명'으로 보는 사람들은 월급을 받든 안 받든 그 일을 한다!

누군가 어떤 일에 열정이 있을 때 '일'은 에너지의 원천이 되고, 일을 하면 할수록 더 큰 에너지를 얻게 된다. 그래서 목적과 동기부여가 중요하다. 목적과 동기부여가 있다면, 일을 '경력'이나 '소명'으로 바꿀 수 있기 때문이다. 흥미롭게도 브레제스니에브스키는 모든 직업에 3가지 방향성이 있는 걸 발견했다. 직업으로 생각하는 외과 의사부터 소명으로 생각하는 청소부까지! 일을 경력이나 소명으로 생각하는 사람은 직업으로 생각하는 사람보다 더 열심히, 더 오래 일했고, 더 생산적이고, 더 건강하고, 더 행복했다. 그게 당신에게 무엇을 의미하든 의미 있는 일이란 영혼을 위해 좋은 일이다. 불행히도 직업을 통해 완벽하게 맞아떨어지는 행복한 성취를 얻는 사람은 거의 없다. 대부분은 일의 목적을 찾기 위해서 의식적인 단계를 밟아야 한다. '의미 있게' 살며 타고난 동기를 활용할 때, 에너지와 성취는 결코 문제가 되지 않는다.

인생의 목적을 찾는 걸 돕기 위해, 잠시 멈추고 다음의 문제들을 고려해 보라.

- 성인이 되고 나서 내린 첫 결정은 무엇이었고, 그 이유는 무엇이었나?
- 삶에서 선택의 중요한 순간에 대해 생각해 보라. 당신은 왜 그 길을 따라왔는가? 선택을 하게 된 이유는 무엇인가?
- 선택의 순간을 연결하는 공통점을 찾아보라. 선택의 순간은 목적을 찾는 데 도움을 줄 수 있는 단서다. 삶에서 가장 좋았던 날(결혼식 혹은 아이를 낳은 날을 제외하고)은 언제였는가? 가장 큰 성취감을 느끼거나 당신이 하는 일을 절대적으로 사랑한 시기는 언제였으며, 그때 당신은 어디에 있었는가?
- 당신이 타인에게 들은 가장 좋은 칭찬이나 모욕은 무엇인가(둘 다 당신이 목적을 찾는 것을 도와주는 실마리를 제공할 수 있다)?
- 비극과 마법을 모두 생각해 보라. 당신 생의 최고점은 마법이고, 낮은 지점은 비극이다. 이런 경험 역시 목적에 대한 실마리를 제공한다. 일관된 패턴을 찾으려고 노력한다면, 당신의 핵심 목적을 이해하는 데 도움을 줄 것이다.

목적은 대부분 우리가 이미 가지고 있는 장점과 관련이 있기 때문에, 자신이 갖고 있는 또는 가질 수 있는 강점에 대해 고려해 보는 시간을 가질 필요가 있다. 리더십 행동 프로파일은 당신의 목표를 찾아내는 데 도움을 주는, 이미 존재하는 강점을 강조한다.

매우 성공한 사람은 대부분 다재다능하지 않다. 그들은 소수의 독특한 재능을 개발하고 이를 최대한 활용한다. 이러한 재능은 갈망해 왔던 것, 쉽게 배울 수 있고, 즐겁게 하며, 성취감을 느낄 수 있는 것들이다. 자신이 재능을 쉽게 사용한다는 특성 때문에 종종 목적을 찾는 데 어려움을 겪을 수 있다. 대부분의 사람들은 재능을 노력 없이 사용하면서 그것이 특별하거나 어렵다고 생각하지 않고, 모든 사람이 할 수 있다고 잘못 생각한다. 하지만 그 재능을 가지고 있지 않은 사람들에겐 특별하거나 어렵다고 여기는 것이다!

우리의 본질을 핵심적으로 2, 3 혹은 4개의 단어로 요약할 수 있다.

첫 번째 단어는 '나'다. 일단 목적을 발견하면 우리의 인생은 의미를 가지게 된다. 자신이 알아차리든 그렇지 않든 목적은 당신의 인생을 이끈다. 숙련된 성장 코치는 그 원동력을 의식적 알아차림으로 당신이 핵심 목적을 발견할 수 있도록 돕는다.

스티브 잡스는 이에 대해 이렇게 지적했다.

"진정으로 만족하는 단 하나의 길은 당신이 위대하다고 생각하는 일을 하는 것입니다. 위대한 일을 하는 유일한 방법은 당신이 하고 있는 일을 사랑하는 것입니다. 아직 그것을 찾지 못했다면, 안주하지 말고 계속 찾아보세요"**34**

또한, 신화와 신화학의 대가인 조지프 캠벨Joseph Cambell 역시 성취와 행복으로 이르는 길은 '당신의 기쁨을 따라가는 것'이라고 말했다.

"만일 당신이 기쁨을 따른다면, 당신을 기다리며 항상 거기에 있었던 일종의 궤도에 당신 자신을 올려놓게 될 것입니다. 당신은 당신이 살아야 할 삶을 살고 있는 것입니다. 당신이 기쁨을 따라가고 있다면, 삶에서 그 상쾌함을 항상 즐기고 있는 것이죠."[35]

이는 자신의 내면적 욕구를 추구하고 목적에 따라 살아가는 것이 중요하다는 것을 말하고 있다. 마음의 문제와 마찬가지로 진정한 중심 목적을 발견할 때 당신은 알게 된다. 그것은 종종 '집으로 돌아오는' 것처럼 느껴진다.

행동 조율 – 긍정적 태도 : 감사의 기술

행동의 변화를 유도하는 두 번째 주요한 요소는 변화가 가능하다는 믿음을 기르는 것이다. 아이들은 행동을 변화시킬 수 있다는 것을 쉽게 믿지만, 불행히도 그런 낙관론은 성인기에 이르면 사라진다. 어린 시절의 낙관적 믿음을 살펴보면 행동 변화에 절대적으로 중요한 것이 드러나는데, 바로 '배우려는 능력'이다. 학습 능력이 없으면 행동을 변화시키는 일은 매우 어렵다. 아이에게 타고난 학습 능력을 유도하는 것이 무엇인지 살펴보면, 아주 기본적인 것을 발견하게 되는데, 배움은 새로운 것을 감사할 때 일어난다. 아이들은 감사의 마음을 잘 갖는다. 그들은 호기심 가득한 열린 마음을 갖고 있으며 아주 단순한 것에도 감사할 수 있다.

또한, 아이들은 타고난 학습자다. 아이들은 호기심이 많아서 메마른 스펀지가 물을 흡수하듯 정보를 받아들인다. 여기에는 노력이 거의 필요 없다. 예를 들어, 아이가 5세가 되면 6,000개의 단어를 익히고 1,000가지 문법 규칙을 사용하게 된다.[36]

그러나 우리는 학교에 가서 "조용히 앉아 있으렴"이라는 말을 들으며 선생님이 머리에 정보를 쏟아붓는 동안, 서서히 망가진다. 우리는 노력이 아니라 성과로 보상받으며 매우 일찍부터 실패는 허용되지 않음을 배우게 된다. 우리는 성인기의 사고가 이미 완성되었다. 그래서 다른 것을 배울 필요가 없다고 생각하거나, 실패하거나 어리석어 보일까 봐 새로운 것을 배우는 일을 불편하게 생각한다.

성공과 성취에 관련된 방대한 연구를 통해, 성공을 결정하는 것은 능력이나 재능이 아니라 고정 마인드셋과 성장 마인드셋 중 어떤 방식으로 목표에 접근하느냐에 달렸다는 사실이 밝혀졌다.[37] 고정 마인드셋을 지닌 사람은 자신이 가진 것은 기본적으로 타고난다고 믿는다. 만일 부모님이 지적이었다면, 그들 또한 지적일 것이고, 그렇지 않다면 그것을 바꾸기 위해 할 수 있는 건 많지 않다고 생각한다. 반면 성장 마인드셋을 지닌 사람은 유전적인 요소와 양육환경이 시작점이지, 종점은 아니라고 생각한다. 자신에게 어떤 것이든 개선할 수 있는 힘이 있다고 가정한다. 어린 시절 우리는 성장 마인드셋을 가지고 있었다. 시도하고, 실패하고, 다시 시도한다. 그러나 시간이 지나면서 점점 환경에 고정되어 결국 새로운 것을 배우는 방법을 잊어버린다.

이는 행동 변화를 위한 기본적인 문제를 정확히 알려주는데, 어른에게는 학습이 쉽지 않다는 점이다. 7번은 들어야 학습 내용이 우리에게 '정착'된다. 또한, 우리는 배우는 것에 감사하지 않는다. 따라서 같은 내용을 반복적으로 가르쳐야 한다. 어떤 사람들은 반성이나 개선 없이 계속 같은 실수를 반복한다. 학습과 삶에서 자신을 차단하면, 새로운 정보 혹은 관점을 수용하지 못하며, 문제를 증폭시키고 낡고 도움이 되지 않는 사고에 머무르게 된다.

"사실 오로지 자신들이 편견을 재배치하고 있을 뿐인데, 자신들이
생각하고 있다고 생각하는 사람들이 있습니다."

윌리엄 제임스William James가 이렇게 말한 이유를 생각해 보자.

성장 마인드셋과 낙관적인 태도를 기르는 가장 좋은 방법은 감사의 마음을 실천하는 것이다. 좋은 날이든 나쁜 날이든 모든 일에 감사하고 모든 경험을 배움의 경험으로 바꾼다면, 삶을 향해 마음을 열고 더 빨리 현명해질 수 있다. 이것을 간단한 문장으로 요약하면, 아래와 같다.

"먼저 감사하는 법을 배워야만 우리가 배우는 것을 감사할 수 있다."

1만 7,000가지 이상의 긍정적 감정 중 감사하는 마음은 매일 아침 일어나서 세상을 새롭게 바라보는 것을 가능하게 해주는 가장 강력한 것 중 하나다. 사람들은 자신과 타인에 대한 여러 관점과 믿음에 얽매어, 신선한 눈으로 세상을 다시 한번 바라보는 것이 불가능하다. 그래서 그들은 단지 '편견들을 재조합하는 것'이다. 감사의 기술은 감사의 상태를 기본적 감정으로 배우는 것이다. 우리는 그렇게 할 때, 매일 행동을 변화시키거나 배우고, 선택지들을 확장하며 성장을 위한 새롭고 흥분되는 기회로 바라볼 수 있다.

감사의 기술 : 당신의 브랜드

사람들은 대부분 자신에 대해 가장 엄격해 수년간 스스로를 판단하고, 어떤 면에서 자신이 충분하지 않다는 믿음의 구조를 만들어 왔다. 이런 경향은 에너지를 허비하고 성장을 제한하며 창조성과 혁신을 방해한다. 우리는 이의 해독제로서 자신에게 감사하는 능력을 개발해야 한다.

이것은 단순한 이야기 같지만, 대부분의 사람들에게 자연스럽게 받아들여지는 일은 아니다. 누군가에게 자신에게 싫어하는 점을 이야기하라고 말하면, 오랜 시간 계속 말할 수 있을 것이다. 하지만 그들에게 감사하는 것이 무엇인지 묻는다면, 무슨 말을 해야 할지 몰라서 침묵을 하거나 진심처럼 들리지 않는 허세에 기반한 것들을 이야기할 것이다. 이 연습을 더 쉽게 하려면, 6가지 뚜렷한 영역에서 당신이 감사하는 점을 생각해 보라.

- 정신적으로 : 자신의 정신적 능력에 관련해 무엇을 감사하는가?
- 감정적으로 : 자신에게 감정적으로 어떤 점을 감사하는가?
- 신체적으로 : 자신의 어떤 신체적 속성이나 능력을 감사하는가?
- 사회적으로 : 자신의 사회적 기술 중 무엇에 감사하고 타인과 어떻게 상호작용하는가?
- 전문적으로 : 자신의 전문적 기술과 능력에 대해 무엇을 감사하는가?
- 영적으로 : 자신에 대해 영적이거나 윤리적으로 무엇을 감사하는가?

깊이 생각해 보면, 당신이 '정신적'으로 사려 깊고 재빠른 유머 감각이 있다는 것에 감사한다는 사실을 깨달을 수도 있다. 또한, '전문적'으로 헌신적이거나 규칙적으로 운동하기에 '신체적'으로 건강하다는 것에 감사할 수도 있다.

하지만 현실은 누구도 이 목록을 보지 않는다는 것에 당신에게 위안이 될지 모르겠다. 진정으로 의미 있는 것을 적어 보라. 목록을 질문 리스트로 바꾸고 신용카드 크기의 종이에 적어 보라. 그러면 그것을 지갑에서 꺼내 매일 볼 수 있기 때문이다.

당신이 힘든 하루를 보냈더라도, 당신이 적은 목록을 보며 여전히 자신이 '헌신적'이라는 것을 되새길 수 있다. 인생에 기복이 있어도 자신에게 감사하는 것은 변하지 않는다. 사려 깊은 것이 바뀔 수는 없다. 때때로 다른 행동을 보여줄 수 있으나, 그것이 당신이 사려 깊지 않다는 의미가 아니다. 상대에게 소리치며 바보같이 행동했을 수 있으나, 여전히 당신이 '동정심 많고 충직하다는 것'에 감사할 수 있다. 별로 도움이 되지 않고 상처를 줄 수도 있는 방법으로 당신의 '재빠른 유머감각'을 사용할 수 있으나, 그 재치가 없어지는 것은 아니다. 당신은 그러한 자신의 특성에 계속 감사할 수 있다.

심리학자 소냐 류보머스키Sonja Lyubomirsky는 일주일에 단 1번이라도 자신의 축복을 생각할 시간을 가진 사람은 전반적으로 삶의 만족도가 증가했다는 연구를 발표했다.[38] 또한, 심리학자 로버트 에먼스Robert Emmons는 고마움(감사와 같은 감정군에 있는)은 건강을 향상시키고 에너지 수준을 증가시키며, 신경 근육 질환이 있는 환자군의 통증과 피로를 감소시킨다는 사실을 발견했다. 그리고 에먼스는 혜택을 가장 많이 받은 사람은 더 자세하게 음미하고, 보다 광범위하게 감사하는 경향이 있다고 했다.[39]

이 기술이 매우 중요하고 강력한 이유는 사람들이 상당히 많은 시간을 자기 판단과 자기 비난에 허비하기 때문이다. 자신을 향한 이런 종류의 부정적 감정은 명료하고 창조적인 생각으로 이어지지 않는다. 그것들은 잘못 관리된 감정의 특징이며, 건강과 행복에도 매우 해롭다. 자연스러운 성공 욕구를 가지고 있지만 그것이 지나쳐 과도한 성과에 대한 걱정으로 이어지면 건강을 해칠 수 있다.

1만 명 이상의 관리자와 전문직 종사자를 대상으로 한 10년 동안의 연구에 의하면, '완벽주의자' 경향이 있는 사람들은 심혈관계 문제를 포함해 75%나 더 많은 건강 문제를 겪고 있다.**40**

우리는 자책하는 대신 우리 자신에게 감사하는 법을 배워야 한다. 용서는 우리가 다른 사람들에게 하는 것이 아니라 자신에게 선물하는 것이다. 진심으로 타인과 자신을 용서할 때, 유해한 에너지나 감정적 부담을 몸으로부터 놓아 버리게 된다. 그러면 부정적 에너지는 우리의 건강, 사고, 성과에 위력을 행사하지 못한다. 우리가 누군가를 용서하는 것은 그들을 놓아주려고 용서하는 것이 아니라 우리 자신을 자유롭게 하기 위해 용서하는 것이다.**41**

내 친구가 그의 아내를 도와달라고 요청해 오자, 나는 이 아이디어가 얼마나 강력한지를 다시 한번 떠올렸다. 그녀는 불안감이 너무심해 광장공포증을 겪고 있었다. 항상 비난과 괴롭힘으로 가득 찬어머니 밑에서 자랐다. 16세에 집을 떠나서야 어머니의 부정적 영향으로부터 자유로워졌고, 19세부터는 어머니와 별 상관없이 지내왔다. 내가 그녀와 일할 당시 그녀는 40세였다. 그녀는 대부분의 성인기를 어머니와 물리적으로 멀리 떨어져 지냈지만, 어머니는 매일 그녀에게 영향력을 미치고 있었다. 그와 달리 그녀의 어머니는 영향을받지 않았다. 40세가 된 딸의 삶만이 엉망이 된 셈이다. 하지만 그녀는 선택권이 있다. 그녀뿐만 아니라 우리 모두에게도 선택권이 있다. 많은 사람에게 나쁜 일이 일어난다. 그런 나쁜 일이 남은 인생에도 계속 자리하게 둘 것인가, 혹은 용서를 선택하고 우리의 장점에 감사해할 것인가를 말이다.

우리는 종종 지나치게 자신에게 최악의 비평가가 된다. 자신에게 친절하지도 않으며 잘 돌보지도 않는다. 자신에게 친절을 베푸는 일은 마사지를 받거나 골프를 치는 일이 아니다. 마사지나 골프는 표면적인 것일 뿐이다! 요점은 매 순간 자신에 대해 무언가를 생각하고, 어떻게 느끼는가에 대한 것을 다루는 것이다.

감사의 기술은 자기 비난과 자기 판단의 부정적인 패턴을 깨고, 우리가 에너지를 더 건설적으로 사용하며, 낙관적인 태도를 유지할 수 있도록 도와주는 것이다. 감사의 기술을 배양하는 것은 다른 감정적 기초를 만드는 일이다. 만일 감사함을 배운다면, 우리가 배우는 것을 더 감사할 수 있게 된다. 만일 배우는 것을 감사할 수 있다면, 우리의 행동을 변화시킬 가능성이 더 커진다. 다른 선택지를 볼 수 있고, 자신에 대해 좋은 느낌을 가지게 되며, 이 낙관주의는 더 나은 선택을 할 수 있도록 해준다.

행동 조율은 관계 조율을 촉진한다

비즈니스 리더와 관리자는 행동이 성과를 유도하기 때문에 행동에 집착하게 된다. 그러나 거기에는 우선 이해하고 강화되어야 하는 내부적 발달 과정이 있다. 그렇지 않으면 아무리 성과를 향상시키려고 노력해도 실패할 수 있다. 행동 조율은 또한 11가지 성과를 촉진하는 리더십 행동 능력들의 강점을 명확하게 이해할 때 촉진된다. 대부분 사람들은 어디에 자신의 강점이 있는지 본능적으로 알고 있다. 리더십 행동 프로파일은 더 명확한 통찰에 관심 있는 사람들을 위해 리더에게 개인 및 그룹 강점에 대한 정확한 통찰을 제공한다. 이를 통해 개인, 팀 및 전체 비즈니스가 더 효율적이고 생산적일 수 있는 발전 가능한 영역을 찾아내고 강화할 수 있다.

수십 년간 우리는 반복적으로 성공이 최종 목적지고, 성취가 목표라는 말을 들어왔다. 그러나 성공을 포함하지만 더 크고 더 나은 어떤 것, 다르고 더 보람 있는 또다른 성공이 있을 것임을 깨달았다. 새로운 마지막 목표는 영향력과 직장 안팎에서 영향력 있는 관계를 유도하는 능력이다. 이에 대해서는 다음 장에서 알아보기로 한다.

요약

이것만은 기억하자!

- 성과에 대한 집착은 실제로 성과를 향상시키지 않는다. 압박과 성과에 관한 곡선을 이해하는 게 진실로 도움이 될 수 있다. 어느 정도의 압박(좋은 스트레스)은 유익하고 성과를 향상시킬 수 있다. 그러나 압박이 너무 크다면, 비생산적이 된다.
- 엘리트 운동선수처럼 리더는 최고의 능력 중 80~85% 정도에서 움직일 필요가 있는데, 이는 갑작스러운 위기를 다루거나 생각할 여지를 남겨 두는 것이다.
- 리더는 탁월한 리더십 모델의 4개 사분면에 걸쳐 성과의 중요성에 감사해야 한다. 특히 행동과 관련해, 리더는 하루하루, 일상적 운영에서 벗어나 장기 사업을 위한 리더십에 더 많은 주의를 기울여야 한다.
- 우리는 사업상 하는 일 또한 리더십 성숙도에 기본적으로 영향을 받는다. 성숙 이론은 현대 비즈니스에서 발생하는 기능 장애 중 많은 부분을 이해하는 심오하고 통찰력 있는 체계로 부상하고 있다.
- 성인 성숙도에 대해 글을 쓰는 대부분의 학자는 현재 리더 중 85%는 비즈니스를 성공적으로 리드할 만한 성숙도, 알아차림 혹은 관점을 갖추고 있지 않았다는 점에 동의한다.

- 엄격한 연구에 기초해서 11개의 성과를 유인하는 행동이 성과나 결과를 향상시키기 위해 매우 중요하다는 사실을 알게 되었다.
- 이러한 주요 행동들 내에서 현재의 능숙도를 파악하고, 리더와 임원은 성장의 특정 영역에 집중해 개인적, 집단적으로 최소한의 노력으로 성과를 매우 크게 향상시킬 수 있다.
- 우리에게는 여전히 변화하려는 동기와 실제로 변화가 가능하다는 낙관적인 믿음이 필요하다.
- 일관되게 탁월한 성과와 행동 조율은 예외적인 리더십의 마지막 2가지, 즉 개인 기술, 목적 식별 및 낙관적인 전망을 장려해 촉진할 수 있다.

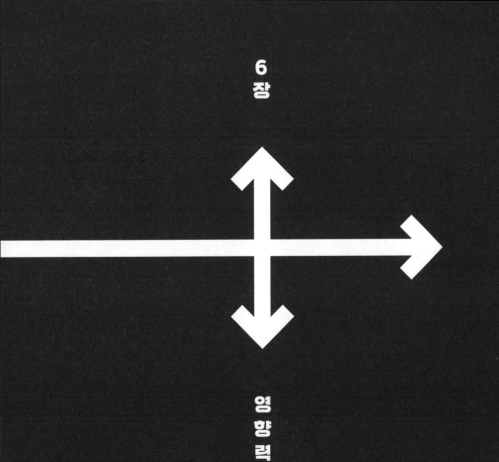

6
장

영
향
력

✔ 회사 문화를 바꾼다는 것이 얼마나 어려운지 경험한 적이 있는가?

✔ 때로 사람들이 게으르거나 숨어있는 것 같다고 느끼는가?

✔ 사람들이 진정으로 당신의 이야기를 경청한다고 느끼는가?

✔ 그들이 당신이 원하는 것을 정말 이해한다고 느끼는가 혹은 누군가가 나를 판단하거나 과소평가한다고 생각하는가?

✔ 승진에서 누락된 이유를 몰랐던 적이 있는가?

✔ 합병 또는 인수에 착수했는데 그 결과에 크게 실망한 적이 있는가?

✔ 합병이 해결하려 했던 문제를 해결하기는커녕 오히려 걱정을 2배로 증가시킨 적이 있는가?

✔ 자발적 노력을 유도하고 직원 참여를 향상시키는 일이 왜 그렇게 어렵게 느껴질까?

✔ 팀 내에 탁월한 구성원이 있지만, 함께 원활하게 일하기 어렵다는 사실을 알게 되었는가?

✔ 함께 일하고 있는 사람들을 이해하기 어려운가?

✔ 인력 관리가 도전적이고 지루하다고 여겨지는가?

만일 그렇다면, 당신만 그런 것이 아니다.

대부분은 일터에서 권력다툼을 경험한 적이 있다. 우리는 리더십이 부족한 환경에서 일해 왔다. 예를 들어, 팀이나 조직에 필요한 방향을 제시하기보다 서로를 헐뜯거나 논쟁하느라 바쁘고, 성과를 높이는 데 방해가 되는 데도 영역 다툼을 하거나 회의실에서 말다툼을 하고 뒷담화를 한다.

20년간 함께 일한 누군가의 은퇴 파티에 참석했을 때도 그에 대해 제대로 알고 있는 사람이 거의 없었다는 사실을 깨달을 수 있다. 대부분의 시간을 함께 보내는 사람들은 사실상 낯선 사람들이다. 리더는 고객을 중심으로 일한다고 말하지만, 여러 사업체를 방문하거나 고객의 대화를 들어보면, 회사의 말과는 달리 고객의 실제적 요구에는 별로 주의를 기울이지 않는다는 사실을 알게 된다. 우리는 무례하거나 무관심하며, 따뜻함과 진심이 담긴 배려가 부족한 채로 행동할 수도 있다.

우리는 관계와 사회적 연결의 중요성은 잘 알고 있지만, 실제로 그것들이 어떻게 작동하는지는 잘 모른다. 비즈니스에서 생산적인 업무 관계를 구축하고, 신뢰와 동지애를 발전시키는 방법을 찾는, 직원 참여를 중심으로 한 거대한 산업이 있다. 그러나 대부분은 별로 차이가 없다. 비즈니스에서 직원의 만족과 참여는 크지 않다. 우리는 직원이나 임원, 리더로서 말하고 싶은 것을 실제로 말할 수 없고, 우리 자신이 되고 일에 몰두하는데 어렵다고 느낀다. 우리의 다양성이 항상 존중되거나 감사히 여겨지는 것은 아니기 때문이다. 많은 사람들은 조직의 규범과 가치에 적합하게 변화해서 외면당하거나 배제되는 것을 피하기 위해 적응을 강요받는 경향이 있다. 하지만 그럼으로써 우리는 오히려 조직과의 연결감을 잃게 되고, 참여하지 않게 되는 과정을 거치게 된다.

생산적인 업무 관계를 만들고 지속하는 법에 대해 제대로 배운 적이 없고, 기껏해야 경험에 의해 부분적으로 알 뿐이다. 사람은 모두 똑같은 방식으로 생각하고, 느끼고, 행동하지 않는다. 그러니 어떤 비즈니스 분야든 좌절하게 만드는 것은 결국 '사람'이다. 우리는 본질적으로 복잡한 존재다. 그럼에도 불구하고 사람들, 그리고 그들과 맺은 관계에 따라 엄청난 성공 혹은 장기적인 성과 향상이 달라진다. 이는 노벨상 수상자인 경제학자 게리 베커Garry Becker, 조지 스티글러George Stigler, 밀턴 프리드먼Milton Friedman이 이미 인정한 사실이며, 그들 모두 현대 경제학이 사업 환경에서 인간의 상호 관계, 동기 및 행동을 충분히 설명하지 못하고 있다고 생각했다.[1] 회사의 문화를 만드는 건 사람이다. 예를 들어, 인수 합병이 실패하는 이유를 설명할 때, 가장 큰 이유는 문화적인 문제다. 인수 합병하려는 기업이 서류상으로는 문제가 없어 보이더라도, 두 기업 사이에 문화적인 차이가 조금만 있더라도 합병은 대부분 실패한다. 기업들은 매년 2조 달러 이상을 인수 합병에 투자하지만, 연구에 따르면 실제 합병 및 인수 성공률은 10~30%에 그친다.[2]

개인과 집단의 영향력의 차이를 인지하거나 이해하지 못하면 강압적으로 변화를 추구하게 되고, 그러면 변화는 잘 이루어지지 않는다. 관계자와 그들간의 관계, 그리고 그것이 어떻게 변화할지 주의를 기울이지 않는다면, 사람들은 적극적으로 참여하지 않는다. 그러나 시간을 들여 그들을 움직이게 하는 것이 무엇인지 이해하고, 직원으로서가 아니라 개인으로서 관계를 맺는다면 자발적인 노력을 유도할 수 있고, 나아가 놀라운 성과를 이룰 수도 있다. 이런 과정이 없다면, 인수 합병은 실패할 것이고 업무팀이 제대로 작동하지 않을 것이며, 사업도 성공할 수 없다.

그러나 관계는 단지 업무에서만의 문제는 아니다. 관계는 어떤 형태로든 우리가 인간으로서 직면하는 가장 어려운 문제다.

많은 고위 임원과 비즈니스 리더를 진심으로 행복하게 반겨주는 가족 구성원은 그들의 강아지뿐이다. 그들은 많은 시간을 오로지 일에 집중하는 바람에, 파트너, 가족, 친구 관계가 거의 존재하지 않거나 깨지기 쉬워진다. 유명한 의사인 댄 오르니시는 사랑과 (느끼고 공유하는) 친밀감에 대해 이야기하면서, 삶의 질과 유병율, 모든 원인에 의한 조기 사망의 원인 중 사랑과 친밀감이 다이어트, 흡연, 운동, 스트레스, 유전, 약물이나 수술 등 그 어떤 인자보다 큰 영향력을 미친다고 했다.[3] 관계는 우리가 하는 모든 일에 중요한 역할을 하며, 이는 삶이 주는 가장 큰 포상이다. 기쁨을 함께 나눌 수 있는 동료, 친구, 그리고 가족이 없다면, 성공을 해도 공허하고 만족스럽지 않은 것처럼 느껴질 수 있다. 그래서 이 장이 성공에 대한 영역 다음에 나오는 이유다. 삶은 성공만으로 충분하지 않고 성취 평가에 대해 물질적 성공을 초월하는 '새로운 결승점'이 필요하다. 우리가 충만하고 행복하며, 건강하고 성공적인 삶을 살기 위해 업무 안팎에서 단단하고 지속적이고 생산적인 관계를 만들어야 한다.

관계는 어려운 것

가족과 연락이 거의 없거나 거의 연락하지 않는 사람, 친구와의 관계가 깨지거나 소홀해진 사람들, 이혼이나 직장에서 업무 관계로 문제를 경험하는 사람들을 보면, 분명 관계를 유지하는 일은 쉽지 않아 보인다. 우리가 인간으로서 행하는 것 중 여러 종류의 관계를 유지해야 한다는 점이 가장 어려운 문제다.

많은 리더들이 얼굴을 맞대고 상호작용을 하거나 상세한 토론을 하는 대신, 시간이 모자라고 결과에만 집중하는 경향 때문에 이메일, 회사 전체공지, 동영상 발표, 파워포인트 등 피상적인 '커뮤니케이션' 방법을 활용한다. 하지만 모순되게도 리더가 일정 수준의 고위직에 도달하면, 성공은 기술적 능력이 아니라 높은 역량을 가진 인간관계 기술에 의해 좌우된다. 그런데 정작 리더십을 충족시키는 인간관계에 대한 인식이 부족하다는 사실이다.

궁극적으로 리더십의 실패 이유는 2가지, 즉 불충분한 의사소통과 낮은 신뢰 수준으로 정리할 수 있다.

불충분한 의사소통

대화를 할 때 단어, 억양, 몸짓, 페로몬, 열과 에너지, 전기, 소리, 전자기 신호 등 많은 정보가 교류된다. 흥미롭게도 말을 하지 않아도 교류가 이루어진다. 그럼에도 우리는 그 점에 관심을 집중하지 않으며 잘 이해하지 못한다.

효과적인 커뮤니케이션에는 '전달'과 '수신'이라는 2가지 기본 관점이 있는데, 우리는 이 공식 중 절반만 배운다. 먼저 부모에게서, 다음은 교사에게서 전달을 배운다. 그들은 올바른 문장과 발음, 그리고 문법을 이해하도록 도와준다. 이를 통해 우리는 단어를 바르게 사용하는 법과 은유의 힘 등을 배운다. 시간이 지나면서 우리는 꽤 효과적으로 전달에 익숙하게 된다. 하지만 정보를 수용하거나 받아들이는 것을 훈련받지 않았다. 부모는 어떻게 정보를 받아들이는지에 대해 거의 알려주지 않았고, 본인들이 한 말을 제대로 이해했는지 확인하기 위해 반복해달라고 요청하지도 않았다. 그들은 그저 "듣고 있는 거니?" 혹은 "내 말 좀 들어봐!"라고 말했다.

아이는 듣는 것이 '말하기를 기다리는 것'이라고 믿는 어른으로 자란다. 대부분은 듣는 것이란, 무언가를 말하기 이전의 순간이라고 생각한다. 비즈니스 미팅에서 누군가가 조용히 앉아 있으면, 우리는 그들이 가만히 듣고 있다고 가정한다. 그러나 그들은 상대의 말에 집중하는 것이 아니라, 자신이 무슨 말을 할지 결정하거나 저녁에 무얼 먹을지 생각하고 있는 것이다. 이렇듯 서로 상대의 말을 수용하는 일이 거의 없거나 전혀 없기 때문에 서로 종종 말이 맞지 않는 것이다.

부족한 소통에 대한 사례로 〈패밀리 포춘Family Fortunes〉 같은 게임쇼에서 팀의 한 멤버가 대답을 잘못했는데, 그다음 멤버가 정확히 똑같이 잘못된 대답을 하는 장면을 볼 수 있다. 이는 자신의 차례가 오면 무엇을 말할지 생각하느라 바빠서 다른 사람이 말하는 것을 듣지 않았기 때문이다. 이것은 비즈니스에서도 흔히 일어나지만 그 사실을 깨닫지 못할 뿐이다. 누군가에게 어떤 일을 요구할 때, 상대가 그 요청을 이해하고 자신감을 보이는 것 같았는데 실제로 우리가 원했던 방향으로 일을 한 게 아니고, 요청했던 것과 다르다는 것을 알게 될 때가 있다. 서로의 이야기에 제대로 귀를 기울이지 않았기 때문이다. 그것은 악의적이거나 전문성이 모자라서가 아니라, 단지 듣는 법을 배우지 않아서다. 부모와 교사는 우리에게 항상 경청하기를 가르쳤을지 모르지만, 실제로 듣는 법을 말해주지 않았다. 그러니 매우 피상적이며 서로의 의도를 듣지 않았기에 우리가 서로를 제대로 이해할 가능성은 거의 없다.

통상적으로 리더나 임원이 받았던 소통 훈련은 소위 내가 이름 붙인 1단계나 2단계이다. 하지만 대부분 소통의 진정한 가치는 3단계

즉, 더 깊은 의미의 단계에 존재한다. 대부분이 1단계나 2단계에 머물러 있으니, 메시지는 우리가 의도한 대로 전달되지 않는 것이다.

소통의 첫 번째 단계는 메시지의 단어와 억양, 몸짓에 집중하는 것을 포함한다. 1단계 소통의 요소는 '3Vs', 즉 언어적verbal, 음성적vocal, 시각적visual이다.

상대가 사용하는 단어보다 사용하는 억양과 몸짓으로 훨씬 많은 것을 판단할 수 있다. 메시지의 내용을 이해하기 위해 단어 뒤에 숨어있는 뜻을 알게 해주는 것이 억양과 몸짓이다. 이것을 직관적으로 알고 있으며 비즈니스에서 여러 번 경험해 보았다. 만약 직원들에게 늦게까지 남아 있으라고 하면, 그들은 "네, 그럴게요"라고 말하겠지만, 억양과 몸짓에서는 그러고 싶지 않다는 것을 알 수 있다. 소통하는 데 있어서 억양과 몸짓의 영향은 전화보다는 대면 대화가, 이메일보다는 전화가 소통에 효과적이다. 이것이 기본 메시지에 특정 톤을 가미하거나 정확한 해석을 돕기 위해 이모티콘을 사용하는 이유다.

그러나 소통에서 진정 중요한 것은 그들이 말하거나(1단계), 생각하거나 느끼는 것(2단계)이 아니라 의미하는 것(3단계)을 확실하게 알려고 할 때 찾을 수 있다. 리더가 상대방의 언어, 억양, 몸짓을 이해하고 그들이 실제로 무엇을 의미하는지 정확히 파악할 수 있다면, 이전에 인식하지 못했던 점을 명확하게 알게 해준다. 그러면 상대방이 자신의 의견을 경청하고 이해받는 느낌을 받을 수 있다. 누군가가 자신의 이야기를 진심으로 들어준다는 것은 업무 환경에서 쉽지 않은 일이지만, 매우 큰 동기부여가 된다.

하지만 많은 리더들은 자신의 역할이 정답을 제공하는 것이라고 잘못 생각한다. 리더나 임원이 직원들에게 다가와서 무언가를 말하지만, 그런 소통은 보통 부분적일 뿐이다. 리더의 진짜 업무는 단어와 억양, 몸짓 뒤에 숨은 진실을 발견하고, 그 진실이 의미하는 바를 알아내는 것이다. 우리는 종종 대화를 너무 가볍게 여기고 쉽게 결론을 내린다. 그래서 실제로 잘못된 해결책을 제시하기도 한다.

리더는 한발 물러나 진실을 알아차리고 의미를 깨달은 후, 사람들에게 올바른 해결책을 찾을 수 있도록 해야 한다. 킹피셔Kingfisher의 전 CEO 이언 체셔 경Sir Ian Cheshire은 유럽에서 가장 노련한 리더 중 한 사람으로 이 접근법을 중요하게 생각했다. 유럽에서 가장 큰 주택 개조 사업체인 킹피셔는 B&Q, 스크루픽스, 트레이드포인트 등을 포함해 다양한 소매업체를 소유했는데, 직원 수가 7만 7,000명에 달한다. 9개국에서 1,300개의 상점을 운영하며 매주 수백만 명의 고객을 상대한다. 이언과 탁월한 리더십에 관해서 인터뷰를 했는데, 그는 '특정 직급 이상으로 승진한 사람들이 자신이 모든 해답을 알아야 한다고 생각한다는 사실이 흥미롭다'라면서 다음과 같이 덧붙였다.

"저는 상대방이 말하는 내용 중 중요한 부분을 파악해서 해결책을 찾아내고자 합니다. 그러기 위해 말뿐만 아니라 그 이상을 생각하죠. 외부 주주와 회사 내 관계를 관리할 때, 먼저 올바른 숫자를 알고 있어야 합니다. 어떻게 정리하든 숫자를 속일 수는 없으니까요.

상장 기업의 세계에서 회계상 숫자 말고도 일을 진척시키는 데에 주주와 애널리스트, 그리고 언론 사이에 기묘한 교차점이 있습니다. 이 업계에서는 상호 강화하는 압력이 존재하는데, 그중 2가지를 알게 되었어요. 첫째는 세상에 나가 사람들을 만나고 자신을 알려야 한다는 것입니다. 당신은 주주와 애널리스트, 그리고 언론의 생각을 이해하기 위해 시간을 할애해야 합니다. 둘째로 그들의 세상을 보는 방식을 이해해야 하지만, 당신 자신도 드러내야 합니다. 진실 되지 않은 모습으로 이런 일을 할 수는 없기 때문이죠. 당신은 진정성이 있어야 합니다. 그들의 세계관을 모른다면, 그들을 위한 메시지를 만들 수도 없어요."

진정한 리더십은 표면으로 나타나는 것 이상, 즉 사람들의 몸짓 너머와 의미를 파악하기 위해 생각하고 느끼는 것 이상에 도달할 것을 요구한다. 왜 이 노조 대표가 찾아와서 파업할 것이라고 협박하는 걸까? 일을 잘했다고 생각하는데 이 소비자는 왜 화가 났을까? 만일 진실에 도달할 수 없다면, 잘못된 문제를 푸는 셈이 된다. 그리고 의미보다 단어, 억양, 그리고 몸짓에 지나치게 집중하면 잘못된 문제를 풀게 된다.

의미에 도달하는 단 하나의 방법은 소통 공식의 나머지 반을 배우는 것이다. 우리는 반응을 더 잘해야 한다. 그것이 직원들로 하여금 '적극적 경청' 과정이나 관계 쌓기 과정을 수강하도록 하는 이유다. 그러나 그것은 그렇게 큰 차이를 만들어내지는 않는다. 그것의 일부는 3번 끄덕이고, 문구를 반복해서 말하고, '당신이 한 말을 듣고 있다'라고 이야기하는 것과 같이 '숫자에 의한 관계'에 대한 것이다. 혹은 말하는 사람이 몸을 기울일 때 당신도 기울이거나, 그들이 다리를 꼬면 당신도 다리를 꼬는 것이다! 그것은 진실되지 않고 때때로 우스꽝스러워 보이며, 가장 큰 성과라고 해 봐야 가짜 소통을 더 잘하도록 해주는 것이다. 우리는 단순한 개입을 배제하고 말, 억양 및 몸짓을 넘어 실제 의미에 접근해 영향력을 발휘해야 한다. 그러면 서로 더 진정한 관계를 만들어낼 수 있다. 그것은 배우기 어려운 기술이 아니다. 뒤에서 다룰 MAP 기술을 배우는 데에 말 그대로 5분 걸린다. 그것은 집과 일터에서 모든 관계의 질에 매우 커다란 영향을 줄 수 있다. 이에 대해서 이 장의 후반부에서 다룰 예정이다.

낮은 신뢰 수준

'신뢰'는 팀 개발에 중심 요소다. 경청처럼 무척 단순한 개념이지만, 우리는 신뢰의 구성 요소가 무엇인지에 대해 배운 적이 없다. 신뢰가 어떻게 생성되고 없어지는지 생각해 본 사람은 거의 없다. 더욱 강력하고 더 생산적이며 더 영향력 있는 관계를 원한다면, 신뢰에 대해 자세히 살펴보아야 한다.

신뢰의 개념에는 2가지 유형의 방향이 있다(〈그림 6.1〉). 첫째, 자연스럽게 사람을 즉시 신뢰하는 '신뢰 주는 사람'이 있다. 이러한 선제적 신뢰는 시간이 흐르면서 검증되거나 반대로 사라지게 된다. 검증이 되면, 이 태도를 견지한 사람들은 '그들을 신뢰하는 게 옳았다'고 주장한다. 하지만 신뢰가 손상되면, 그들은 상대방에게 실망하게 된다. 이러한 신뢰 모드에서 운영되는 관계나 회사는 더 많은 권한을 부여하게 되고, 다른 사람들에게 더 큰 자율성을 준다. 그들은 사람들에게 최상을 기대한다. 반면, 그들은 상업적 목표를 충분히 명시적으로 만들 수 없을 수도 있다. 리더가 임원을 채용하는 데 관여하면, 자동적으로 '신뢰 주기'가 작동해 리더가 임원의 결함을 상당 기

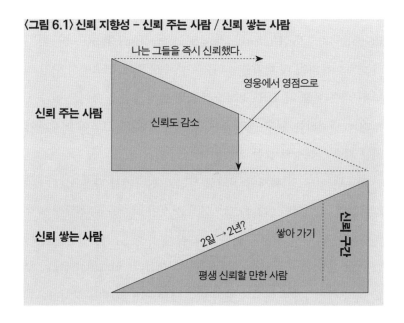

〈그림 6.1〉신뢰 지향성 – 신뢰 주는 사람 / 신뢰 쌓는 사람

간 제대로 알지 못하게 할 수도 있다. 둘째, 개인이 다른 사람을 자연스럽게 신뢰하지 않는, '신뢰 쌓는 사람'이다. 이 신뢰는 시간이 지남에 따라 얻고 축적되는 것이다. 이런 입장을 취하는 사람들은 조심스러운 경향이 있고, 상대방이 믿을 만하다고 증명될 때까지 그를 신뢰하지 않는다. 그렇지만 한번 신뢰가 쌓이면, 그들을 '충성스러운 일원'으로 볼 수 있다. 이런 식으로 운영되는 관계나 회사는 더 많은 지시, 점검 및 때로는 더 많은 걱정으로 인해, 오히려 더 많은 성과를 추구하는 경향이 있다. 좋은 점은 요구 사항이 대개 훨씬 더 명료하다는 점이다.

우리는 일할 때 상당한 시간을 리더 및 경영진과 신뢰 관계를 탐색하는 데 시간을 보낸다. 영어 단어로 TRUST(신뢰)는 '**T**aking **R**esponsibility for **U**nderstanding **S**omeone else's **T**raits(타인의 기질들을 이해하는 데 책임을 지다)'로 볼 수도 있다. 신뢰에서 주된 개념은 바로 '이해'다. 만일 리더가 조직의 신뢰 수준을 높이고 싶다면, 이해를 구축하는 일에 책임을 져야 한다. 그리고 그들이 이해해야 하는 것은 상대방의 성격, 기질이다.

1996년 이후 전 세계의 리더십 팀들과 일하면서 다른 사람을 이해하려면, 개인적인 연결을 쌓으면서 질적인 시간을 보내는 게 필요하다는 사실을 발견했다. 또한, 그들이 일하는 동기와 일하는 스타일, 그리고 그들이 약속을 지키지 못하는 이유를 이해해야 한다. '신뢰 비결'에는 4가지 핵심 요소가 있는데, 이것들은 문화나 지리와는 별개다. 이 비결을 알면 빠른 속도로 결과와 성과를 낼 수 있다. 만일 리더가 그들의 관계, 팀, 조직에서 신뢰를 높이길 원한다면, 이 요소의 하나 혹은 전부에 집중해야 한다.

- 개인적 연결 : 누군가를 신뢰하기 위해서, 반대로 당신을 신뢰하게 만들고 강한 연결를 만들려면, 그와 질적인 연결을 쌓으면서 시간을 함께 보낼 필요가 있다.
- 동기 이해하기 : 그들이 어디에서 왔고, 왜 특정한 방식으로 행동하는지 의심스럽다면, 그들을 신뢰하기란 매우 어렵다.
- 일관적인 수행 : 다른 사람들이 약속한 것을 지속적으로 이행하고 말한 대로 행동하는 것은 매우 중요하다.
- 업무 스타일 : 누군가 일하는 방식이 우리와 매우 다르다면, 이것 하나만으로 신뢰를 쌓는 능력이 저하될 수 있다. 그들과 공감하는 게 어렵다는 걸 발견하기 때문이다.

리더십과 강력한 팀 개발

탁월한 리더십은 리더와 팀이 조율되어, 성숙된 성인으로서의 성장이 분리되어 있지만 연결된 선에서 수준을 높이며 일관성이 있을 때만 가능하다. 불행히도 대부분의 리더는 단기적 상업적 성과에 몰입하느라, 탁월한 리더십 모델(〈그림 1.6〉)의 좌상 사분면 이상을 탐구할 시간을 갖지 않는다. 이것이 윌버의 AQAL 모델(〈그림 1.5〉)과 어떻게 연관되어 있는지 기억하라. 현대 비즈니스는 배타적으로 '그것(IT)'에 집중되어 있다.

개인적 성취의 왼쪽 부분(나, I)이나 혹은 사람들의 리더십 오른쪽 부분(우리, WE)을 들여다볼 시간은 없다(〈그림 1.6〉). 그들은 리더십, 특히 사람을 이끄는 리더십이 중요하다는 사실을 이론적으로는 알지 모르지만, 주주 가치를 둘러싸고 발생한 잡음은 거의 이 모든 문제를 덮어버린다.

하지만 비즈니스에 큰 영향력을 미치고 유산을 창조하며, 장기적으로 결과를 변화시키기를 원한다면, 좌상 사분면에 있는 '그것(IT)'을 넘어서서, 다른 3개의 리더십 사분면에 더 많은 시간과 에너지를 쏟아부어야 한다. 그러면 다른 3개의 사분면에서 내재된 엄청난 성과를 누릴 수 있기 때문이다. 진정한 비즈니스의 변화는 개인의 내적 발달 작업(나, I)과, 우상 사분면(그것, IT)의 단계적 변화, 그리고 우하 사분면(우리, WE)을 진실로 수용할 때 진정으로 통합된다. 리더십 팀이 잘 기능하는 단위로 발전하거나 사업 성과 대부분을 관리할 수 있도록 충분히 신뢰할 수 있는 임원들 간의 친교가 성장되어야 한다.

이만 스트라테누스Iman Stratenus는 중국의 TNT 익스프레스의 관리자로서 일할 당시 탁월한 리더십에 대해 다음과 같이 회고했다.

"리더로서 내 성장에 가장 중요한 순간은 리더십이 나에 관한 것이 아니란 것을 깨달았을 때입니다. 물론 내가 무엇을 하고, 어떻게 에너지, 의도, 행동들을 이끄는가는 매우 중요합니다. 그러나 목표는 내가 아니고, 판단 대상도 내가 아닙니다. 중요한 것은 팀 내부 연결의 힘이고, 통합적 노력을 통해 우리가 갖추게 되는 영향력입니다. 이러한 사고 전환으로 저는 자유로워졌어요. 면접, 코칭 대화, 팀 토론을 이끄는 것, 고객 및 공급 업체와 상호 작용하는 것과 같은 모든 관계가 좀 더 가치 있는 일이 되었으며, 관심사를 내가 아닌 타인으로 옮길 때 더 가치 있고 만족스러워졌습니다."

만일 실행 팀들이 함께하지 않고, 문화가 제 기능을 하지 못한다면, 아무리 야망이 크고 전략이 탁월해도 아무 소용이 없다. 따라서 임원은 시장을 선도하는 기업을 만드는 일 못지않게 조직 내에서 사람들을 이끄는 일에 집중해야 한다.

팀의 성장 단계
대부분의 리더는 다양한 규모의 팀을 관리하며 경험을 쌓아 왔다. 그들은 다른 사람들과 어떻게 일하는지 배웠다. 누군가는 타인에게서 최선의 능력을 끌어내는 기술을 발전시켰고, 누군가는 단순히 사람들에게 무엇을 해야 할지 지시하는 방법을 배웠다. 하지만 많은 리더들이 팀을 발전시키는 단계를 정식으로 훈련받았거나 '표준

norming, 충돌storming, 성과performing(업을 계획하고 수행하는 그룹 개발 모델로, 1965년 브루스 터크먼Bruce Tuckman이 처음 제안했다-옮긴이주)'와 같은 일반적인 내용 이상은 알지 못한다.

그럼에도 불구하고 많은 리더들은 팀 내 소통을 강화하기 위해 외부 프로그램을 활용하지만, 대부분은 그런 프로그램 속 행사에 매우 냉소적이다. 경험상 이런 행사가 별반 차이를 만들지 못할 것으로 생각하기 때문이다. 오히려 행사 후 편견이 강화되거나 팀이 후퇴할 수도 있다. 불확실한 사외 프로그램을 진행하거나 경색된 공급자 사이트 방문 후, 리더는 팀이 비용 대비 효과적이지 않다고 결론짓고, 명령하고 관리하는 접근법을 적용해 다양한 사업 단위 대표를 각각 만나 사일로에서 개별적으로 회의를 한다.

팀 개발이 시간 낭비라는 말을 하려는 것은 아니다. 오히려 절대적인 영향을 미칠 만큼 중요하다. 위대한 팀을 만드는 데 시간이 필요하다. 높은 능력을 발휘하는 팀을 만드는 데 가장 중요한 요소는 '개인적인 연결'이라는 것을 기억하자. 그들과 함께 시간을 보내야 한다. 개인적인 연결 없이 탁월한 팀을 만들고 신뢰를 키우기란 불가능하다. CEO와 임원진과 일하면서 팀 발전을 위해 1년에 적어도 8일을 투자할 준비가 되어 있지 않다면, 시작도 하지 말 것을 조언한다. 8일 미만의 기간을 투자한다면 시간과 비용의 낭비일 뿐이기 때문이다. 팀 행사에 쓰려는 돈을 믿을 만한 자선단체에 주는 것이 더 나을지도 모른다. 두 사람 사이에서 성공적인 관계를 만들어간다는 것만으로도 충분히 어려운 일이므로, 거기에 세 번째 사람을 더하는 일은 2배 이상의 도전이 요구된다. 각각 안건을 가진 10명 이상의 중역이 모이면, 복잡성과 역동성의 수준이 급증한다. 임원이 이끄는 팀이 서로 협력하기 어렵다는 것은 놀라운 일이 아니다. 조율이 잘된 임원은 아주 드물다. 그리고 팀 발전 단계에 대한 이해가 없으면 업무는 심각하게 방해를 받게 된다.

팀 내부 역동성에 대한 이해가 부족한 것은 다음 2가지에 기인한다. 첫째, 기능적으로 잘 작동하고 조율이 잘되는 팀을 만든 리더에게 보상을 해주는 기관은 거의 없다. 보상은 주로 개인적인 기여에 기반을 둔다. 결과적으로 지도자들은 '증상적 사고'를 하고 '시스템적 사고'를 하지 않는다.[4] 둘째, 팀 성장 단계에 대한 기술적 이해가 부족하다. 성장 단계를 어떻게 측정할지, 또 더 높은 수준의 성과 단계로 팀을 이끄는 방법을 제대로 알지 못한다. 프린스턴대학교 및 남가주대학교에서 수백 개의 업무 팀을 대상으로 몇 달에 걸쳐 조사했는데, 그 결과들은 팀 진화에 필요한 방법을 알아내는 데 도움을 준다.[5]

이 책에서 이야기하는 모든 성장 모델처럼 성장의 단계를 건너뛰는 것은 불가능한 일이다. 노력을 기울이는 팀은 단계를 거쳐 진보하며, 그렇지 못한 팀은 제대로 나아가기 어렵고, 초기의 덜 세분화된 기능의 단계로 미끄러진다. 그래서 리더가 팀 성장 단계에 대해 더 깊이 이해하고, 행동과 연습, 방법과 훈련을 연마하면 팀 성과가 보다 나은 수준에 도달할 수 있다는 사실을 경험으로부터 알게 된다. 또 이러한 경험을 바탕으로 그들이 새로운 팀으로 이동할 때, 보다 빨리 팀을 발전시킬 수 있다.

적절한 팀 개발에 투자하는 전략적 결정은 '인적 리더십' 사분면에서 만들 수 있는 사업적으로 가장 중요한 3가지 움직임 중 하나다. 이런 투자는 강력한 경쟁적 이점을 만들어낸다.

문제는 '어떻게 팀을 구축하고 유대감을 형성하는가'다. 더 나은 팀을 만들라고 강요할 수는 없다. 리더가 팀의 참여를 강요하면 보통 역효과를 가져오고 팀의 성장은 방해받는다. 진정한 팀 유대감을 증가시키는 조건은 다음과 같다.

- 상호의존성 : 한 사람의 성공을 다른 팀원과의 협력에 의존하게 만들어 기능 간의 상호의존성을 만들 수 있다.
- 공통된 목표 : 각 팀은 공통된 목표에 의해 통합된다. 이것은 팀의 비전 혹은 꿈, 그들의 목표, 야망, 전략으로 나눌 수 있다. 만일 이 중 어느 하나에서 공통된 비전을 만들려고 노력한다면, 그것은 하나가 되게 하는 힘이 될 수 있다. 팀의 생각이 일치되면, 팀의 일관성은 상당히 높아지고, 이러한 것들은 조직의 모든 수준에서 정의될 수 있다.
- 권한 : 팀에 주어진 권한 내에서 자발성 정도와 목표를 결정하는 능력이 필요하다. 위임받은 권한과 변경 가능한 권한이 명확한 팀은 이러한 권한을 중심으로 일관된 행동을 할 수 있다.

- 팀의 규모 : 팀 규모가 커지면서 복합성도 증대된다. 팀의 적절한 규모는 팀의 목표와 그 목표에 도달하는 데 필요한 능력의 범위 같은 변수에 따라 다르다. 많은 조직이 6명을 마법의 수로 여기지만, 팀원이 4명인데도 제대로 일하지 못하는 팀이 있는가 하면, 팀원이 18명이나 되는데도 원활하게 기능하는 팀이 있다.

- 성장에 대한 헌신 : 외부 워크숍에 대한 회의론이 있다. 그러나 다 같이 효과를 높이고 팀 정신과 역동성, 그리고 개인 상호 관계를 강화하려는 헌신 자체는 강력한 결속력이 될 수 있다. 이는 빈말이나 형식적인 점검이 아닌 진정한 헌신이어야 한다.

- 리더십 : 팀을 발전시키려는 리더의 헌신은 그 팀의 성공을 결정짓는 가장 큰 요인이다. 이 리더십은 다른 팀 구성원이 리더십을 지지하거나 강화할 수 있지만, 만일 리더가 '팀의 여정'을 지지하지 않는다면, 팀은 결코 발전하지 못한다.

- 한 척의 배 : 팀 성공의 가장 중요한 활력소는 '우리는 함께 이것을 달성할 것이며, 하나의 팀, 하나의 배'라는 생각이다. 배 선미에서 이루어지는 '노 젓기'는 리듬을 정하는데, 그것은 속도와 방향을 책임지는 CEO나 팀의 리더와 동일하다. 배 안에서 각자의 역할이 있는데, 특정한 역할이 더 중요한 것은 아니다. 모두 각자의 역할을 담당한다. 만일 누군가 영웅이 되려 한다면, 팀의 속도가 떨어질 것이다. 조직에서의 지위나 직급은 중요하지 않으며, 개인적 전문성보다는 팀 결과가 중요하다. 자신의 권력이나 권한을 행사하려는

지도자들이 팀 발전의 3단계를 넘어서지 못하는 주요 원인이다.

만일 팀 개발의 조건이 갖춰졌다면 무대는 준비된 것이고, 9가지 단계의 성장 과정을 통해 팀을 코치하고 지원할 수 있다. 팀이 스스로 발전하도록 소극적으로 방치하거나, 인적 리더십 전략에 통합되지 않는 팀 행사를 열면, 단기적으로 성과가 향상될 수 있을지 모르나 팀을 3단계 아래에 머무르게 할 가능성이 크다. 이런 성장에 대한 비구조적 접근은 조직이 변화를 원해도 실패하는 이유 중 하나다. 성공적 변환은 팀 성장 단계에 대한 더 세분화된 이해와 팀이 조직에 제공하는 가능성을 풀어 가는 단계를 탐색하는 방법이 요구된다. 중요한 역할을 하는 임원진이 많은 조직에서 성공과 실패를 가르며, 이것이 복잡한 세상을 탐색하는 데 점점 중요한 요소가 되고 있다.

25년 동안 코커릴과 슈뢰더 및 다른 사람들이 한 연구가 오늘날 조직에서 가장 흔하게 나타나는 팀 발전 단계에 대한 깊은 통찰을 제공한다.[6] 앞선 장에서 살펴본, 성과를 도출해내는 행동 11가지는 그들의 업적이다. 그들의 연구 덕분에 팀 성장의 9가지 단계의 기초를 세울 수 있었다(〈그림 6.2〉).

- 1단계(팀 이전의 유능한 개인)
  모든 팀이 여기서 시작한다. 공통된 목표나 공유된 안건이 없는 개인의 모임이다.

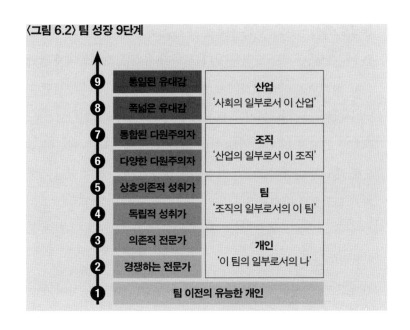

〈그림 6.2〉 팀 성장 9단계

9 통일된 유대감	**산업**	
8 폭넓은 유대감	'사회의 일부로서 이 산업'	
7 통합된 다원주의자	**조직**	
6 다양한 다원주의자	'산업의 일부로서 이 조직'	
5 상호의존적 성취가	**팀**	
4 독립적 성취가	'조직의 일부로서의 이 팀'	
3 의존적 전문가	**개인**	
2 경쟁하는 전문가	'이 팀의 일부로서의 나'	
1	**팀 이전의 유능한 개인**	

• 2단계(경쟁하는 전문가)

유능한 개인이 함께 일해야 하는 합당한 이유가 있다는 것을 깨달으면 그들은 자연적으로 '서열'을 파악한다. 이 단계에서 잘못된 기능은 종종 공손함이나 전문성의 얕은 겉치레로 감춰지곤 한다. 그 하부에는 힘의 충돌과 숨겨진 부정적 감정이 존재한다. 이것이 대부분의 사람들이 알아차리는 팀 개발의 표준, 형성, 충돌 단계다.

• 3단계(의존적 전문가)

이 단계에 일어나는 갈등 중 일부는 리더십의 중재, 조정 및 의사결정으로 개선된다. 팀은 결과를 내기 시작한다. 대부분의 사람들은 이 '수행' 단계를 경험해 왔다. 그러나 아직도 최적화되지 않았으며, 잠재력을 다 발휘하지 못했고 가능한 것에 근접하지 못했다. 팀 구성원들은 상급자에게 보고하고 안내를 구한다. 친근감을 느끼거나 교제를 더 즐기기도 한다. 그러나 실제로 팀은 여전히 단순한 개인의 집합체로 그들의 분야에서 각자 일을 하며 담당 리더가 주도적으로 단결시킨다. 따라서 의존적이다.

• 4단계(독립적 성취가)

이 단계에서 이루어지는 큰 변화는 구성원들이 팀에 '보고하는' 것을 그만두고 팀을 이끈다는 것이다. 그러면 서로 동등하게 일하는 독립된 전문가가 아니라, 함께 배에 올라 처음으로 제대로 된 팀이 된다. 팀은 화합과 관계 중재를 리더에게 의존하기보다 관계의 연결을 강화하기 위해 자발적으로 노력한다. 구성원들은 생각과 느낌을 열린 마음으로 공유하며 심리적으로 더 큰 안정감을 느낀다. 또 자신의 에너지와 타인에 대한 영향력, 그리고 자신의 행동에 더 큰 책임을 진다. 개별 영역에 대해서뿐만 아니라 팀 전체의 성과에 대해서도 더 큰 책임을 진다. 이 모든 것은 팀을 앞으로 나아가게 하며 리더에 대한 의존도를 줄이고 리더가 이끌지 않아도 성과를 달성한다.

- 5단계(상호의존적 성취가)

  4단계가 제대로 힘을 발휘하기 시작하면서, 높아진 에너지와 더 강한 유대감이 팀 구성원들을 더욱 가까이서 함께 일하도록 격려한다. 팀은 함께 일하는 것을 더 큰 성공을 위한 길로 생각하며 공통된 성과를 만들어 간다. 긴장감은 해결된다면 오히려 팀을 가속화할 수 있기 때문에 긍정적인 것으로 여겨진다. 각자의 독특한 관점을 받아들이는 능력과 흥미가 더 크고, 그런 관점들을 성공적인 해결책으로 통합할 수 있다. 이러한 통합을 원하는 것은 팀이 효과적으로 공유하고 협력하는 방법을 배우면 상호 이익이 있다는 것을 이해하기 때문이다.

- 6단계(다양한 다원주의자)

  아주 소수의 경영진만이 6단계까지 나아간다. 4, 5단계에서는 사업을 주도하는 데 주로 초점이 맞춰져 있다면, 6단계는 비즈니스가 산업을 이끌어가는 방법으로 팀의 대화가 바뀐다. 4, 5단계를 넘어 함께 더 효과적으로 일하기에 더 나은 성과를 성취하게 된다. 6단계에서 팀은 서로 다른 시각을 발굴하고 조율하며, 다양성을 활용하는 데에 빠르고 능숙해진다. 이를 통해, 각자의 독립적인 영역에 갇혀 있던 것들이 해체된다.

- 7단계(통합된 다원주의자)

  6단계까지 운영 가능했던 모든 능력은 가속화된다. 리더는 시장이나 주주의 관점을 관리하는 데 중점을 두지 않고, 더욱 다양하고 복잡한 외적 관점을 적용해 팀이 통합하고 산업을 이끌 수 있도록 외적인 면에 훨씬 더 집중하게 된다. 다양성을 활용하는 방법을 알게 되고, 더 많은 내부 이해관계자를 통합하는 시스템과 프로세스를 만들기 시작한다.

- 8단계(폭넓은 유대감)

  이 단계에서 팀은 세계적 수준이 된다. 팀의 대화와 목표가 조직을 포함한 전체의 이익을 위해 어떻게 비즈니스를 이끌 것인가에서 어떻게 사회를 변화시킬 것인가로 중대한 변화가 일어난다. 팀과 조직의 유익이라는 좁은 업무의 이해관계를 뛰어넘게 되는 것이다. 그들은 모든 조직에 '사회적 운영 허가'가 있다는 것을 이해한다. 팀 내에서 개인 간의 관계는 매우 강력해서 팀이 이제 집단적으로 초점을 맞춘 관계는 그 조직이 속한 국가 또는 사회 간의 관계다. 몇몇 팀 구성원이 리더의 외부적 초점을 알아차리게 되고 그들 자신도 팀, 조직과 사회 전체의 유익을 위해 더욱 외적으로 움직이기 시작한다.

• 9단계(통일된 유대감)

팀은 세계적 수준의 글로벌 팀에 성과를 향상시키는 방법을 가르칠 정도의, 즉 세계를 이끌 정도의 수준이 된다. 리더십은 유연하고 융통성이 있으며 개인적인 행동과 사회적 변화에 영감을 준다. 팀 구성원들 사이에 말하지 않아도 서로에 대한 유대가 이루어지며 '무디타mudita'가 일반적이다. 무디타는 산스크리트어로 '기쁨'을 의미하는데, 상호 감정이나 다른 사람들의 복지를 기쁘게 생각하는 즐거움, 특히 공감적 또는 대리적 쾌감을 뜻한다. 실제로 여기에 이르는 팀은 극히 드물다.

네트워크 분석

팀 개발의 단계를 신속하게 진행하고 높은 기능을 갖춘 팀과 경영 의식에 도달하기 위해서는 조직 내부의 기존 네트워크를 이해하는 것이 매우 도움이 된다.[7]

현대 비즈니스에서 흥미로운 역설 중 하나는 우리가 이전에 비해 서로 '소통'할 수 있는 더 많은 수단을 갖고 있음에도 불구하고, 그 '소통'은 더 얕고 표면적이며 거래에 대한 것이기 때문에 종종 덜 연결된 것처럼 느껴진다는 점이다. 더 큰 연결성을 위한 도구를 갖고 있지만, 대부분 기업에서 의미 있는 연결은 여전히 드문 일이다.

회사 중심부의 계획이 전통적인 톱다운 방식으로는 먼 곳까지 전달하는 일이 효과적이지 않다는 것은 명확하다. 이미 존재하는 조직의 네트워크와 공개 토론을 통해 생각을 드러내고 '바이럴 메커니즘Viral Mechanism'을 통해 사람들과 소통하고 관여하기를 권한다. 직원들과의 미묘한 자극, 흥분된 파동과 구성원 간의 대화가 가장 전통적인 '내부 통신' 과정보다 훨씬 효과적이다. 퍼스트 퀀텀 미네랄스사의 닉 워런은 탁월한 리더십 경험에 대한 인터뷰에서 다음과 같이 말했다.

"우리의 문화는 비즈니스를 관리하는 데 도움이 되는 규칙을 만들어냅니다. 당신은 주변에서 그것을 느끼며 거의 무의식적으로 조직의 기호와 의식, 이야기를 따라 행동하게 됩니다. 우리는 문화를 구성하는 상징, 의식, 이야기에 주의를 기울이며 문화를 키워나갑니다. 관료주의를 제한하면, 비즈니스에 관여하는 규칙을 결정하는 문화를 만드는 게 가능해지죠. 시스템이나 양식보다 문화적으로 주도되는 이야기와 같은 개입이 훨씬 더 큰 행동을 유발해요. 우리는 항상 문제 해결에 초점을 맞추는 매킨지식 서구 방식에서 멀어지기를 원합니다. 사람들에게 우리가 그들의 이야기를 잘 듣고 있다고 느끼도록 확신을 주는 것이 더욱 중요하기 때문입니다."

비즈니스에서 내부 네트워크를 이해하면, 매우 빨리 효과를 낼 수 있다. 조직 내 상호 연결 관계를 알고 있다면, 가장 영향력 있는 적임자를 찾아내 운영이나 문화, 전략과 관련된 메시지를 빠르게 전달할 수 있기 때문이다.

네트워크 분석은 복잡한 사회 네트워크 이론에 기초한다. 그러나 우리는 훨씬 단순한 접근법을 사용해 몇 분 안에 의미 있는 데이터를 찾아낸다. 다음은 3가지 핵심 네트워크를 정의하기 위한 9가지 간단한 질문이다.

- 운영 네트워크
  - 당신의 업무와 관련된 정보를 얻는 사람들의 이름을 말하세요.
  - 규칙적으로 협동하는 사람들의 이름을 말하세요.
  - 그런 다음 일을 해결하거나 더욱 빨리 일이 진척되도록 의뢰하는 사람들의 이름을 말하세요.

- 문화 네트워크
  - 당신이 에너지를 얻는다고 생각하는 사람들의 이름을 말하세요.
  - 솔직하고 열린 대화를 나눌 수 있다고 생각하는 사람들의 이름을 말하세요.
  - 일이 힘들어질 때 지지를 얻고자 의지하는 사람들의 이름을 말하세요.

- 리더십 네트워크
  - 당신의 생각을 나누는 사람들의 이름을 말하세요.

- 리더십과 지도를 위해 대화하는 사람들의 이름을 말하세요.
- 조직에서 당신의 발전을 적극적으로 지지하는 사람들의 이름을 말하세요.

이 질문들에 대한 답과 빅데이터 분석을 통해 조직의 구조와 리더십, 재능 풀과 성과에 대한 매우 중요한 정보를 다수 얻을 수 있다. 예를 들면, 나는 세계적인 리더십 팀과 함께 일한 적이 있었는데, 그중 한 사람은 리더십 네트워크는 창의성과 혁신 능력이 매우 강점임에도 불구하고 그가 가치를 크게 더할 수 있었던 중요한 문제들에 대해 조언을 요청하는 동료가 거의 없었다. 또한, 그가 강한 운영 네트워크를 가진 것과는 대조적으로 문화 네트워크는 매우 약했다. 이점에 대해 그는 충격을 받았고, 동료들과의 행동에 큰 변화를 가져왔다. 그는 자신의 탁월한 생각을 실행하는 데에 필요하다고 생각했던 영향력을 발휘하지 못했다는 것을 깨달았던 것이다.

또 다른 임원은 매우 강한 문화적 연결성을 지니고 있었지만, 조직 개편에서 밀려나 다른 부서로 이동했다. 이로 인해 그 사업부에 큰 동요가 있었고, 성과는 급격하게 떨어졌다. 그는 조직에서 문화적으로 중요한 인물이었기에 그의 발령에 대해 부서 내 많은 사람이 매우 불안해했으며, 회사 리더십에 대한 신뢰를 잃게 만들었다.

네트워크 분석은 숨겨진 재능도 발견할 수 있어서, 이를 팀, 부서혹은 회사 전체에 적용하면 전체적으로 뻗어나간 네트워크를 파악할 수 있고, 주요 플레이어가 누군지 쉽게 알 수 있다. 따라서 비즈니스가 실제로 어떻게 작동하는지를 보여준다. 이러한 분석 결과는 앞으로의 계획과 향상된 성과를 불러오는 데 매우 유용할 수 있다.

예를 들어, 우리는 동유럽에 있는 회사 내 중요 팀 전부를 대상으로 네트워크를 분석했다. 그들은 업무를 시작하는 같은 날 임원 2명을 새로 지명했는데, 재무 책임자와 사업 책임자였다. 둘 다 CEO 후보감이었다.

6주가 지나고, 우리는 재무 책임자가 전체 경영진에서 가장 연결이 많은 사람이라는 것을 확실히 알 수 있었다. 나는 CEO에게 새로 발탁한 두 사람 모두 새로운 CEO로는 적합하지 않다는 의견을 냈다. 왜냐하면 재무 책임자는 1년 이내에 정치인(상원 의원)이 될 것이고, 사업 책임자는 퇴사할 것으로 보였기 때문이다. 현 CEO는 우리가 2명의 임원과 함께한 지 6주 만에 알아낸 그 사실을 믿지 않았다. 그러나 이 예측은 완벽하게 맞아떨어졌다. 우리는 직원들의 생각을 읽었고, 임원들과 단 6주를 보냈지만, 이미 이 리더 2명과 관련된 결과를 알게 되었다. 60개 나라에서 16개의 언어로 관계에 대한 100만 개 이상의 예를 분석한 결과를 바탕으로 미리 예측할 수 있었다. 중동의 한 은행을 예로 들자면, 우리는 연달아 17명의 임원들이 퇴사할 것임을 예측했는데, 이런 예측으로 우리는 은행의 사업 성장에 상당한 악영향을 미치고 있는 문화적인 문제를 해결하는 데 도움을 주었다.

가치 체계의 진화

신뢰는 팀이 함께할 수 있도록 만들어주는 일종의 접착제다. 팀 성장의 단계를 본다면, 신뢰는 '재능 있는 개인'에서 '경영진의 친교'까지의 총합으로 팀이 진화하는 데 필요한 요소다. 타인의 동기를 이해하는 것은 신뢰를 구축하는 데 아주 중요한 부분이다. 제대로 작동하는 팀이 성장하기 위해 발전적인 진전을 만드는 가장 빠르고 쉬운 방법은 모든 구성원이 자신과 타인의 동기나 가치 시스템을 확실하게 이해하는 것이다.

지금까지 문화와 가치에 대해 수많은 연구가 이루어져 왔다. 우리는 헤르트 호프스테더Gert Hofstede, 샬롬 H. 슈워츠Shalom H. Schwartz와 클레어 W. 그레이브스Clare W. Graves를 비롯한 몇몇 학자의 연구를 통합해 리더의 가치 시스템이 상황에 따라 어떻게 변하는지 윤곽을 잡을 수 있도록 활용해 왔다. 언급한 3명의 학자 중 사업적으로는 그레이브스의 연구가 가장 유용한데, 이는 수직적 성장과 진화적인 차원을 포함하기 때문이다. 그레이브스는 뉴욕 스키넥터디에 위치한 유니언 칼리지의 심리학 교수였다. 학생들의 다양한 에세이를 평가하다가, 학생들의 반응을 4가지 주된 형태로 묶을 수 있다는 것을 알아냈다. 그는 학생들이 에세이를 쓰고 내용을 강조하는 방식에 4가지 '세상을 보는 관점'이 있다고 결론 내렸다.

그레이브스는 이후 세상을 바라보는 8개의 관점 혹은 가치 체계 모델로 발전시켰는데, 각각의 세계관은 이전 단계에서 발전시킨 것이다.

그레이브스의 제자였던 크리스 코언Chris Cowen과 돈 벡Don Beck은 이를 계승·발전시켜 '나선형 역동학Spiral Dynamics'이라고 명명했는데, 현재 지구상에서 가장 널리 사용되고, 인용되는 문화적 조사 모델 중 하나다.

그레이브스의 모델은 이전 단계를 포함하면서 초월하는 진화적 수준을 정의했다. 그래서 단계가 높아질수록 이전 단계의 행동과 가치, 그리고 능력에 접근할 수 있다. 각각의 새로운 단계에서 보다 정교해질 수 있지만, 그렇다고 이전 단계에서 행동하는 사람들에 비해 더 우월하다는 의미는 아니다. 높은 단계에 이른 사람들이 더 행복하거나 성공적이라는 의미도 아니며, 더 높은 단계에서 행동하는 사람들은 단지 더 많은 잠재력에 접근할 수 있을 뿐이다. 가장 효과적인 리더 중 어떤 사람은 하위 단계의 가치 체계에서 움직이는데, 상황이 요구하는 것을 더 잘 대응할 수 있기 때문이다. 반면, 더 정교한 리더지만 오히려 일을 매우 복잡하게 만들어 비즈니스 환경에 재앙을 초래할 수도 있다.

종합해 보면, 모든 단계에는 긍정적 측면과 부정적 측면이 있다. 그러나 항상 부정적 측면이 상위 단계로 가기 위한 진화적 성장 동력을 제공한다. 각 가치 체계의 영향력은 개인의 성숙도에 영향을 받는다. 각 단계는 그 단계와 관련 있는 색깔로 설명할 수 있다. 수준이 높아지면서 나선 구조의 각 단계 내에 초점은 개인과 집단 사이에서 움직인다.

가치의 나선형 구조에서 매우 흥미로운 점은 규모에 상관없이 그 모델이 여전히 정확하다는 것이다. 그러므로 개인이나 부서, 사업과 산업, 국가나 지역 혹은 전 세계 모든 사람들의 행동 양식을 예측할 수 있다(〈그림 6.3〉).

〈그림 6.3〉 가치 체계의 진화

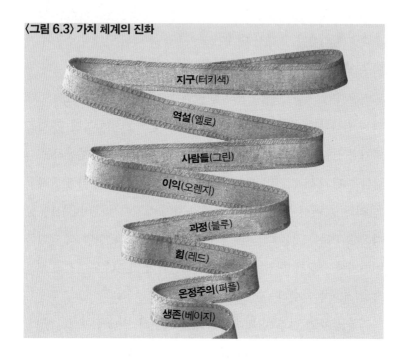

• 베이지 : 생존(개인에 초점)

이 단계의 가치 수준에서 주된 초점은 개인의 생존에 대한 것이다. 아직도 전 세계 곳곳에서는 개인적인 생존이 주 과제인 곳이 많다. 팬데믹 기간에 많은 사람이 위축되었고, 다시 한번 단기적 생존에 집중할 수밖에 없었다. 현대사회에서는 사람들이 이 단계에 머무는 것을 볼 수 있다. 해고된 사람, 잉여가 된 사람, 실업 상태인 사람, 아프거나 소외된 사람 등 이들 모두 베이지의 가치 체계에 존재한다. 경제적으로 어려운 시기에 생존 동기가 작동하므로, 베이지에서 유발된 행동이 조직에서도 종종 일어난다.

베이지 가치 체계에서 작동하는 사람을 움직이는 것은 즉각적이고 기본적인 욕구다. 일단 기초적인 욕구가 충족되면 오늘은 더 이상 행동하지 않는 경향이 있다. 내일 일은 내일 생각하면 된다. 그러므로 이 단계에 있는 사람들은 앞에 있는 일을 계획하지 않으려는 경향이 있다. 그들은 하루하루 살아간다.

베이지의 장점은 개인은 생존한다는 것이고, 단점은 진보도 전진도 없다는 것이다. 그리고 이러한 진보의 부재는 개인을 자극해서 함께한다면, 더 잘 살아남을 수 있는가에 대한 궁금증을 유발한다. 이것이 개인을 밀어붙여 퍼플 단계로 가도록 만든다.

• 퍼플 : 보호주의(집단에 초점)

퍼플은 사람들이 수적으로 안전하다고 느낄 때 나타나며, 그래서 부계 '부족'이 출현한다.

부족 가치 체계는 특정한 기능이나 지리적으로 독립된 사무실에서 회사 발전의 초기 단계나 인수 합병의 시기에 흔하게 볼 수 있다. 많은 기관에서 사람들은 영업이나 IT 부서, 혹은 런던 지사나 뉴욕 지사 등으로 자신의 존재를 인식한다. 종종 회사 자체보다 이런 작은 부서나 지사에 대한 직원의 충성도가 훨씬 더 높다. 이러한 가치 체계가 사일로 행동을 불러온다. 특별한 의식이나 미신, 자신들만의 용어나 단체복이 부족에 대한 소속감을 강화시킨다. 예를 들면, 도시의 주식거래인은 색깔 있는 조끼를 입는다.

퍼플에서 작동하는 사람들은 심리적 안정감과 안전한 업무 환경으로 동기부여가 된다. 그들은 동료와 강하게 연결되기를 원하며, 누군가가 배를 심하게 흔들거나 너무 큰 변화를 초래하는 것을 원하지 않는다. 회사에는 약간의 적개심을 가질 수도 있고 개인적이거나 사업적인 위협을 곧잘 감지한다. 그래서 그들은 희생자 모드로 떨어지기 쉽고 자신의 지위 유지나 부서원들의 안전을 보장하기 위해 강한 반응을 할 수 있다.

퍼플의 강점은 이 단계에서 작동하는 사람들은 꽤 높은 수준의 소속감을 창조할 수 있고, 리더가 삶을 더 안전하고 편안하게 만들어 준다면, 그를 따르며 행복해한다는 것을 들 수 있다. 단점은 부서원들이 매우 반응적일 수 있고 어떤 것을 깊게 생각하는 데 실패하며, 여러 방향성을 스스로 설정하지 못한다. 퍼플에서 방향성의 부진이 레드로 진화하게 만든다.

• 레드 : 힘(개인에 초점)
레드 단계에서 초점은 다시 개인으로 돌아온다. 이 단계의 개인은 책임지는 것을 좋아한다. 모병 제도를 통해 레드 리더가 적극적으로 발굴된다. 모집 대상자들이 불확실한 상황에 놓이게 되고, 모집하는 사람들은 누가 고삐를 쥐려고 앞으로 나서는지 지켜본다. 그들이 바로 레드 리더다. 비즈니스에서도 같은 상황이 나타난다. 부서원 중 자발적으로 방향을 제시하는 레드 리더가 나타난다. 이런 종류의 리더십은 종종 개인을 가장 높은 위치까지 끌어올린다.

세계적인 다국적 기업의 임원들에서 볼 수 있는 2가지 흔한 가치 체계 중 하나가 레드 리더다. 레드 리더는 특히 새로운 사업 분야나 스타트업, 텔레컴퍼니나 기술 분야, 그리고 엔터테인먼트와 정계에 널리 퍼져 있다. 레드 리더십은 회사의 발전 초기 단계, 혹은 새로운 영역을 개척하는 부서에 매우 큰 도움이 될 수 있다. 영업이나 홍보 같은 특정 업무는 레드 가치 체계에서 작동하는 사람으로 가득 차 있다.

레드 리더는 유머 감각과 카리스마가 있으며, 높은 에너지 수준을 가진 '일상보다 더 큰 것을 추구하는' 사람들이다. 그러나 그들 역시 두려움이나 위협, 강압을 이용해 리더십을 발휘할 수 있다. 그들은 독재적일 수 있고 '내가 말한 대로 하라'라는 태도를 유지하기도 한다. 그들은 부챗살 모양 방식이나 명령과 지시의 리더십 모델로 작동한다. 그들은 우선순위를 단순화하고 명료화하는 것을 잘하고, 간결하게 말하는 것을 좋아한다.

그러나 단점은 진보가 개인 리더들에 의존적이라는 것이다. 레드 리더는 의사결정의 병목 지점이 될 수 있고, 레드 리더가 취하는 지나친 책임감은 오히려 주변에 수동성을 만들어낼 수 있다. 안건에 있는 모든 항목에 대한 지나친 주인 의식은 '책임 바이러스'로 불리기도 하는데, 그 자체가 성장을 저해할 수 있다.[8] 최고의 권력은 중독성이 있어서 레드 리더를 전능감에 취하게 만든다. 그래서 전반적으로 불필요한 행동과 병적인 자기중심주의를 유발할 수 있다. 이런 권력욕이 집단 내에서 불안감을 유발하며, 그 결과로 레드 리더십의 과잉을 제한하기 시작하고 다음 수준인 블루가 출현한다.

• 블루 : 과정(집단에 초점)

블루는 순서와 보수주의, 충직함을 나타내는 색이다. 그리고 그것은 다시 집단으로 회귀함을 나타낸다. 블루 가치 체계에서 작동하는 사람에게는 올바른 일을 하는 것이 중요하다. 처음으로 의미가 출연하는데, 정부나 신 같은 더 높은 원칙 혹은 권위를 추구하는 것이 이 단계에서는 중요해진다.

블루의 과정 지향적 문화는 정부 부서, 관료 조직, 공공 부문의 파트너십에서 볼 수 있다. 이것들은 규칙과 절차 위에 세운 시스템이다. 모든 사업에서 블루 단계를 거쳐야만 일부 하부구조나 성장을 위한 안정된 플랫폼을 만들 수 있다.

레드의 과도한 행동으로 조직이 방해받지 않고, 질서정연해지기 위해 다양한 규칙과 규정을 마련한다. 그리고 인프라와 프로세스가 출현하기 시작한다.

노동조합은 확고한 블루 조직 가치 시스템의 전형적인 예로, 종종 산업에 절실히 필요한 안정성과 공정성을 가져올 수 있다. 그러나 2012년 영국의 공공 부문 파업으로 증명되었듯이, 블루 조직은 그들 자체의 규칙과 과정에 의해 엄격하게 제약을 받고, '융통성 없는' 사고로 흘러갈 수도 있다. 공공 부문 연금이 일반 민간 부문의 평균보다 훨씬 더 능가하고, 국가가 그들을 감당할 수 없다는 사실은 블루 가치 시스템의 불쾌감을 주는 원칙과 파업하는 사람들에게는 중요하지 않았다. 그들은 지금의 작은 감축이 장기적으로 일자리와 연금을 확보하는 데 도움이 될 수 있다고 보지 못했다.[9]

블루의 장점은 안정성에 있다. 그러나 블루가 지나치면, 비즈니스는 딱딱하고 융통성이 없어질 수 있다. 다른 모든 수준처럼 이런 단점이 다음 단계로 진화하는 조건이 되어 오렌지가 출현한다.

• 오렌지 : 이익(개인에 초점)

오렌지는 다시 개인적 초점으로 이동한다. 대부분의 비즈니스는 레드나 오렌지 가치 체계를 가진 리더가 운영한다. 그런 면에서 오렌지 리더는 레드 리더의 좀 더 성숙한 버전이라고 할 수 있다. 그들은 과정과 원칙의 중요성을 이해하며, 레드 리더보다 조금 더 여유롭게 반응한다. 레드와 블루를 지나 올라온 것이 오렌지라는 것을 기억하라. 오렌지 리더는 지나친 블루 규칙의 제약에서 자유롭고, 블루의 하부구조와 시스템의 장점을 바탕으로 사업을 키우고 결과를 내기 위해 더 융통성 있게 성장하길 원한다. 오렌지의 궁극적 목표는 이윤, 즉 돈을 벌고 승리하는 것이다. 그들은 실용적 세계관을 견지하며 자신들이 설정한 목표에 도달하는 데 필요한 일이라면 어떤 것이든 기꺼이 한다.

마거릿 대처는 1970년대 영국의 블루적 노동조합 사고방식을 무너뜨렸으며, 그녀의 정책은 나라를 오렌지가 번성하는 쪽으로 이끌었다. 많은 사람이 오렌지가 성공의 꼭대기라고 생각한다. 이는 궁극적인 목적지이며 부가 궁극적인 포상이다. 두말할 필요 없이, 오렌지에는 다른 단계들처럼 어두운 면과 탐욕과 조작이 있다. 시장 규제를 완화하고 지나치게 많은 규칙을 없앤다면, 극단적 오렌지 행동을 부르는 조건을 만들어낸다. 개인적 유익을 위해 사람들은 자신의 '시스템을 악용하기' 시작한다. 2008년 일어난 세계적 금융 위기는 월스트리트 몇몇 회사의 채권 판매와 관련된 일부 극단적인 오렌지 행동을 조직적으로 하는 것이 가능했기에, 전체 모기지 시장을 '가지고 놀' 기회로 보고 순진한 구매자들에게 '독성' 자산을 판매한 금융계의 재앙이 되었다.[10]

특히 Y 세대를 포함한 많은 사람이 이 가치 체계의 오류에 대해 지적하고 다음 단계에 무엇이 존재하는지 궁금해했으며, 진지하게 탐구하기 시작했다.[11] 다수를 희생시키고 소수를 옹호하는 것이 아니라, 가진 자와 가지지 못한 자 사이에 존재하던 매우 큰 차이를 더 악화시키지 않는 방법을 모색했다. 오렌지의 장점은 부의 창출이지만, 소수의 지나친 탐욕으로 오염된다. 결국, 진화적 자극을 유발하며 그린이 출현한다.

• 그린 : 사람들(집단에 초점)

그린은 다시 집단으로 돌아간다. 그린 비즈니스나 리더는 이윤에 과다하게 집중된 오렌지에 대한 해독제로 나타나곤 한다. 그들은 주주뿐만 아니라 모든 사람에게 이익을 줄 수 있는 좀 더 포괄적인 진행방식에 동기부여를 받는다. FTSE 100에서는 드물지만, 내부 문화로 강력한 그린 성향을 띠는 회사가 있다. 초월하는 것이 가능하다고 증명하며, 2020년 FTSE 250에서 최고의 실적을 거둔 회사는 강한 그린 문화를 지닌 페츠 앳 홈이다.

그린 리더는 '승자와 패자'라는 사고방식이 궁극적으로는 제로섬게임이라는 것을 깨닫는다. 착취는 고통의 쓰나미와 비난, 그리고 반발을 유발하는 강력한 힘을 촉발한다. 그린 리더는 다른 선택, 즉 더 많은 사람과 소비자를 중심으로 한 접근을 택한다. 그리고 돌봄의 범위를 사람에서 지구까지 확장한다. 탄소 발자국, 공정 무역, 지역 생산, 그리고 지속 가능성과 환경문제에 관심을 갖는다. 또한, 집단의 필요에 훨씬 더 예민하다. CEO와 리더는 움직이는 외교 사절처럼 행동한다. 그들은 보통 감성 지능이 더 높고 누군가를 도우려는 의도에 따라 움직인다. 또 다양한 분야의 의견을 들으려 하고 위계질서를 아주 싫어한다.

베이지에서 그린까지 모든 단계는 일차적이다. 일차적 단계의 가장 큰 문제는 각 단계에 속한 사람들이 자신은 옳고 다른 사람은 잘못되었다고 생각한다는 점이다. 많은 팀 또는 문화적인 긴장은 '나는 옳고' '당신은 그르다'라는 잘못된 믿음에 뿌리를 둔다. 사업이나 정부는 자신의 사례를 옹호하고 논쟁하는 데 많은 시간을 낭비한다. 그린은 이 지점에서 특히 갈등이 생긴다. 그들은 모든 사람이 옳고 평등하게 가치를 지니기를 원한다. 모두가 환영받고 모두를 포함하기를 원하며 더 좋거나 더 나쁜 것은 없다. 그린은 더 좋거나 더 나쁜 것이라는 제안을 혐오하며, 성장의 수직적 성격을 거부할 가능성이 크다. 그린으로 사고하는 사람들은 모두를 같은 경기장 수준으로 데려오려 한다. 그럴 때 그린 가치 체계는 자신의 위계질서에 맹목적이 되어 수평적인('우리가 모두 동등하다') 구조가 수직적 위계질서보다 낫다고 생각한다. 이런 맹목성은 그린의 대표적인 모순점이다.[12] 한편으로는 매우 배려심 많고 포괄적이지만, 다른 한편으로는 근시안적이고 판단적이다.

그린 리더들은 사람들과 함께하는 데 집중하고, 아무도 뒤처지지 않도록 속도를 줄일 것이다. 그들은 윈-윈 관계를 성취하려 노력하며, 사람들이 기여할 수 있도록 '한층 더 노력한다'. 인간적인 접촉이 동기부여가 되고 팀을 통해 결과를 성취하며, 호감을 얻는 것이 경쟁적 장점보다 더 중요하다고 여긴다. 직원들의 참여와 순수 고객

추천 지수Net Promoter Score(충성도가 높은 고객을 얼마나 많이 보유하고 있는지 나타내는 지표 - 옮긴이주)를 EBITA(이자, 세금, 감가상각과 상각 전 이익 - 옮긴이주)를 만들어내는 지속 가능한 지표로 본다.

그린 리더십의 단점 중 하나는 리더가 모든 것을 고려하다 보니 어떤 것도 행해지는 것이 없고, 비즈니스는 성장 동력을 잃는다는 것이다. 블루 리더와 그린 리더의 주된 차이는 블루 리더는 원칙과 옳은 일을 지향하고, 그린 리더는 모든 사람을 동참시키려 하고 그들의 합의에 의해 움직인다는 점이다. 그린의 장점은 협동과 보살핌이다. 그러나 마지막 단계인 그린을 포함한 1단계 가치 체계의 실패는 2단계 가치 체계의 출현을 가속화했는데, 그 중 첫 번째가 바로 옐로다.

• 옐로 : 역설(개인에 초점)

옐로는 다시 개인으로 돌아간다. 1단계의 모든 가치 체계에도 어느 정도 타당성은 있으나 단점이 공존한다고 받아들이는 데서부터 옐로가 싹트기 시작한다. 그린의 포용성을 수용하고 그 덕분에 가능한 창조성을 받아들여 더욱 강화한다면, 그 결과 나타나는 것이 옐로라는 혁신이다.

옐로는 어떤 것이 동시에 더 나을 수도 있고 나쁠 수도 있다는 모순적 생각도 편안히 받아들이기에 역설적이면서도 혁신적이다. 이 사고방식은 더 섬세하며 많은 세부사항을 고려한다. 레드의 도전적인 방법보다 훨씬 더 현명하고 정교한 방법으로 말이다.

옐로 비즈니스는 복잡한 문제에 현명한 해결책을 찾는다는 점에서 혁신적 엔진이다. 그들은 게임을 바꾸거나 패러다임의 변환 혹은 블루오션을 확립함으로써 문제 해결에 성공한다.[13] 옐로 비즈니스는 보통 소규모이며, 만일 대규모라 해도 작은 범위로 조직화되어 있다. 그들은 빠르고 유연해 예전에는 최적이 아니었던 구조들을 '해킹'할 수 있기에 경쟁력이 있다.

전 세계 인구의 1%만이 옐로 단계에서 작동한다.[14] 그러나 우리가 지난 몇 년간 가치 체계를 조사한 약 1만 5,000명의 비즈니스 리더 중에서는 이 숫자가 10%에 가까운 것으로 나타났다. 옐로 가치 체계는 Y 세대에 훨씬 흔하다. 그들은 전통적 직업 경로를 따르지 않는다. 만일 그것이 작동하지 않는다면, 다른 분야에서 시도한다. 옐로 리더는 세상이 흑과 백으로 이루어진 것이 아니라는 사실을 알고 그들이 동시에 문제와 해결책의 일부가 될 수도 있음을 받아들인다. 비즈니스 컨설턴트이자 작가인 짐 콜린스Jim Collins의 말을 인용하면, 처음 6개 단계가 문제의 원인을 '외부에서 찾으려 했다'면, 이후 2개 단계 리더들은 '내면을 돌아보며' 문제를 해결하고자 한다.[15]

옐로 리더들은 질문받기를 기다리지 않으며, 해결책에 대해 스스로 책임진다. 그들은 여러 관점을 받아들이고 이해 충돌을 쉽게 다룰 수 있다. 그들은 복잡한 문제에 끌리며 이를 도전으로 여긴다. 새로운 아이디어에 흥미를 느끼고 회사를 넘어 영향력을 미치려고 한다.

옐로 리더의 장점은 개인적 책임감이 강하다는 것이다. 그들은 혁신적이고 파괴적이며 학습과 자기 발전에 매우 집중한다. 단점은 대부분의 사람이 이해하기에 너무 지나치게 개념적이고, 복잡한 태도로 너무 냉정하거나 무관심한 것처럼 보일 수 있다. 이런 면은 마지막 가치 체계인 터키색의 출현을 불러온다.

• 터키색 : 지구(집단에 집중)

터키색 신호는 다시 집단으로 돌아간다. 터키색 비즈니스는 공식적 비즈니스라기보다는 운동에 가깝다. 그들의 초점은 개인이나 회사 차원의 추구를 넘어, 진화적이고 장기적이며 전 지구적 선함에 집중되어 있다. 그러한 운동은 지나치게 규범적이거나 교만하지 않으며, 모든 사람에게 유익한 문화적이고 사회적인 변화를 만드는 방법을 찾는다. 터키색 리더는 사회적 의무나 더 큰 선에 관심이 많다.

터키색 CEO와 리더는 매우 드문데, 보통 사회적 기업이나 공기업에서 찾을 수 있다. 그들의 결정이 단기적 결과보다는 장기적이고 의도되지 않은 결과에 초점을 맞추기 때문에 때로는 산만해 보인다. 그들은 많은 변수를 계산할 수 있고 패턴을 찾아내며, 복잡한 데이터의 균형을 맞춘다. 그러한 실시간 계산과 조사는 타인에게 자신의 동기가 무엇인지 명확하게 알아볼 수 없게 하거나 어떤 것이 일어나기를 가만히 앉아서 방관하는 것처럼 보이기 때문에 당황스러울 수 있다.

터키색 가치 체계에서 행동하는 인구는 0.1%에 불과하다. 이는 옐로나 터키색의 2단계 가치 체계에서 활동하는 사람이 전 세계 인구의 2%가 되지 않는다는 사실을 의미한다.[16]

터키색 리더는 대의에 도움이 된다면, 이익을 추구하는 것에 두려움이 없다. 그들은 또한 봉사에 관심이 있고 모범적으로 산다.

체계적인 조화, 성숙도의 증가와 자연스러운 발생은 그들의 활동에 생기를 불어넣는다. 그들은 권한을 넘어 리더십을 수행하며, 모든 사람에게 봉사하는 방법을 찾는다.[17]

행동에 있어서 가치의 나선형

우리가 팀원이나 다른 구성원의 가치 체계를 이해하도록 도우면 연결감과 상호 이해, 그리고 업무 성과를 강화할 수 있다는 사실을 알게 되었다. 팀은 갈등 상황이나 막다른 골목에 부딪히지 않고 의견이나 가치관의 차이를 더 잘 탐험할 수 있다. 심각하거나 복잡해 보이는 문제도 각자의 '주장'이 개인의 가치 체계나 팀 내에서 자신의 가치 체계가 작동하는 방식을 반영하는 것일 뿐이라는 사실을 깨달으면 해결된다. 그것은 더 이상 개인적인 문제가 아니다.

리더가 전략과 관련된 일을 할 때, 그의 프로파일은 옐로일 수 있다. 이는 그들이 혁신적이고 새로운 아이디어를 만들어낼 수 있다는 것을 뜻한다. 같은 리더가 실행을 위해서는 오렌지나 레드로 전환할 수 있고, 이는 그들이 전략 실행 시 좀 더 실용적으로 접근할 수 있다는 뜻이다.

비슷하게 팀 내부 가치 체계는 팀이 어떤 일을 하는지에 따라 변환할 수 있다. 전략을 짤 때 팀이 어떻게 상호 관계를 주고받는지는 그들이 일반적인 업무를 처리할 때나 사람들을 관리할 때 어떻게 기능하는지와는 꽤 다를 수 있다.

이렇듯이 가치 체계의 미묘함에 대해 더 깊이 이해할 때, 자신을 타인에게 더 잘 설명할 수 있다. 예를 들어, 회의에서 옐로 리더는 "저는 아이디어 탐구에 많은 시간을 투자하는 일에 의욕적이지만, 당신은 레드 성향이 강하므로, 이런 일을 힘들어한다는 것을 알아요. 그러니 회의 전에 전략 토론 시간을 미리 정하면 어떨까요?"라고 말할 수 있을 것이다. 그런 방법으로 레드의 개인이 지나치게 좌절하지 않고, 각자 옐로와 레드의 강점을 존중하며 단점을 최소화하는 계획을 회의 참여자 전부가 동의하게 만들 수 있다. 이런 상호적 이해와 가치관에 따른 언어를 사용하는 것만으로도 관계의 질과 생산성을 향상시킬 수 있고, 많은 갈등과 권력다툼은 저절로 사라진다.

레드와 옐로 개인이 미팅을 함께 하고 5~6개의 아이디어를 얻는다고 가정해 보자. 이런 아이디어가 실행을 위해 효과적으로 전환되려면, 오렌지 가치 체계에 접근할 필요가 있다. 그들이 최선의 아이디어에 도달하고, 그것을 사업에서 어떻게 활용할지 결정하면, 그 생각을 실현할 수 있는 과정과 더 자세한 계획을 세운다. 블루의 능력이 부족하다면, 실행을 가능하게 해줄 상세한 계획과 규칙, 원칙을 정하는 것을 도와줄 수 있는 블루 인재를 초빙할 필요가 있다.

요구되는 일을 수행하는 데 필요한 가치 체계에 팀이 접근하지 못하는 것이 수많은 회의가 실패하는 이유다. 현실에서는 레드 가치 체계 사람들은 계획에 따라 최선을 다해 요구되는 상세한 일에 주의를 기울인다. 이를 수행하는 데 블루 가치 체계에서 작업하는 사람들만큼 효과적이지 않다. 따라서 성과가 높지 않다.

블루 개인이 최상의 과정을 진행하고 나면, 성공적 실행을 위한 전략을 짜는 것은 다른 사람에게 맡겨야 한다. 적임자는 그린이다. 만일 팀에 그린이 없다면, 그린인 사람을 초빙하고, 그 아이디어에 모두가 관여할 방법을 정한다. 만일 새로운 그룹이 세부 사항 토론에 시간을 너무 많이 소비하면, 레드의 불안정한 인내심은 일이 성사되도록 열정과 추진력을 낸다.

어떤 팀 구성원이 어느 시점에 어떤 가치 체계로 기여할 수 있는지 아는 것은 성공적 결과를 유도하는 데 매우 유용하다. 각 리더가 구성원들이 어떤 가치를 지니고 있는지 알면 전략을 짜고 실행하거나 타인을 관리하는 데 더 명확하게 행동할 수 있다. 또 팀 구성원의 가치 체계와 관련된 정보도 알 수 있다.

사람들을 움직이게 하는 가치 체계는 개인, 팀, 조직의 동기에 관한 깊은 통찰을 제공한다. 비즈니스에서 가치를 정확하게 프로파일링할 수 있다면, 상업적으로 게임 체인저가 될 수 있다. 우리는 몇 년 전 주된 경쟁 업체로부터 대규모 계약을 따내기 위해 많은 시도를 했던 호주의 물류 회사와 일을 했었다. 그들은 고객을 끌어모으기 위해 원 플러스 원, 5% 할인, 15% 할인, 금요일엔 공짜 등의 서비스를 활용한 모든 방법을 시도했다. 이 회사는 오렌지적 접근을 했는데 이런 금전적 유인법이 통하지 않자, 그들은 매우 당황스러워했다. "우리 제품이 경쟁 회사들보다 싼데, 왜 고객들이 이용하지 않을까?"라는 질문은 그들이 답할 수 없는 것이었다.

우리가 고객사의 가치 체계를 연구한 결과 퍼플일 거라고 결론 내렸다. 퍼플 회사는 오렌지 메시지에 그다지 흥미를 보이지 않는다. 퍼플에 중요한 일은 안전과 현재의 상태를 유지하는 것이다. 퍼플은 그룹의 생존과 안전(고객사는 실제 IT 보안 회사였다)에 대한 것으로, 그들에게 가장 중요한 것은 변화를 피하는 것이었다. 그들의 모든 메시지는 자사가 경쟁사와 어떤 점이 비슷한가를 말해야 할 때, 경쟁사와 무엇이 다른가에 집중하고 있었다. 그래서 처음에 유사점에 대해 말하고, 경쟁사와는 다른 방식으로 목적지까지 물건을 안전하게 전달할 수 있다는 사실을 덧붙였다. 보안이 결정적인 요인이었으므로, 새로운 메시지는 제안한 서비스를 바라보는 그들의 방식을 완전히 바꾸었고, 그들은 할인 없이 사업 대상자를 바꾸었다.

탁월한 조직

탁월한 리더십 모델의 사분면이 모두 활성화되면 탁월한 조직이 될 수 있다. 우리가 조직을 지원하는 핵심 영역 중 하나는 경영 프로세스를 단계적으로 변경하는 일이다. 좀 더 자세히 말하면, 우리는 일련의 새로운 경영 프로세스를 가르쳐준다. 예측과 통제에 기반한 상명하복의 고정값을 버리고 참여를 증가시키고 권한을 분산하는 새로운 방법으로 대체하는 것이 목표다. 양질의 관리 방식을 도입하는 것은 조직 핵심 과정의 진화를 빠르게 전달하는 새로운 '운영체제'를 시행하는 것과 같다.

조직이 그 중심에 동적 조향dynamic steering 원칙을 끼워 넣고 조직 전체에 권한을 분산하고 양방향의 피드백을 구출할 수 있는 리더십 팀을 만들기 위해 적절히 투자한다면, 더 멀리, 더 빨리 나아갈 수 있다. 이러한 조직적 업그레이드의 일부로, 우리는 통합된 의사결정Integrated Decision Making, IDM을 시행한다. 이는 개인 각자의 목소리를 내게 하고, 합의의 횡포를 극복하게 해준다.

IDM은 복잡한 문제에 대해 신속하게 결정하고, 완벽히 조율하게 해준다. 전체 개발 프로세스와 결합하면, 회사가 미래를 대비하기 위해 적절히 준비되었다는 느낌을 준다. 이런 근본적인 변화, 혹은 새로운 조직 유형을 향한 수직적 도약은 다음을 포함한다.

- 조직의 모든 수준에서 목표를 명확히 하고 조율하기
- 모든 의사결정 포럼과 새로운 하위 포럼의 조성하기
- 모든 포럼의 권위의 한계와 책임 범위를 정의하기
- 보고 과정과 빈도, 질적 기준 정하기
- 모든 수준에서 명확한 책임 확립하기
- 필요한 경우 새로운 역할 만들기
- 기존 역할에 새로운 책임 할당하기
- 새로운 정책 또는 기존 정책 변경 사항 설정하기
- 팀 내에서 일하는 방식 정의하기
- 미팅의 원칙과 의사소통의 효율성 확립하기

개인적으로 우수한 리더가 되도록 도움을 주는 것은 1가지 일이지만, 고위 리더들의 그룹을 통합된 동료 집단으로 발전시키는 것은 훨씬 복잡하고 큰일이다. 탁월한 조직을 만드는 것은 훨씬 더 큰 투자가 필요한 일이다. 우리는 그러한 투자가 1,000배 이상의 수익으로 되돌아온다는 사실을 몇 번이나 확인했으며, 새로운 IT 시스템이나 사업 프로세스의 재설계 등은 이런 지속 가능한 변화를 이끌지 못했다.

개인과 팀, 그리고 조직의 능력을 업그레이드시키는 통합 프로그램은 의도적 개발 조직Deliberately Developmental Organization, DDO을 확립하며, 조직적 진보에 큰 도약을 가져온다.[18] 이런 방법은 놀라운 결과를 이끌어내는데, 매우 도전적이고 어려운 일이다. 이는 많은 리더와 고위 중역에게 익숙하지 않을 열린 마음의 수준을 요구한다. 자아의 충돌로 모든 것이 무너지는 것을 방지하려면, 조직은 설득력 있는 목표를 세워 구성원 모두가 보다 큰 목표에 이바지한다고 느끼게 해야 하며, 이를 정착시키기 위해 주도적인 역할을 하는 임원진이 필요하다. 시간이 흘러도 탁월한 조직을 유지하기 위해 조직 문화에 새로운 언어와 의미를 불어넣어, 조직의 잠재력을 제한하는 뿌리 깊고 확고한 정신 모델(예측과 통제 같은)을 없애도록 도와야 한다.

예측과 통제를 넘어

대부분 현대의 리더십과 경영 기술은 예측과 통제의 패러다임에 기초한다. 그런 접근법은 리더에게 미래를 예상하고 미리 정의된 일련의 목표를 달성하기 위한 최선의 경로를 설계하도록 요구한다. 여기서 주된 연습은 시나리오 계획이다. 이런 접근법은 20세기 초반에 발전했으며, 비교적 단순하고 정적인 비즈니스 환경에서는 잘 작동했다. 그러나 세상이 급변하면서 그런 전술적 단순화로는 현재 경험하는 엄청난 복잡성과 변동성을 따라가기에 어려움이 있다. 예측과 통제는 보다 나은 의미 찾기를 요구하는 새로운 세대 직원의 열정과 창의성에 불을 붙이기 어렵다. 최근 대부분의 조직이 미래의 성공으로 가는 열쇠라 생각하는 민첩성의 발달 역시 방해한다.

우리가 제시하는 DDO 과정은 회사가 '실험하고 적응하는' 데서

'느끼고 대응하는' 마인드셋으로 점차 변환하고 더 역동적인 접근 방식을 찾도록 돕는다. 느끼고 대응하는 접근 방식은 자전거를 탈 때 사용하는 동적 조향과 매우 유사하다. 일반적 목표를 가지고 나아가면서, 진행하는 동안 감지하는 실제 데이터를 고려해 지속적으로 조정하는 것이다.

조직에서 동적 조향은 변화하는 상황에 적응하고 새로운 기회나 도전에 빠르게 대응할 수 있는 유연하고 학습 중심의 문화를 구축하는 것을 의미한다. 이는 계획과 의사결정 과정을 실행 가능한 결정으로 빠르게 전환하는 데 집중하고, 현실을 기반으로 다음 단계에 대한 정보를 제공하도록 만드는 것이다. 그래서 우리가 어떤 일이 일어날지 고민하고 이론적으로 '최상의' 결정을 만들어내려고 애쓰지 않도록 한다. 동적 조향 원칙은 결정 사항 검토 계획에 지나치게 많은 시간을 허비하지 않고 신속하게 적응하도록 팀을 자유롭게 만들어준다. 불완전하게 시작한 계획이 현실과 피드백의 지속적 통합 과정을 거쳐 요구 사항에 맞게 조정된다.

이러한 마인드셋 변환은 중요하지만, 정적인 지시에서 동적 조향 원칙으로 바꾸는 것은 새로운 원칙보다 더 큰 노력을 요구한다. 이러한 전환을 조직의 핵심에 내재화하기 위해서는 동적 조향 원칙을 적용한, 보다 유기적인 구조를 설치하고 새로운 의사결정 및 경영 프로세스를 구축해야 한다. 이런 방식은 매우 효율적인 미팅들과 같은 몇 가지 즉각적인 혜택을 가져오며, 시간이 지나면서 보다 깊은 학습과 변화를 생성하는 조직의 진화를 촉진한다.

상향 조정된 거버넌스

거버넌스가 비즈니스에서 널리 사용되고 자주 인용되지만, 대부분 회사에서는 이와 관련해 법적 규정 준수와 운영 감독만 고려할 뿐이다. 거버넌스 실행은 조직 전반에 걸쳐 상향 조정되어야 한다.

리더십 팀은 구성원과 함께 효과적으로 일하기 위해 반드시 답해야 할 중요한 질문과 마주한다. 예를 들면, 다음과 같은 질문이다.

- 그룹의 목표를 달성하려면 어떤 활동이 필요하고, 누가 그것을 실행할 것인가?
- 각 팀원은 어느 정도로 자율성을 지니고 있으며, 어떤 한계나 요구 사항이 요구되는가?
- 팀이 내려야 하는 다양한 결정을 실제로 어떻게 처리하는가?
- 업무는 어떻게 정의되고 배정되는가?
- 어떤 중요한 방침이나 정책을 따르게 되는가?

거버넌스에 대한 모든 질문은 단체가 함께 일하는 방식에 대한 지배에 관한 질문이며, 그에 대한 답이 팀 내 권한과 기대를 정의한다. 이런 질문에 대해 답할 수 있는 확고한 거버넌스 구조가 존재한다 해도, 그것은 조직의 맨 꼭대기에만 있을 수 있다. 하지만 이런 질문들은 이사회에서만이 아니라 업무 현장과도 관련이 있다. 각 팀의 각 단계에 명시적 지배구조 과정이 없다면, 조직을 개선할 기회를 잡지 못하거나 대부분 상부에서 막혀 있게 된다.

거버넌스 미팅

현재 비즈니스 진행 방식을 살펴보면, 대부분 임원이 단기적 사업 성과와 운영 문제에 집중하며 80~95%의 시간을 보내는데, 이는 탁월한 리더십 모델의 좌상 사분면에 위치한다(〈그림 1.6〉). 남은 시간은 보통 전략적 토론과 가끔 발생하는 전략적 논의에 사용된다.

　대부분의 조직에서 의사결정과 책임에 대한 협의는 적절하게 이루어지지 않는다. 드물게 이루어진다 하더라도, 사업의 상부와 하부 구조에 적용되고 보편적으로 이해 및 협의가 이루어지지는 않는다. 리더는 누가 어떤 결정을 내리고, 그 이유가 무엇인지에 대한 명확한 정의의 부재로 인한 문제에 항상 직면하게 된다. 이 결정이 어디서 내려지고, 어떤 측면이 사업 계획을 수행하는 데 실제로 책임이 있는지에 대해서도 명확하게 정의해야 한다. 의사결정에 필요한 회의를 주선하고 임원 권한을 설정하는 것뿐만 아니라 피드백 루프를 체계적으로 정리하는 일 역시 필요하다. '리더와 임원이 누구와 무엇을 소통해야 하는지', '모든 것을 논의해야 하는지', 또는 '결정 사항만 논의하면 되는지' 등과 같은 문제는 더 이상 '시간 있을 때 자유롭게 논의하는 어떤 것'이 아니다. 복잡한 세상에서 생존하기 위한 필수적인 요소다. 성공적인 비즈니스란 상부에 있는 소수에 의해 운영되는 것이 아니다. 복잡성 증가뿐만 아니라 세계화와 기술, 변화의 속성과 속도에 관련해 게임 규칙이 재정의되고 명확해야 하며, 상향 조정된 거버넌스를 뒷받침해야 한다.

많은 기업들은 운영이나 전략 문제, 그리고 거버넌스를 정립할 필요성을 인지하지만, 대부분은 앞에서 언급한 3가지 주제에 대한 논의를 한꺼번에 하려고 할 것이다. 상향 조정된 거버넌스의 핵심 원칙은 운영과 전략 및 거버넌스에 대한 회의를 별도로 마련하고, 각 모임의 횟수와 회의 원칙을 정하는 것이다. 이지젯의 운영 전략 및 변화 부문 전 부문장 크리스 호프Chris Hope는 더 나은 미팅 원칙이 미팅 시간과 생산성에 미치는 영향에 대해 다음과 같이 설명한다.

"우리는 2명 이상의 고위 관리자가 참석한 모든 회의를 분석해 보았습니다. 그 결과 얼마나 회의에 많은 시간이 소요되는지 뿐만 아니라 효율성과 효과성을 아주 조금만 향상시키더라도 사업에 상당한 이득을 가져다줄 수 있다는 사실을 알게 되었죠. 회의마다 어떤 부분이 잘 작동하고, 어떤 부분을 향상해야 하는지, 그리고 어떤 회의가 불필요한지를 살펴보았어요. 회의 구조를 설정하고 성취하고자 하는 것을 명확하게 하고, 부서 모임마다 기본 규칙을 적용하며 실행에 초점을 두었습니다. 부서별로 지침을 포함해, 그 지침이 공개되었는지 아닌지 체크하는 데만 1시간이 걸릴 수도 있었죠. 우리는 같은 토론을 반복해서 하고 있음을 알게 되었습니다. 그래서 회의 중 그 부분에 대한 기본 규칙을 정함으로써, 그런 행동을 피할 수 있었어요."

결과는 상당했다. 회의 시간을 반으로 줄일 수 있었고, 이런 회의 방식이 조직 내에 퍼져 나가기 시작했다. 대부분의 비즈니스 리더에게 회의가 불만인 이유는 어떤 해결책도 없이 회의가 몇 시간씩 걸릴 수 있기 때문이다. 그리고 개인적이든 집단적이든 회의에 참석하는 사람들이 어떤 대화를 하는지 명확하지 않기 때문에 문제가 발생한다는 사실을 알게 되었다. 예를 들면, 운영 관련 회의 중 누군가 전략적 영향을 미치는 내용을 제시하면, 다른 참여자가 원래 주제에서 벗어났음을 깨닫기 전까지 전략에 대해 20분간 토론하게 된다. 잠시 후 다른 참여자가 거버넌스 문제에 대해 언급하면 같은 일이 반복되는데, 회의의 3가지 요소(운영, 전략, 거버넌스)에 대한 차별화가 덜 되었기 때문이다.

사람들이 차이점에 대해 인지하고 주제를 벗어난 대화를 눈치챌 수 있다면, 본래의 회의 목적에 집중하고 주제에 대한 대화를 계속할 수 있다. 그렇게 하면 3시간이 걸리던 회의가 30분 안에 마무리될 수 있다. 운영에 대한 회의에서 전략 문제가 나오거나 전략에 대한 회의에서 거버넌스 문제가 나오면 즉시 참여자가 회의와 관련된 문제만 제기하라고 알려주면, 주제는 원래 경로를 유지하게 된다. 우리는 이러한 차이점을 명확하게 하는 것만으로도 회사의 생산성과 성과가 바로 향상된다는 점을 알게 되었다.

인간적 관점에서 규칙적 거버넌스 회의는 팀의 감정적 분위기를 변화시킬 수도 있다. 거버넌스와 관련된 명확한 이해가 부족하면, 누가 무엇을 어떻게 해야 하는지에 대해 모두에게 암묵적인 기대를 남긴다. 정의된 거버넌스 과정이 없다면, 암묵적 가정이 충돌할 때 서로를 비난하거나 부정적인 이야기를 만들어내게 되며, 이러한 경향은 조직이 움직이는 데 도움이 되지 않는다.

제대로 된 거버넌스 회의가 정착되면, 팀 구성원은 어긋난 기대에 따른 좌절을 조직적 학습과 지속적인 향상으로 이끄는 대화의 장을 마련하게 된다. 사내 정치는 유용성을 잃고, 개인적 감정은 진정한 대화의 길을 열어 목표와 보다 광범위한 목적을 고려해 조직이 주도적으로 진화해 나갈 방법을 토론하도록 만든다.

역할과 책임

상향 조정된 거버넌스의 중요한 초기 결과물 중 하나는 역할 및 책임에 대한 상세한 설명과 정의다. 이는 명확해 보이며, 대부분의 임원들은 이것이 충분히 명시되었거나 업무설명서에 설명되어 있다고 믿는다. 그러나 경험상 임원의 책임을 자세히 검토해 보면, 많은 영역에서 역할이 중복되어 있을 뿐만 아니라, 명백한 책임이 없는 책임 공백을 발견할 가능성이 있다. RACI Responsible, Accountable, Consulted and

Informed(관련자가 프로젝트에서 담당하는 역할과 책무를 매트릭스 형태로 기술하는 모델-옮긴이주) 분석에 많은 시간을 투자한 경우라도 팀의 역할을 정의하고 책임을 구체화할 때, 역할에 적합한 사람 혹은 관련 기술을 보유한 사람이 있는지의 여부에 상관없이 이를 시행하는 게 중요하다. 많은 조직에서 실제로 비즈니스상 반드시 필요한 것을 결정하고, 그 요구에 맞는 사람을 모집하고 훈련하기보다 역할을 사람에게 맞추려고 한다.

목적 주도 리더십 팀

'인재 확보 전쟁'이 과열되면서, 회사의 재정적 목표만으로는 최고의 인재를 유치, 유지 및 동기부여가 불충분할 수밖에 없다는 사실이 더욱 확실해졌다. '미래의 바람직한 상태에 대한 비전'을 나열한 미션은 지나치게 추상적이다. 만일 회사와 이사회가 진정으로 인재를 동기부여하고 잠재력을 발휘하기를 원한다면, 더 감성적 동인을 찾아내야 한다. 즉, 그 회사가 어떤 목적을 위해 필요한지, 회사의 존재 이유 같은 목적을 찾아내야 한다.

이윤은 목적이 아니라 측정의 척도다. 경영진이 모두 주요 주주들로 구성된 경우, 이익은 목적으로 오인받기 쉽다. 우수한 조직은 가장 먼저 목적 중심적이어야 하며 모든 활동이 조직의 임무를 이행하기 위해 설계된다.

주주와 다른 이해관계자의 요구는 중요한 제약으로 남아 있지만,

상향 조정된 거버넌스가 가능하다면 영감을 주는 비전과 더 깊은 진화적 목적이 결국 조직을 전진시키는 원동력이 된다. 비록 우리가 상향 조정된 거버넌스가 실제로 어떤 모습일지 전체 스펙트럼 중 일부를 탐구했지만, 각 측면은 다른 부분과 협력해 강력한 조직이 되고 각 부분이 동시에 변화하고, 실시간으로 적응하고 더 빠르고 더 잘 정렬된 결정을 내리는 강력한 조직을 만든다는 것이다. 이로써 개인적인 리더십 수준뿐만 아니라 세계적으로 공공의 선을 위한 역할을 하는 예외적인 리더십을 제공한다.

어떻게 영향력을 더 미칠 것인가?

앞선 장들에서 다룬 신체적이고 개인적인 기술을 바탕으로, 이 장에서 언급하는 기술은 타인과 감성 사회 지능을 강화하는 데 집중되어 있다.

1995년 〈타임〉지 기사에 따르면, 지적 지능IQ은 직업을 갖게 해주지만, 감성 지능EQ은 승진을 하게 해준다. 물론 우리는 둘 다 가지고 있지 않아도 성공한 예를 알고 있다. 그러나 복잡한 세상에서 성공하길 원한다면, 사회적 지능이 필요하다. 사회적 지능은 타인에게 영감을 주고 뛰어난 리더십을 발휘하게 한다.

비록 어떤 사람은 다른 사람들보다 사회적으로 뛰어나지만, 사회적 지능은 내적인 수직 성장의 자연스러운 결과다. 우리가 더 많은 에너지에 접근하고, 자신의 감정을 알아차리며, 자기 관리와 조절이

가능할 때 최상의 사고에 더 잘 접근하게 되고, 자신을 사회적으로 더욱 능력 있는 존재로 만든다. 우리가 인간적으로 성숙해가며 관점을 확장해 자신과 타인의 가치 체계를 이해한다면, 사회적으로 더욱 성숙해진다. 계몽된 리더십의 마지막 2가지 대인관계 기술을 배울 때, 우리의 감정 사회 지능은 높아지고, 능력 있는 팀과 경영진의 성장을 촉진한다.

예전에는 IQ와 사업상의 영민함, 강인한 공격성만으로도 회사 순위를 높이는 것이 가능했을지 모르지만, 오늘날에는 감성 사회 지능 없이 위대한 회사를 건설하기란 불가능하다. 잘 조율된 탁월한 리더는 긍정적 관계를 유지하고, 성공을 유도하며, 진정으로 탁월한 미래가 보장되는 조직을 만들기 위해 감성 사회 지능을 적용하는 데 뛰어나다.

관계 조율 - 사회적 직관, 공감과 친밀한 관계 : MAP 기술

두 사람이 대화할 때, 보통 상대방과 대화를 한다기보다 자기 자신과 대화하는 경우가 많다. 회사에서는 이를 끝없는 회의의 형태로 볼 수 있다. 누구도 상대의 이야기를 듣지 않는다. "제가 방금 그렇게 말했다고요!", "그랬나요? 아, 제가 잘 듣지 못했어요"라고 각자 서로에게 말하고 있을 뿐이다. 이는 하루가 줌 미팅으로 가득 찬 디지털 세상에서는 더 나쁜 영향을 주는데, 우리가 말할 때 우리를 바라보는 데 쓰는 시간이 많아졌기 때문이다. 뿐만 아니라 누군가 말하기 전에 혹은 자신이 잊어버리기 전에 요점을 전달하기 위해 너무 필사적이어서 타인의 이야기를 방해한다. 남자가 여자보다 더 이런 경향이 있고, 이것은 보통 대화를 조종해 주요한 위치를 얻기 위한 도구이며, 통제 행위다. '거기서 잠시 이야기를 멈춰 보죠'와 같은 문구를 듣는 것은 흔한 일이다. 설령 메시지를 명확히 하고자 하거나 대화의 방해가 선한 의도여도, 이는 전달을 단절하는 일이고 종종 혼란과 오해를 불러온다.

양질의 듣기를 위한 MAP 기술

MAP 기술이란 당신이 3단계의 깊은 수준에서 진심으로 듣는 것을 확실히 하기 위한 과정을 뜻한다.

- 의식을 자신의 생각에서 신체로 돌리고 호흡하라 *Move your attention away from your own thinking and drop into the body and BREATHE*
- 말하는 이에게 감사함을 느끼고 *Appreciate the speaker*
- 근본적인 의미를 되뇌인다 *Play back the underlying meaning.*

타인이 무언가를 전달하려고 할 때, 당신이 말하려는 내용이나 상대방이 말하려는 내용에 집중하기 전에 우선 두뇌의 소음으로부터 주의를 옮기자. 의식적이고 의도적으로 당신의 주의를 당신이나 타인에 대한 자신의 생각과 선입견, 판단이나 회의. 그리고 책상 위 업무 파일에서 멀어지게 하고 초점을 가슴의 중심과 호흡으로 이동하자. 2장에서 배운 호흡 기술을 사용해, 심장을 통해 리듬감 있고 균일하게 호흡하자. 생각을 따라가는 걸 멈추자.

내가 처음 이 기술을 임원들에게 가르쳤을 때, 그들은 주의가 멀어지면 타인이 말하는 것을 듣지 못할까 봐 염려했다. 그러나 단어는 전달 중 지극히 작은 부분일 뿐이다. 모든 단어를 '적극적으로 듣는 것'이 필요하지는 않다. 우리의 뇌는 어쨌든 대부분의 단어를 처리해낸다.

다음으로 말하는 사람에게 감사의 상태를 활성화하자. 이것은 중요한 단계다. 우리에게 영향력 있는 심리학자 칼 로저스Carl Rogers는 이 상태를 '무조건적 긍정적 존중'[19]으로 표현했다. 수용과 지원의 따뜻한 느낌으로 당신에게 이야기하는 사람을 지지하라. 로저스는 무조건적 긍정적 수용이 건강한 성장에 필수라 믿었고, 우리가 이것을 적절하게 행할 때 말하는 사람은 그것을 느끼게 된다. 즉, 그들이 무조건적 수용의 감정을 느끼고 감동할 수 있다.

나는 이 기술을 일 대 일이나 거칠고 완고한 임원이나 리더 그룹을 대상으로 가르쳤는데, 때로는 꽤 우스꽝스러울 수 있었다. 처음에 반감과 불편함을 덜어주려고, 나는 그들에게 '서로에게 따뜻한 감사를 느끼며 마음을 열어달라'고 요청했다. 그것은 별난 요청이었고 사업을 하면서 들어 보지도 못한 말이기에 결국 모두 웃음을 터뜨렸다. 하지만 우리는 순조롭게 계속할 수 있었다. 놀라운 점은 이 과정에서 일단 리더가 편견을 내려놓고 시도하기만 한다면, 예외 없이 상호 관계와 소통에서 이 기술이 만들어내는 차이를 깊이 있게 경험했다는 사실이다. 감사함을 느끼는 사람이나 무조건적 긍정적 존중을 받는 사람 모두 본능적으로 더 평화롭고 덜 저항적이며, 판단에서 멀어지고, 지지받고 성숙했음을 느끼게 된다.

이렇게 할 때, 2가지 매우 심오한 일이 일어난다.

첫째, 말하는 사람을 변화시킨다. 그들을 향해 번지는 따뜻한 수용과 판단하지 않음의 결과로 마음을 열고 듣는 사람과 나누고자 하지 않았던 내용까지 말하게 되며, 그것은 정보의 흐름을 증가시킨다. 그리고 말하는 이가 격려와 인정받는 것을 느낄 때, 전달의 질은 더 높아진다. 그에 따라 더 많은 정보를 얻을 뿐만 아니라, 얻은 정보가 더욱 명확하며 간결해진다. 이는 성급함이나 방해 혹은 조바심을 가질 때보다 더 빨리 문제의 핵심에 도달하게 한다. 비즈니스 환경에서 종종 일어나는 조바심이나 부정성을 가지면 경청하기는 더 어려워진다. 좌절이나 판단은 말하는 이의 마음을 닫는다. 그러면 얻을 수 있는 정보는 더 적어지고 질도 떨어지게 된다. 말하는 이가 상대방이 경청하고 있다고 느끼지 못하거나 자주 방해받는다면, 그(그녀)는 중얼거리거나 흔들리고 주저하게 된다. 이럴 경우, 듣는 이를 더욱 좌절하거나 부정적으로 만들 수 있으며, 말하는 이는 더욱 마음을 닫게 된다.

둘째, 놀라운 점은 듣는 이가 감사의 마음을 가질 때 일어나는데,

이는 듣는 이의 능력을 완전히 바꾼다는 사실이다. 이런 변화가 일어나는 이유는 생물학적 수준에서 심박변이도의 변동성이 혼란함에서 조율 상태로 변하기 때문이다. 수동으로 라디오 주파수를 맞춘다고 상상해 보자. 부정적이고 조율되지 않은 감정으로는 연결하는데 너무 많은 방해와 잡음이 있어 전달되는 내용을 제대로 이해할 수 없다. 주파수를 정확하게 맞추고 생리학적 수준에서 조율을 만들어내면, 전달은 아주 명확해지고 더욱 깊은 수준에서 의사소통을 할 수 있다. 내적 신호가 조율되면, 좌절과 판단의 상태에서는 듣는 게 불가능했던 것들을 듣게 된다. 여기에 익숙해진다면 심지어 다른 사람이 말하지 않은 것들도 들을 수 있게 된다! 말하는 이는 자신의 마음을 읽고 있다고 느끼지만 사실 우리가 그렇게 하는 것은 아니고, 단지 그들에게 주파수를 잘 맞추어 그들의 마음을 읽는 듯 생각되는 것이다.

언젠가 스포츠 매니지먼트 회사에서 유명한 전문 골퍼 여러 명을 관리하는 매니저를 코칭했던 일을 기억한다. 나는 대화마다 단어와 억양, 그리고 신체 언어 이상의 것이 이루어지고 있음을 설명했다. 아주 짧은 대화에도 깊은 수준이 있다. 그는 내 이야기를 믿지 않았다. 어떤 대화에는 더 깊은 의미가 없다고 단호하게 말하며, 골퍼 중 1명이 그에게 비행 정보를 주고 공항을 오가는 택시를 잡아달라고 부탁하느라 연락했던 예를 들었다. 매니저는 "그는 내게 공항 제2 터미널에 10시에 도착해서 다음 날 연습 라운드에 참석하려면 코펜

하겐행 아침 비행기를 타야 하니 공항에 타고 갈 택시가 필요하다고 말했습니다. 그뿐이었어요"라고 말했다. 그는 대화가 단순하게 정보를 전달할 뿐이라고 믿었지만, 나는 거기에 동의하지 않았다.

골퍼가 진심으로 말한 의미는 '나를 돌봐달라'라는 것이고, 그가 말한 것보다 더 깊은 의미까지 내려가 보면 '당신은 나를 돌보고 있지 않다'라는 뜻이다. 나는 이런 관점을 매니저와 공유했다. 더 깊게 들어가면, 골퍼는 매니저가 다른 골퍼들을 더 잘 돌본다고 생각하고 그에 대해 꽤 속상해하고 있다고 말했다. 이것은 내가 전화 대화를 듣지 않았어도 알 수 있었다. 내가 보기에 그 골퍼는 속상해하는 것이 확실했기에 다음 날 전화해서 잘 응대해주라고 했다.

매니저는 내 말을 믿지 않았고 아무것도 하지 않았다. 그런데 일주일도 안 되어서 그 문제가 전국 언론 매체의 스포츠 지면마다 보도되었다. 골퍼는 현 매니지먼트 그룹을 떠나겠다고 위협했다. 매니저가 문제를 해결하고 손실을 완전히 회복하는 데 3개월이 걸렸다. 만일 그가 처음 나눈 대화에서 제대로 듣기만 했다면, 그는 자신이 속한 매니지먼트 그룹에 대한 평판이 손실되는 것뿐 아니라 모두의 시간 낭비와 불편함을 피할 수 있었을 것이다.

당신이 깊은 수준에서 진행되는 것을 알아차렸다면, 감지한 것을 재생해 봐야 한다. 이것에 익숙해질 때까지 당신이 느끼는 것이 실제로 일어나고 있는지 확신할 수 없다.

우리는 상대의 말을 정확하게 알아들었다고 잘못 생각하곤 한다.

그러나 우리가 감지한 것은 단지 자신의 내적 소음일 뿐이다. 질적인 재생이 매우 중요하다. 그것은 타인이 말한 것을 단순히 반복하고 요약하거나, 정확히 말하는 것과 구별해야 한다. 그것은 자신의 관점이나 대답을 제공하는 것과는 다른 문제다. 더 깊은 수준에서 상대가 의미한다고 느끼는 것을 재생하는 것이다.

여기에 재생의 질에 도달했다는 것을 확실하게 하기 위한 2가지 규칙이 있다.

1 화자가 의미한다고 믿는 내용을 재생할 때, 객관적으로 관찰할 만한 사실로서 주장이나 의미를 재생한다기보다 주관적으로 '느낀' 감각으로서 의미를 재생해야 한다. 다른 말로 하면, '그것'으로 재생한다기보다 '나'의 용어로 재생하는 것이다. 당신은 이런 말로 서문을 시작할 수 있다. '당신이 여러 가지를 말했는데, 내가 느끼기에 당신이 진정으로 하고 싶은 말은…' 또는 '이것은 …에 관한 것이라고 느껴집니다'. 누군가에게 '이것은 당신 상사에 대한 이야기라는 느낌이 드네요'라고 재생하는 것은 '이것은 명백히 당신 보스에 관한 것이군요'라고 단언하는 것보다 갈등을 줄일 수 있다. 당신이 주관적 느낌을 전달하는 것으로 재생한다면, 말하는 이는 당신이 느끼는 것에 대해서는 말다툼을 할 수 없으므로 논쟁이 이루어지지 않는다. 게다가 당신의 단정적인 '그것'의 이야기가 맞더라도, 그렇게 직설적으로 말하는 건 청자가 방어적 입장을

취하게 되어 실질적인 진전이 어려울 수 있다. 그러나 그 이야기가 당신에게 어떻게 느껴지는가에 대한 것이라면, 그들은 동의할 수밖에 없다. 당신은 그것이 무언가에 대해 이야기하는 게 아니라, 그것이 당신에게 어떻게 느껴지는가에 대해 이야기할 뿐이다.

2 재생이 성공적으로 되려면, 확언보다는 제안이나 질문의 형태여야 한다. 확인하거나 부정할 수 있게 질문으로 제안하면, 보다 통합적이고 당신의 주관적 느낌이 정확한지 아닌지를 상호 간에 결정할 수 있게 해준다. 이런 접근은 그들을 당신과 함께하는 상호관계 공간으로 초대하는 일이고, 당신의 질문은 그들이 관계를 맺는 것을 선택할 수 있는 연결을 만든다. 만일 당신의 주관적 느낌이 정확하다면, 화자는 보통 당신이 말하는 것을 확언하고, 그렇지 않다면 부인하고 다른 정보를 주어 당신이 재생을 미세하게 조정할 수 있도록 한다. 확언의 순간, 당신은 이해가 공유되는 공간에 있게 되는 것이다. 화자는 당신이 확실하게 이해한다는 사실을 알게 된다. 당신은 재생했고, 그들이 확실히 한 것이다. 이것이 화자에게 깊은 감동을 줄 수 있다. 그는 처음 진심으로 상대방이 경청했다고 느낄 수 있다. 이는 또한 청자인 당신에 대한 관점이 갑자기 바뀌는 기회기도 하다. 화자가 당신이 그들을 제대로 이해하기 위해 시간을 들였다고 느끼기에 깊은 영향력을 발휘하는 순간이기 때문이다. 화자 자신도 당신이 말할 때까지 인지하지 못한 것을 당신이 청자로서 매우 통찰력 있고 정확하게 재생할 때, 당신

과의 관계가 변화하고, 큰 영향력을 확립하게 된다.

MAP 기술의 궁극적 목표는 화자가 완전히 이해받았다는 경험을 만드는 것이다. 이것은 매우 드문 경험이기에 화자에게 높은 동기부여가 될 수 있고 엄청난 자발적 노력을 발휘할 수 있게 할 수 있다. '드디어 내 상사가 나를 이해하는구나', '누군가 내 말을 듣고 있구나', '그들이 마침내 나를 이해하는구나'라고 직원과 상위 팀 구성원이 느낀다면, 충성심과 참여가 증가한다.

MAP 기술은 단순하지만, 사람들 사이의 역동을 변화시킬 수 있는 놀랄 정도로 강력한 기술이다. 그러나 이 기술은 주의를 기울여야 하는데, 때로는 상대방이 자신이 무엇을 겪고 있는지 확실히 모를 때도, 상대방이 진짜로 겪고 있는 문제를 우리가 이해하도록 해준다. 그러므로 우리가 감지하는 어떠한 통찰도 신중히 고려해서 그것을 공유해야 한다. 이 기술의 큰 장점 중 하나는 두 사람 또는 반대 그룹의 관계를 이해할 때, 이 충돌을 해결할 방법에 대한 선택을 가지고 있다는 것이고, 이것은 매우 강력한 것이다.

우리는 수개월 동안 교착상태에 있던 한 고객사의 노사 간 협상에 MAP 기술을 활용했다. 우리가 개입하기 전, 매해 이들은 용어와 조건에 대해 협상해 왔다. 매번 협상은 무거운 분위기 속에서 긴 시간 동안 지속되었으며, 양측 모두 상처받은 느낌이었다. 결과적으로 어느 정도 타협에 동의했지만, 양측 누구도 만족스럽지는 않았고, 이 과정이 매해 반복되었다. 그것은 비용과 시간이 매우 많이 소요되는 과정이었다. 그러다가 양측은 MAP 기술을 적용했고, 그것은 모두가 각자의 입장을 이해하고 알아차렸다는 것을 의미했다. 공통된 이해를 바탕으로, 회사는 협상의 시간도 덜 걸리고 덜 불안한 상태로 만날 수 있었다. 이것이 MAP 기술의 힘이다.

관계 조율-사회적 지능 : 타인의 기술 감사하기

5장에서 감사의 기술을 사용해 낙관적 전망을 만들어내는 방법을 탐구해 보았다. 이 기술은 우리가 다른 사람에게 감사하도록 해주기 때문에 사회 지능에도 중요하다. 우리가 그들에게 가치 있는 어떤 것에 대해 감사한다면, 타인에게 동기부여가 되며 영감을 줄 수 있다.

최고 소매업체 영업 대표자와 감사에 대해 이야기한 적이 있다. 그는 10년 전 어느 날, 회사 사장이 그에게 칭찬을 해준 날을 기억한다고 말했다. 그들은 함께 25년을 일해 왔지만, 그 순간이 너무 중요하고 드문 일이어서 사람들이 다이애나 왕세자비가 사망한 날이나 존 레넌이 총상을 입은 날을 기억하는 것처럼, 그는 그날을 기억했다.

유감스럽게도 어떤 형태의 감사도 대부분의 조직에서 일반적인 것은 아니다. 그러나 이 기술은 우리가 일상적으로 혹은 자연스럽게 공감하기 어려운 누군가와 만나서 일해야 할 때 특히 유용하다.

우리가 다른 사람과 진정으로 연결되려면, 자신의 인식을 변화시켜 그 사람과 관련해 진지하게 감사할 수 있는 것을 찾아야만 한다.

우리가 누군가를 좋아하거나 자연적으로 끌리거나 그들이 '같은 파장'에 있는 것처럼 느껴질 때, 이 과정은 대부분 쉽고 무의식적이다. 우리는 본능적으로 그들을 신뢰한다. 아니면 적어도 초기의 받아들임과 연결 덕분에 상대방을 신뢰할 수 있다. 이는 선순환적 과정이다. 개인적 연결과 동기 이해, 그리고 일관된 성과와 일하는 방식이라는 신뢰의 4가지 구성 요소를 기억하자. 우리가 누군가에게 감사할 수 있다면, 그들과 시간을 보내게 되고, 개인적 연결이 이루어지게 된다. 이를 통해 우리는 그들의 동기를 더 잘 이해하게 되고 그들의 업무 방식을 공감하므로 일관된 성과를 낸다면, 신뢰가 쉽게 만들어지고 관계가 깊어지게 된다.

반면, 누군가에게 감사하기 어렵다면, 그들과 시간을 보내기보다 피하고 싶다는 뜻이다. 따라서 그들의 동기를 이해하지 못하고 업무 방식을 좋아하지 않기 때문에, 신뢰가 없고 관계가 거의 맺어지지 않아 상대가 성과를 내는지 아닌지는 사실 별문제가 되지 않는다. 이런 태도는 신뢰를 발전시키고 효과적인 업무 관계를 형성하는 데 심각한 장애물이 된다. 따라서 감사하는 능력은 성공적 업무 관계를 쌓아 가는 데 매우 중요하다.

이처럼 감성 사회 지능을 높임으로써, 우리는 누구와도 연결될 수 있고 생산적인 관계를 만들 수 있다.

감사의 과정

다른 사람에게 감사하려면, 그 사람에게서 우리가 진정으로 감사할 수 있는 자질을 발견해야 한다. 만일 그들에게 감사함을 느낄 수 없다면, 효과적인 연결을 만들 수 없기 때문이다. 효과적인 연결을 만들 수 없다면, 영향력 있는 탁월한 리더가 될 수 없다.

많은 리더가 분기 목표 달성이라는 업무에 집중하느라 너무 바빠서, 자신의 성공이 전적으로 타인에게 의존한다는 사실을 잊어버리곤 한다. 타인의 특별한 점을 알아차리는 것을 배우는 일은 매우 가치 있는 습관으로 하루 종일 동기가 부여된 상태를 유지할 수 있다.

개인적 혹은 업무상으로 일상에서 많이 접촉하는 사람들의 리스트를 만들고 각각에게 감사한 점을 목록으로 작성해 보라. 그 감사한 점이 언제, 어디서, 어떻게 나타나는지에 대해서도 생각해 보라. 매일 그중 적어도 1가지를 눈여겨보는 시간을 갖고, 당신이 그 사람에게 감사하는 특징에 대해 말해주라.

모든 긍정적 감정이 변화의 원동력이 된다는 것은 일반적인 원칙이다. 4장에서 말한 SHIFT 기술은 긍정적 감정을 유발하고 뇌 기능을 바꾸기 때문에 매우 유용하다. 감사는 판단이나 부정적 감정에 대한 강력한 해독제이며, 돈독한 업무 관계를 만들어 갈 수 있는 능력에 큰 영향을 미칠 수 있다.

사회 지능의 개발은 호흡 기술과 누군가 우리를 화나게 하는 걸 깨닫는 감정적 알아차림에서 시작한다. 감정 기술이 개발될수록 인

내와 같은 건설적인 감정으로 능동적으로 이동할 수 있다. 우리가 더 적절한 감정 상태에 있을수록, 전두엽 기능이 유지되고 반응적인 상태가 되지 않고 대신 확장된 관점을 가지고 타인의 동기와 가치를 이해하려고 한다. 그러므로 감성 사회 지능은 이 책에 기술한 모든 기술이 더욱 효과적으로 제 역할을 할 수 있도록 돕는다.

관계 조율은 완전한 조율을 촉진한다

관계 조율은 탁월한 리더십 퍼즐의 마지막 조각이다. 우리는 이 내용을 의도적으로 이 위치에 배치했는데, 직장 내외부의 관계와 연결이 행복하고 성공적이며 성취감 있는 삶을 결정하는 가장 큰 요소기 때문이다. 그것을 나눌 사람이 없다면, 어떤 종류의 성공도 공허할 뿐이다.

경험이 많은 호스피스 돌봄 간호사인 브로니 웨어는 삶이 얼마 남지 않은 사람들이 후회하는 일을 기록하면서 다음과 같은 5가지 공통되는 주제를 발견했다.

'타인이 내게 기대하는 삶이 아니라 나 자신에게 좀 더 충실한 삶을 살았더라면.'

'그토록 열심히 일하지 않았더라면.'

'내 느낌을 표현할 용기를 냈더라면.'

'친구들과 연락하며 지냈더라면.'

'나 자신이 좀 더 행복할 수 있게 노력했더라면.'[20]

생리적이고 정서적인 조율을 발전시킨다면, 더 많은 에너지와 자신이 바라는 감정(용기를 포함해)을 경험할 수 있다. 우리는 자신의 느낌을 표현하는 일이 생각보다 쉽다는 것을 알게 되며, 더 행복해질 수 있다. 관계의 힘을 끌어안고 화합하며 원활히 기능하는 팀 혹은 임직원과의 친교를 강화한다면, 그렇게 열심히 일하지 않아도 된다. 공동 목표를 향한 많은 사람의 노력은 모두가 과로할 필요가 없게 하며, 친구들과 멀어지거나 사랑하는 사람을 소홀히하지 않아도 된다. 이런 인지적 조율에 더 나은 질적 사고와 성숙도의 향상은 성과를 향상시키고, 오랫동안 꿈꿔 온 개인적, 직업적 성공이 마침내 가능하게 될 것이다.

요약

이것만은 기억하자!

- 관계 맺기는 우리가 인간으로서 하는 행동 중 가장 어려운 것이다. 소통의 수용이 아닌 전달 측면만 배워 왔기 때문이다. 사람들은 대부분 소통을 '말하려고 기다리기'로 정의한다.
- 우리는 신뢰의 구성 요소, 즉 개인적 연결, 동기 이해, 일관된 성과와 일의 방식을 이해하지 못한다. 따라서 신뢰는 없거나 상실되거나 침식되고, 왜 그렇게 되는지 이유조차 모른다.
- 의사소통과 신뢰 없이 강력하고 지속 가능한 관계를 구축하는 것은 사실상 불가능하다.
- 진정한 사업의 개혁은 우리가 개인적 내적 성장의 업무(나, I)를 수행하고 우상 사분면인 장기 사분면 (그것, IT)을 단계적으로 개선하면서 진정으로 우하 사분면의 인적 리더십(우리, WE)을 개발할 때 나타난다.
- 리더십 팀이 서로 충분히 신뢰하는 고성능 단위나 임원들의 친교를 통해 성장한다면, 대부분의 주요한 사업 성과를 관리할 수 있다.
- 대체로 활동이 없거나 비기능적인 '재능 있는 개인'의 집합체에서 근본적으로 사업과 그 결과를 바꿀 수 있는 '단합된 동료집단' 단계로 바꾸는 팀 개발의 9단계가 있다.

- 나선형 가치 체계는 개인 및 집단적 동기부여에 대한 깊은 통찰력을 제공하며, 팀의 모든 구성원이 서로의 동력을 이해할 수 있도록 허용하며, 이는 생산성과 성과를 극적으로 개선할 수 있다.
- 가치는 또한 조직의 성장을 방해하는 사업상 권력다툼과 불만족스럽고 비기능적인 의사결정 및 거버넌스 딜레마에 통찰력을 제공한다.
- 상향 조정된 거버넌스는 현대의 수많은 글로벌 기업들의 내외부에서 일어나는 매우 복잡한 역학을 다루는 데 필요한 요소다.
- 인간관계 기술을 신체 및 개인의 기술들과 병합하면 우수한 감성 사회 지능과 완전한 조율을 촉진하게 된다.
- 탁월한 리더십은 리더가 생리적, 감정적, 인지적 및 행동적으로 조율되어 삶의 모든 영역에서 성공적 리더십을 만들어낼 때 달성된다.

대부분 기업의 리더들은 엄청난 성과 압박에 시달리며 온전히 비즈니스에 몰두한다. 관련 시장의 제약을 극복하고 나아갈 여유나 자신이 속한 비즈니스 혹은 성과와 직접적이고 분명한 관련 책이 아니라면, 책을 읽을 시간이 거의 없다. 하지만 독서에 시간을 조금만 할애한다면, 제대로 알고 적응할 때 조직의 성과를 혁신적으로 바꿀 수 있는 과학과 연구 기반 지식의 숨겨진 보물을 발견할 수 있을 것이다. 문제는 이러한 지식 대부분이 조직에 맞게 적절하게 다듬어지고 개인이 이용할 수 있는 '경영학 지식'이 아니며, 경영학, 리더십과 관련된 책이나 MBA 과정, 혹은 경영 관련 잡지에 소개되지 않는다는 점이다. 이 지식은 인체 시스템과 생리학, 두뇌 기능과 성인 발달, 행동과 인간관계에 관한 것이다. 안타깝게도 건조하고 따분한 학술 논문 혹은 과학 논문의 형태로 잘 알려지지 않은 출판물에 게재되어,

학자나 과학자 혹은 의학 전문가가 아니면 이해하기가 쉽지 않다.

이 책에서는 앞에서 언급한 모든 지식과 적절하게 적용하기만 하면 성과와 결과를 향상시킬 수 있는 중요한 비밀에 접근하는 핵심 비결을 제시하고 있다. 이런 지식을 제대로 활용한다면 리더의 삶과 그들의 조직, 그리고 세상을 완전히 바꿀 수 있다.

탁월한 리더십은 새로운 미래를 다시 상상하는 여정으로 초대한다. 단순히 물질적 보상으로 평가되지 않고, 비즈니스 자체의 고유한 목적을 재정의하는 미래다. 우리의 목적은 비즈니스 커뮤니티가 인류와 인간 진화에 이바지하도록 돕는 것이다. 즉, 우리는 비즈니스의 성과를 측정하는 새로운 방식, 금융자본을 비롯해 자연과 사회, 그리고 인간 자본에 대한 수익을 설명하는 새로운 결산 방식을 찾아낼 필요가 있다. 그래야 사업의 진정한 가치를 알 수 있기 때문이다.

내가 이런 연구에 대해 잘 알고 있는 이유는 의사가 되기 위해 수련 과정을 밟았으며, 의료계를 떠나기 전까지 11년 동안 전 세계를 돌며 의료계 최전방에서 병원 근무와 일반 수련, 그리고 궁극적으로는 학술 의학과 관련된 전문 영역에서 일했기 때문이다. 이후 의사와 사업가로 일하면서 내가 전혀 다른 두 세계를 관통하는 독특한 위치에 있음을 깨달았다. 두 세계는 혈압약이나 우울증약 처방전이나 심장마비 후 관리를 통해서만 이어질 뿐이다! 그래서 2장과 3장, 그리고 4장에서 신경과학이 다른 세상에 미치는 엄청난 영향력에 대해 살펴봤다.

의료계를 떠난 주된 이유 중 하나는 내가 마주한 인간의 고통을 줄일 능력이 없었기 때문이다. 심장, 종양 및 산과 전문의로 일하는 것이 즐거웠지만, 내가 원하는 만큼 사람들에게 가까이 다가갈 수 없었다. 나는 수천, 수만 명에게 영향력을 미치는 사람들과 일하고 싶었으며, 이는 곧 다국적 기업과 함께 일하는 것을 의미했다.

고객사 중 90% 정도는 수십만 명을 고용하고 있으며, 이들 회사의 리더십을 개선한다면, 직원 전체의 삶을 긍정적으로 변화시킬 수 있다. 거기에 직원의 가족과 친구까지 고려한다면, 1~2백만 명의 고통을 조금은 줄일 수 있을지도 모른다. 고객과 거래처까지 포함한다면 수백만 명에 관련된 일이다. 거대 기업은 수백만, 수십억의 인생을 개선할 만한 힘을 가지고 있다. 이 사실은 매일 아침 나를 설레게 한다. 보다 따뜻하고 계몽된 탁월한 리더십으로 인간의 고통을 줄일 가능성이 있다. 우리가 좀 더 인간 상태에 이해의 진보를 도모한다면, 오늘날 세계가 마주한 수많은 '악한 문제'를 해결할 수 있을 것이라 믿는다.[1]

지난 25년간 위대한 리더들과 만나고 함께 일하는 행운을 누렸기에 이 책에서 나는 그들의 핵심적 통찰을 나누고자 한다. 과학과 의학 분야를 포함한 잘 알려지지 않은 다양한 자료와 경영대학원, 리더십 관련 전문 잡지의 연구에서 '사실'로 인정한 내용을 탐구한 결과, 놀라운 결과들이 드러났다. 특별한 지식은 이미 존재하는 지식으로 이루어졌다! 하지만 이러한 통찰력들이 함께 적용될 때 주목할 만한 결과가 나타났다. 이러한 통찰력을 적절하게 적용한다면, 우리 삶은 좀 더 나은 방향으로 나아갈 수 있다.

인간의 복잡성과 타고난 잠재력은 우아하면서도 정교해 어려서부터 내게 영감을 불러일으켰다. 내가 나누고자 하는 책 내용이 독자에게도 영감을 줄 수 있기를 바란다. 시간을 내 책에서 제시하는 기술을 실제로 연습해보자. 각자 가장 강하게 공명하는 사람을 대상으로 실험해 보고, 자신의 삶에 지식을 직접 적용해 보길 권한다. 그리고 어떤 일이 일어나는지 살펴보라. 수년간의 연구를 통해 쌓아 올린 통찰은 우리 자신이 스스로 믿거나 믿도록 강요된 것보다 훨씬 나은 존재라는 점을 깨닫게 해줄 것이다. 또 조직이 충분히 변한다면, 이 세상에 존재하는 인간의 고통이 줄어들 가능성이 있다고 믿는다. 이 책에서 언급한 통찰을 적용한다면, 자신의 경험과 타인과 관계를 맺는 방식, 그리고 삶의 본질까지 변화시킬 수 있기 때문이다.

리더나 임원이 아니어도
누구나 읽으며 공감하고
자기 생활에 적용할 수 있는 책!

_ 이루다

의사인 내가 어떻게 해서 리더십 혹은 성과와 관련된 책을 번역하게 되었는지는 내 개인 삶의 여정과 관계가 있다. 나는 막연하게 사람들을 돕는 게 좋은 일이라는 생각에 의과대학을 지원해서 의사 생활을 시작했다. 의사고 되고 열심히 살아왔다고 생각했다. 그러나 여의사로서 나이가 들어가며 육아, 가정생활이 또 하나의 큰 도전이 되었다. 지식을 쌓고 직업의 세계에서 그럭저럭 지내는 데는 큰 문제가 없었으나 의식을 하든 못하든, 사실 전문 지식 외에 다른 능력들, 예를 들면 타인의 마음을 이해하고 관계를 잘 맺는 능력들의 결함이 더 크게 나타났다. 습관적으로 살아오다 관계 맺음에 균열이 오면서 이를 회복해야 했다. 부랴부랴 마음이란 또는 감정이란 무엇인지, 좋은 대화법이란 어떤 것인지 등에 대해 필요성을 느끼기 시작했고 감정코칭, 회복탄력성 등에 대해 배우게 되었다. 의사로서 심리학이 가르쳐주는 것들에 궁금하거나 답답한 것을 확장하는 중 우연히 앨런 왓킨스 박사의 동영상을 접하게 되었고, 그가 쓴 책들을 찾아보게 되었다. 의사였던 그가 컨설팅 회사를 창립하고 여러 리더들을 도와주는 과정 중에 집필하게 된 이 책《조율하여 리딩하라》를 알게 되었다. 인간은 생각하는 동물이라고 하지만 어떻게 보면 '생각하고 행동하는 나를 도와주는 실체로서의 몸'을 이용할 뿐, 그 바탕이 생물학적 체계에 기본을 두고 있다는 것을 많은 사람들이 간과하거나 너무 바쁘게 사느라 일상생활에서 생각할 겨를도 없이 살아간다. 이 책에서는 우리가 생리, 감정, 느낌, 생각, 행동, 결과로 이어지는 인간 행동의 기본적인 바탕을 이해하고, 최상의 성과를 내기 위해서 제일 먼저 '심장'을 중심으로 생리적 상태를 조율해 편도체를 안정화시켜 전두엽이 본래의 기능을 수행할 수 있도록 만들어야 한다고 한다.

이런 조율된 개인들이 모여 최적의 관계 맺음과 업무에서 최상의 결과를 낼 수 있는 방법들을 이야기해준다. 그중 특히 캔 윌버의 AQAL 모델을 활용한 탁월한 리더십 모델은 우리가 성장하고 성공하기 위해서는 '그것'의 사분면뿐만 아니라 '내적인 나'의 관리와 '우리'로서의 관계 사분면에서도 질적인 성장을 해야만 가능한 것임을 통찰적으로 이해할 수 있게 설명해준다.

장수에 영향을 미치는 제일 중요한 변수가 운동이나 금연보다 행복한 관계라는 연구 결과를 보더라도 기술과 지식의 습득 같은 수평적 성장보다 호흡을 통해 나 자신을 조율된 상태로 만드는 것, 소통에서의 듣기를 제대로 하는 것, 상대의 가치체계를 이해하는 것과 같은 것들이 우리를 좀 더 성숙한 성인으로 성장시키고 좋은 관계 맺음을 할 수 있게 해준다고 저자는 이야기한다.

저자는 리더들을 위해 이 책을 저술하였으나 리더나 임원이 아니어도 누구나 읽으며 공감하고 자기 생활에 적용할 수 있으리라 생각한다. 심리학과 경영학에 문외한임에도 불구하고 이 책을 끝까지 놓지 않고 번역에 임할 수 있었던 건 책을 읽으면서 깨닫고 느끼는 관점의 변화와 이것을 삶에 적용하였을 때 작은 부분일지라도 달라지는 내 모습이 느껴졌기 때문이다. 저자의 의도를 최대한 전달하고자 노력하였으나 미흡한 점을 독자들께서 너그러이 보아주기를 바란다. 마지막으로 함께 공부하며 번역하느라 애써주신 임선영 선생님, 최은영 선생님께도 감사의 말을 전한다.

• **BREATH**

'젊어지기' 위해 무엇보다 호흡 조절이 중요한데, 호흡 기술을 기억하는 가장 쉬운 방법은 악어로써 BREATH를 기억하라.

Breathe · 호흡하라

Rhythmically · 리드미컬하고

Evenly · 규칙적으로,

And · 그리고

Through the · 통해

Heart · 심장을

Every day · 매일

(리드미컬하고 규칙적으로, 그리고 심장을 통해 매일 호흡하라.)

• SHIFT

새로운 생각의 수준을 발전시키는 방법 중 하나인 SHIFT(변환의 기술)를 아래와 같이 기억하라.

Stop · 당신이 하고 있는 모든 것을 멈춘다.

Heart · 단순히 당신의 주의를 심장에 두고 가슴의 이 영역, 즉 심장을 통해 숨을 쉰다.

Induce · 긍정적 감정을 유발한다.

Feel · 그것을 몸을 통해 느낀다. 40초 정도 당신의 몸을 통해 어떻게 이동하는지 즐긴다.

Turn on · 그리고 그것이 당신의 뇌를 다시 켜도록 허락한다. 당신의 통찰을 자각하고 그것을 적는다

• MASTERY

감정문해력을 높이는 것으로, 감정 목록을 쌓아 올리는 MASTERY 기술 과정을 아래와 같이 기억하라.

1. 편안한 자세로 앉아 눈을 감고 숨을 쉰다.
2. 지금 이 순간, 신체가 느끼는 감정에 단순하게 주의를 기울인다.
3. 뚜렷한 감정이 느껴지지 않는다면, 음악이나 기억 또는 사진 등을

사용해 감정이 일어나도록 노력한다.

4. 감정을 자각했다면, 이름을 붙이거나 그 감정을 잘 설명한다고 생각하는 단어를 정한다. 그리고 그 단어를 적는다.

5. 자신이 붙인 이름이 정확한지 아닌지는 이 단계에서는 사실 중요하지 않다. 중요한 점은 감정 경험과 친숙해지는 것이다.

6. 신체 내에 있는 감정의 특성을 탐구해 본다. 에너지가 어떻게 느껴지는가? 신체에서 감정의 장소는 어디인가? 감정의 크기는 어떤가? 감정의 색은 무엇인가? 감정이 만들어내는 소리는 무엇인가? 감정의 온도는 어떠한가? 감정의 강도는 어떠한가?

7. 움직임의 특성으로 넘어가자. 감정이 몸을 통해 어떻게 움직이는지 묘사하는 시간을 갖자. 피부에서 멈추는가 아니면 몸속으로 퍼져나가는가?

8. 그 감정은 어떤 특성을 가지고 있는가?

9. 이러한 과정을 진행하는 동안 떠올랐던 어떤 통찰이든 적어 본다.

• 감사의 기술

긍정적 태도를 키우기 위한 행동의 변화로는 감사의 기술을 활용하는 것이다. 감사의 기술은 6가지 뚜렷한 영역을 통해 얻을 수 있다.

- 정신적으로 : 자신의 정신적 능력에 관련해 무엇을 감사하는가?

- 감정적으로 : 자신에게 감정적으로 어떤 점을 감사하는가?
- 신체적으로 : 자신의 어떤 신체적 속성이나 능력을 감사하는가?
- 사회적으로 : 자신의 사회적 기술 중 무엇에 감사하고 타인과 어떻게 상호작용하는가?
- 전문적으로 : 자신의 전문적 기술과 능력에 대해 무엇을 감사하는가?
- 영적으로 : 자신에 대해 영적이거나 윤리적으로 무엇을 감사하는가?

• MAP

상대와의 공감과 친밀감을 형성하게 돕는 듣기 기술로, 진심으로 듣기 위해 아래의 3단계를 기억하라.

Move your attention away from your own thinking and drop into the body and BREATHE! · 의식을 자신의 생각에서 신체로 돌리고 호흡하라.

Appreciate the speaker · 말하는 이에게 감사함을 느끼고

Play back the underlying meaning · 근본적인 의미를 되뇌인다.

1장 · 위대한 성과 신화

1   Henry, J P (1982) The relation of social to biological processes in disease, Social Science and Medicine, 16 (4), pp 369~380; Henry, J P, Stephens, P M and Ely, D L (1986) Psychosocial hypertension and the defence and defeat reactions, Journal of Hypertension, 4 (6), pp. 687~697

2   Csikszentmihalyi, M (2013) Flow: The classic work on how to achieve happiness, New Ed Rider, London

3   Coates, J (2013) The Hour Between Dog and Wolf: Risk taking, gut feelings and the biology of boom and bust, Fourth Estate, London

4   Watkins, A and Wilber, K (2015) Wicked and Wise: How to solve the world's toughest problems, Urbane Publications, Kent

5   Watkins, A and Dalton, N (2020) The HR (R) Evolution Change the Workplace, Change the World, Routledge, London

6   Watkins, A and May, S (2021) Innovation Sucks! Time to think differently, Routledge, London

7   Watkins, A (2022) The Leader's Journey, Routledge, London

8   Marcec, D (2018) CEO tenure rates, Harvard Law School Forum on Corporate

Governance

9 Wilber, K (2001) A Theory of Everything: An integral vision for business, politics, science and spirituality, Shambhala Publications, Boulder

10 Wilber, K (2012) Excerpt C: The ways we are in this together: Intersubjectivity and interobjectivity in the Holonic Kosmos, The Kosmos Trilogy, Vol 2, Ken Wilbur

11 Petrie, N (2011) A White Paper: Future trends in leadership development, Center for Creative Leadership

12 Watkins, A (2016) 4D Leadership: Competitive advantage through vertical leadership development, Kogan Page, London

13 Gardner, H (1983) Frames of Mind: The theory of multiple intelligences, Harper Collins, London

14 Goleman, D, Boyatzis, R E and McKee, A (2002) The New Leaders: Transforming the art of leadership, Little Brown, London

15 Davidson, R J and Begley, S (2012) The Emotional Life of Your Brain: How its unique patterns affect the way you think, feel, and live–and how you can change them, Penguin, London

2장 · 에너지 수준을 높이는 조율

1 Hoomans, J (2015) 35,000 Decisions: The great choices of strategic leaders, The Leading Edge, https://go.roberts.edu/leadingedge/the-great-choices-of strategic-leaders (archived at https://perma.cc/B6WY-76AT)

2 Kegan, R and Lahey, L (2009) Immunity to Change: How to overcome it and unlock the potential in yourself and your organisation, Harvard Business School Press Boston, MA

3 Lanaj, K, Foulk, T A and Erez A (2019) Energizing leaders via self-reflection: A within-person field experiment, Journal of Applied Psychology, 104 (1), pp. 1~18

4 Laborde, S, Mosley, E and Thayer J F (2017) Heart rate variability and cardiac vagal

tone in psychophysiological research: Recommendations for experiment planning, data analysis, and data reporting, Frontiers in Psychology, 8, p. 213

5 Wulsin, L R, Horn, P S, Perry, J L, Massaro, J M and D'Agostino, R B (2015) Autonomic imbalance as a predictor of metabolic risks, cardiovascular disease, diabetes, and mortality, The Journal of Clinical Endocrinology and Metabolism, 100 (6), pp. 2443~2448

6 Shaffer, F and Ginsberg, J P (2017) An overview of heart rate variability metrics and norms, Frontiers in Public Health, 5, p. 258

7 Thayer, J F, Hansen, A L, Saus-Rose, E and Johnsen, B H (2009) Heart rate variability, prefrontal neural function, and cognitive performance: The neurovisceral integration perspective on self-regulation, adaptation, and health, Annals of Behavioral Medicine, 37(2), pp. 141~153; Park, G and Thayer, J F (2014) From the heart to the mind: cardiac vagal tone modulates top-down and bottom-up visual perception and attention to emotional stimuli, Frontiers in Psychology, 5 (May), pp. 1~8; Roelofs, K (2017) Freeze for action: Neurobiological mechanisms in animal and human freezing, Philosophical Transactions of the Royal Society B: Biological Sciences, 372 (1718), 20160206; Mather, M and Thayer, J F (2018) How heart rate variability affects emotion regulation brain networks, Current Opinion in Behavioral Sciences, 19, pp 98~104; Ottaviani, C (2018) Brain–heart interaction in perseverative cognition, Psychophysiology, 55 (7)

8 Critchley, H D, Mathias, C J and Dolan, R J (2001) Neuroanatomical basis for first- and second-order representations of bodily states, Nature Neuroscience, 4 (2), pp. 207~212; Critchley, H D (2005) Neural mechanisms of autonomic, affective, and cognitive integration, Journal of Comparative Neurology, 493 (1), pp. 154~166; Jerath, R, Barnes, V A and Crawford, M W (2014) Mind-body response and neurophysiological changes during stress and meditation: Central role of homeostasis, Journal of Biological Regulators and Homeostatic Agents, 28, pp. 545~554; Owens, B P, Baker, W E, Sumpter, D M and Cameron, K S (2016) Relational energy at work:

Implications for job engagement and job performance, Journal of Applied Psychology, 101 (1), pp. 35~49

9 Lo, E V, Wei, Y H and Hwang, B F (2020) Association between occupational burnout and heart rate variability: A pilot study in a high-tech company in Taiwan, Medicine (Baltimore), Jan, 99 (2)

10 Wolf, M M, Varigos, G A, Hunt, D and Sloman, J G (1978) Sinus arrhythmia in acute myocardial infarction, Medical Journal of Australia, 2 (2), pp. 52~53

11 Sessa, F, Anna, V et al (2017) Heart rate variability as predictive factor for sudden cardiac death, Aging (Albany NY), 210 (2), pp. 166~177

12 Dekker, J M, Schouten, E G, Klootwijk, P, Pool, J, Swenne, C A and Kromhout, D (1997) Heart rate variability from short electrocardiographic recordings predicts mortality from all causes in middle-aged and elderly men: The Zutphen study, American Journal of Epidemiology, 145 (10), pp. 899~908

13 Mayor, D F and Micozzi, M S (eds) (2011) Energy Medicine East and West: A natural history of Qi, Churchill Livingstone Elsevier, London

14 Gerritsen, J, Dekker, J M, TenVoorde, B J, Kostense, P J, Heine, R J, Bouter, L M, Heethaar, R M and Stehouwer, C D (2001) Impaired autonomic function is associated with increased mortality, especially in subjects with diabetes, hypertension, or a history of cardiovascular disease: The Hoorn Study, Diabetes Care, 24 (10), pp. 1793~1798

15 Hernández-Vicente, A, Hernando, D, Santos-Lozano, A, Rodríguez-Romo, G, Vicente-Rodríguez, G, Pueyo, E, Bailón, R and Garatachea, N (2020) Heart rate variability and exceptional longevity, Frontiers in Physiology, 17 Sep, 11, 566399

16 Benson, K (2015) Supporting employees after the sudden death of a CEO, Industry Week

17 Inoue, K and Hashioka, S (2019) The risk of overwork death (karoshi) in the wake of natural disasters, BMJ Opinion

18 Pfeffer, J (2018) Dying for a Paycheck, HarperBusiness, New York

19 Virtanen, M, Ferrie, J E, Singh-Manoux, A, Shipley, M J, Vahtera, J, Marmot, M G and Kivimäki, M (2010) Overtime work and incident coronary heart disease: The Whitehall II prospective cohort study, European Heart Journal, Jul, 31 (14), pp. 1737~1744

20 Davis, M F and Green, J (2020) Three hours longer, the pandemic workday has obliterated work–life balance, Bloomberg Business, www.bloomberg.com/news/articles/2020-04-23/working-from-home-in-covid-era-mans-three-more-hours-on-the-job (archived at https://perma.cc/7C8N-H4SW)

21 Greenwood, K, Bapet, V and Maughan, M (2019) Research: People want their employers to talk about mental health, Harvard Business Review, https://hbr.org/2019/10/research-people-want-their-employers-to-talk-about-mentl-health (archived at https://perma.cc/YY6F-U3ZJ)

22 Slager, S (2019) Burnout and the gig economy: What employers need to know, HR Technologist, www.hrtechnologist.com/articles/employee-engagement/burnout-and-the-gig-econmy-what-employers-need-to-know (archived at https://perma.cc/8NZZ-U8GR)

23 Seamark, M (2011) Lloyds boss goes sick with 'stress': Shock departure eight months into job, Daily Mail

24 Umetani, K, Singer, D H, McCraty, R and Atkinson, M (1998) Twenty-four hour time domain heart rate variability and heart rate: Relations to age and gender over nine decades, Journal of the American College of Cardiology, 31 (3), pp. 593~601

25 de Zambotti, M, Javitz, H, Franzen, P L, Brumback, T, Clark, D B, Colrain, I M and Baker, F C (2018) Sex- and age-dependent differences in autonomic nervous system functioning in adolescents, Journal of Adolescent Health, Feb, 62 (2), pp. 184~190

26 Choi, J, Cha, W and Park, M G (2020) Declining trends of heart rate variability according to aging in healthy Asian adults, Frontiers in Aging Neuroscience, Nov, 26 (12), 610626

27 Wekenborg, M K, Hill, L K, Thayer, J F, Penz, M, Wittling, R A and Kirschbaum,

C (2019) The longitudinal association of reduced vagal tone with burnout, Psychosomatic Medicine, Nov/Dec, 81 (9), pp. 791~798

28 Olenski, A R, Abola, M V and Jena, A B (2015) Do heads of government age more quickly? Observational study comparing mortality between elected leaders and runners-up in national elections of 17 countries, BMJ, Dec, 14 (351), h6424

29 Dominguez, T (2016) Do presidents age faster than the rest of us? YouTube, www. youtube.com/watch?v=IH3d-qR25v4 (archived at https://perma.cc/P7DP-2GU3)

30 Watkins, A D (2011) The electrical heart: Energy in cardiac health and disease, in Energy Medicine East and West: A natural history of Qi, ed D F Mayor and M S Micozzi, Churchill Livingstone Elsevier, London

31 Lo, E V, Wei, Y H and Hwang, B F (2020) Association between occupational burnout and heart rate variability: A pilot study in a high-tech company in Taiwan, Medicine (Baltimore), Jan, 99 (2), e18630

32 Boneva, R S, Decker, M J, Maloney, E M, Lin, J M, Jones, J F, Helgason, H G, Heim, C M, Rye, D B and Reeves, W C (2007) Higher heart rate and reduced heart rate variability persist during sleep in chronic fatigue syndrome: A population-based study, Autonomic Neuroscience: Basic and clinical, 137 (1~2), pp. 94~101

33 Okawa, N, Kuratsune, D, Koizumi, J, Mizuno, K, Kataoka, Y and Kuratsune, H (2019) Application of autonomic nervous function evaluation to job stress screening, Heliyon, Feb, 5 (2)

34 Robinson, L J, Gallagher, P, Watson, S, Pearce, R, Finkelmeyer, A, Maclachlan, L and Newton J L (2019) Impairments in cognitive performance in chronic fatigue syndrome are common, not related to co-morbid depression but do associate with autonomic dysfunction, PLoS One, Feb, 14 (2)

35 Coates, J (2013) The Hour Between Dog and Wolf: Risk taking, gut feelings and the biology of boom and bust, Fourth Estate, London

36 Tonhajzerova, I, Mestanik, M, Mestanikova, A and Jurko, A (2016) Respiratory sinus arrhythmia as a non-invasive index of 'brain-heart' interaction in stress, Indian Journal

of Medical Research, Dec, 144 (6), pp. 815~822; Blons, E, Arsac, L M, Gilfriche, P,
McLeod, H, Lespinet-Najib, V, Grivel, E and Deschodt-Arsac, V (2019)Alterations
in heart–brain interactions under mild stress during a cognitive task are reflected in
entropy of heart rate dynamics, Scientific Reports, Dec, 9 (1), 18190

37 Miller, J G, Xia, G and Hastings, P D (2019) Resting heart rate variability is
negatively associated with mirror neuron and limbic response to emotional faces,
Biological Psychology, Sep, 146, 107717

38 Fuentes-García, J P, Villafaina, S, Collado-Mateo, D, de la Vega, R, Olivares, P R
and Clemente-Suárez, V J (2019) Differences between high vs low performance chess
players in heart rate variability during chess problems, Frontiers in Psychology, Feb,
10, 409

39 Lin, F V, Tao, Y, Chen, Q, Anthony, M, Zhang, Z, Tadin, D and Heffner, K L (2020)
Processing speed and attention training modifies autonomic flexibility: A mechanistic
intervention study, Neuroimage, Jun, 213, 116730

40 Wei, L, Chen, H and Wu, G R (2018) Structural covariance of the prefrontal
amygdala pathways associated with heart rate variability, Frontiers in Human
Neuroscience, Jan, 12, 2

41 Tolle, E (2005) The Power of Now, Hodder & Stoughton, London

3장 건강과 행복 증진을 위한 조율

1 Makortoff, K (2020) Lloyds chief António Horta-Osório to chair Credit Suisse,
Guardian, 1 December

2 Treanor, J (2011) Lloyds chief Horta-Osório takes time off with fatigue, Guardian, 2
November

3 Sirén, C, Patel, P C, Örtqvist, D and Wincent, J (2018) CEO burnout, managerial
discretion, and firm performance: The role of CEO locus of control, structural power,
and organizational factors, Long Range Planning, 51 (6), pp. 953~971; Ochoa, P

(2018) Impact of burnout on organizational outcomes, the influence of legal demands: The case of Ecuadorian physicians, Frontiers in Psychology, 4 May; Schaufeli, W B, Leiter, M P, and Maslach, C (2009) Burnout: 35 years of research and practice, Career Development International, 14, pp. 204~220

4   Alexander, F (1939) Psychological aspects of medicine, Psychosomatic Medicine, 1 (1), pp. 7~18

5   Le Fanu, J (1999) The Rise and Fall of Modern Medicine, Little, Brown and Company, London

6   Townsend, N, Wickramasinghe, K, Bhatnagar, P, Smolina, K, Nichols, M, Leal, J, Luengo-Fernandez, R and Rayner, M (2012) Coronary Heart Disease Statistics, British Heart Foundation, London

7   World Health Organization (2011) Global Status Report on Noncommunicable Diseases 2010, Geneva, World Health Organization

8   British Heart Foundation (2021) Twice as deadly as breast cancer, www.bhf.org.uk/informationsupport/heart-matters-magazine/medical/women/coronry-heart-disease-kills (archived at https://perma.cc/Q8ZK-9SE6)

9   Society for Heart Attack Prevention and Eradication (2021) What you should know, https://shapesociety.org/what-you-should-know (archived at https://perma.cc/HQ58-ZEFC); News Medical (2012) First sign of coronary heart disease in men could be death, www.news-medical.net/news/20120208/First-sign-of-coronary-heart-disease-in-men-could-be-death.aspx (archived at https://perma.cc/HX98-5FFA)

10 Lynch, J L (2000) A Cry Unheard: New insights into the medical consequences of loneliness, Bancroft Press, Baltimore, MD

11 Lönn, S L, Melander, O, Crump, C and Sundquist, K (2019) Accumulated neighbourhood deprivation and coronary heart disease: A nationwide cohort study from Sweden, BMJ Open, Sep, 9 (9); Akwo, E A, Kabagambe, E K, Harrell, F E Jr, Blot, W J, Bachmann, J M, Wang, T J, Gupta, D K and Lipworth, L (2018) Neighborhood deprivation predicts heart failure risk in a low-income population of blacks and whites

in the southeastern United States, Circulation: Cardiovascular Quality and Outcomes, Jan, 11 (1); Kelli, H M, Hammadah, M, Ahmed, H, Ko, Y A, Topel, M, Samman-Tahhan, A, Awad, M, Patel, K, Mohammed, K, Sperling, L S, Pemu, P, Vaccarino, V, Lewis, T, Taylor, H, Martin, G, Gibbons, G H and Quyyumi, A A (2017) Association between living in food deserts and cardiovascular risk, Circulation: Cardiovascular Quality and Outcomes, Sep, 10 (9)

12 Schultz, W M, Kelli, H M, Lisko, J C, Varghese, T, Shen, J, Sandesara, P, Quyyumi, A A, Taylor, H A, Gulati, M, Harold, J G, Mieres, J H, Ferdinand, K C, Mensah, G A, and Sperling, L S (2018) Socioeconomic status and cardiovascular outcomes: Challenges and interventions, Circulation, May, 137 (20), pp. 2166~2178; Tawakol, A, Osborne, M T, Wang, Y, Hammed, B, Tung, B, Patrich, T, Oberfeld, B, Ishai, A, Shin, L M, Nahrendorf, M, Warner, E T, Wasfy, J, Fayad, Z A, Koenen, K, Ridker, P M, Pitman, R K and Armstrong, K A (2019) Stress-associated neurobiological pathway linking socioeconomic disparities to cardiovascular disease, Journal of the American College of Cardiology, Jul, 73 (25), pp. 3243~3255

13 Lynch, J L (2000) A Cry Unheard: New insights into the medical consequences of loneliness, Bancroft Press, Baltimore, MD

14 Vaccarino, V, Sullivan, S, Hammadah, M, Wilmot, K, Al Mheid, I, Ramadan, R, Elon, L, Pimple, P M, Garcia, E V, Nye, J, Shah, A J, Alkhoder, A, Levantsevych, O, Gay, H, Obideen, M, Huang, M, Lewis, T T, Bremner, J D, Quyyumi, A A and Raggi, P (2018) Mental stress-induced-myocardial ischemia in young patients with recent myocardial infarction: Sex differences and mechanisms, Circulation, Feb, 137 (8), pp. 794~805

15 Hartmann, R, Schmidt, F M, Sander, C and Hegerl, U (2019) Heart rate variability as indicator of clinical state in depression, Frontiers in Psychiatry, Jan, 9, p. 735; Case, S M, Sawhney, M and Stewart, J C (2018) Atypical depression and double depression predict new-onset cardiovascular disease in US adults, Depression and Anxiety, Jan, 35 (1), pp 10–17; Zhou, L, Ma, X and Wang, W (2020) Inflammation and coronary heart disease risk in patients with depression in China mainland: A cross-sectional study, Neuropsychiatric Disease and Treatment, Jan, 16, pp. 81~86

16 Berge, T, Bull-Hansen, B, Solberg, E E, Heyerdahl, E R, Jørgensen, K N, Vinge, L E, Aarønæs, M, Øie, E and Hyldmo, I (2019) Screening for symptoms of depression and anxiety in a cardiology department, Tidsskr Nor Laegeforen, Oct, 139 (14)

17 Eichstaedt, J C, Schwartz, H A, Kern, M L, Park, G, Labarthe, D R, Merchant, R M, Jha, S, Agrawal, M, Dziurzynski, L A, Sap, M, Weeg, C, Larson, E E, Ungar, L H and Seligman, M E (2015) Psychological language on Twitter predicts county-level heart disease mortality, Psychological Science, Feb, 26 (2), pp 159~169; Newman, J D, Davidson, K W, Shaffer, J A, Schwartz, J E, Chaplin, W, Kirkland, S, and Shimbo, D (2011) Observed hostility and the risk of incident ischemic heart disease: A prospective population study from the 1995 Canadian Nova Scotia Health Survey, Journal of the American College of Cardiology, Sep, 58 (12), pp 1222–28; Stewart, J C, Fitzgerald, G J and Kamarck, T W (2010) Hostility now, depression later? Longitudinal associations among emotional risk factors for coronary artery disease, Annals of Behavioral Medicine, Jun, 39 (3), pp 258~266; Benson, E (2003) Hostility is among best predictors of heart disease in men, American Psychology Association, www.apa.org/monitor/jan03/hostility (archived at https://perma.cc/KD9S-2N72)

18 Rosenman, R H (1993) The independent roles of diet and serum lipids in the 20th-century rise and decline of coronary heart disease mortality, Integrative Physiological and Behavioral Science, 28 (1), pp 84~98; Anand, S S, Abonyi, S, Arbour, L Balasubramanian, K, Brook, J, Castleden, H, et al (2019) Explaining the variability in cardiovascular risk factors among First Nation communities in Canada: A population-based study, The Lancet, Dec, 3 (12)

19 Valtorta, N K, Kanaan, M, Gilbody, S and Hanratty, B (2018) Loneliness, social isolation and risk of cardiovascular disease in the English Longitudinal Study of Ageing, European Journal of Preventive Cardiology, Sep, 25 (13), pp. 1387~1396

20 Glassman, A H and Shapiro, P A (1998) Depression and the course of coronary artery

disease, American Journal of Psychiatry, 155 (1), pp 4~11; Rahman, I, Humphreys, K, Bennet, A M, Ingelsson, E, Pedersen, N L and Magnusson, P K (2013) Clinical depression, antidepressant use and risk of future cardiovascular disease, European Journal of Epidemiology, Jul, 28 (7), pp. 589~595; Murphy, B, Le Grande, M, Alvarenga, M, Worcester, M and Jackson, A (2020) Anxiety and depression after a cardiac event: Prevalence and predictors, Frontiers in Psychology, Jan, 10, 3010

21 Sweda, R, Siontis, G C M, Nikolakopoulou, A, Windecker, S and Pilgrim, T (2020) Antidepressant treatment in patients following acute coronary syndromes: A systematic review and Bayesian meta-analysis, ESC Heart Failure, Sep, 7 (6), pp. 3610~3620

22 Antonuccio, D O, Danton, W G and DeNelsky, G Y (1995) Psychotherapy versus medication for depression: Challenging the conventional wisdom with data, Professional Psychology, Research and Practice, 26 (6), pp. 574~85; Douros, A, Dell'Aniello, S, Dehghan, G, Boivin, J F and Renoux, C (2019) Degree of serotonin reuptake inhibition of antidepressants and ischemic risk: A cohort study, Neurology, Sep, 93 (10)

23 Kubzansky, L D, Kawachi, I, Spiro, A I, Weiss, S T, Vokonas, P S and Sparrow, D (1997) Is worrying bad for your heart? A prospective study of worry and coronary heart disease in the Normative Aging Study, Circulation, 95 (4), pp. 818~824; Li, J, Ji, F, Song, J, Gao, X, Jiang, D, Chen, G, Chen, S, Lin, X and Zhuo, C (2020) Anxiety and clinical outcomes of patients with acute coronary syndrome: A meta-analysis, BMJ Open, Jul, 10 (7)

24 Everson, S A, Kaplan, G A, Goldberg, D E, Salonen, R and Salonen, J T (1997) Hopelessness and four-year progression of carotid atherosclerosis: The Kuopio ischemic heart disease risk factor study, Arteriosclerosis Thrombosis Vascular Biology, 17 (8), pp. 1490~1495

25 Li, H, Zheng ,D, Li, Z, Wu, Z, Feng, W, Cao, X, Wang, J, Gao, Q, Li, X, Wang, W, Hall, B J, Xiang, Y T and Guo, X (2019) Association of depressive symptoms with

incident cardiovascular diseases in middle-aged and older Chinese adults, JAMA Network Open, Dec, 2 (12)

26 Bu, F, Zaninotto, P and Fancourt, D (2020) Longitudinal associations between loneliness, social isolation and cardiovascular events, Heart, Sep, 106 (18), pp. 1394~1399

27 Dekker, J M, Schouten, E G, Klootwijk, P, Pool, J, Swenne, C A and Kromhout, D (1997) Heart rate variability from short electrocardiographic recordings predicts mortality from all causes in middle-aged and elderly men: The Zutphen study, American Journal of Epidemiology, 145 (10), pp. 899~908

28 Burton, W N, Conti, D J, Chen, C Y, Schultz, A B and Edington, D W (1999) The role of health risk factors and disease on worker productivity, Journal of Occupational and Environmental Medicine, 41 (10), pp. 863~877

29 Melkevik, O, Clausen, T, Pedersen, J, Garde, A H, Holtermann, A and Rugulies, R (2018) Comorbid symptoms of depression and musculoskeletal pain and risk of long term sickness absence, BMC Public Health, Aug, 18 (1), p. 981

30 Endo, M, Haruyama, Y, Mitsui, K, Muto, G, Nishiura, C, Kuwahara, K, Wada, H and Tanigawa, T (2019) Durations of first and second periods of depression-induced sick leave among Japanese employees: The Japan sickness absence and return to work (J-SAR) study, Industrial Health, Feb, 57 (1), pp. 22~28

31 Linder, A, Gerdtham, U G, Trygg, N, Fritzell, S and Saha, S (2020) Inequalities in the economic consequences of depression and anxiety in Europe: A systematic scoping review, European Journal of Public Health, Aug, 30 (4), pp. 767~77

32 Whiting, K (2020) As the COVID-19 death toll passes 1 million, how does it compare to other major killers? World Economic Forum, www.weforum.org/agenda/2020/09/covid-19-deaths-global-killers-comparison(archived at https://perma.cc/MW72-9TGR)

33 Ciuluvica Neagu, C, Amerio, P and Grossu, I V (2020) Emotional dysregulation mechanisms in psychosomatic chronic diseases revealed by the instability coefficient,

Brain Science, Sep, 10 (10), p. 673

34 LeShan, L (1977) You Can Fight for Your Life, M Evans, New York

35 Grossarth-Maticek, R (1980) Psychosocial predictors of cancer and internal diseases: an overview, Psychotherapy and Psychosomatics, 33 (3), pp. 122~128; Pettingale, K W, Philalithis, A, Tee, D E and Greer, H S (1981) The biological correlates of psychological responses to breast cancer, Journal of Psychosomatic Research, 25 (5), pp. 453~458; Levy, S M, Lee, J, Bagley, C and Lippman, M (1988) Survival hazards analysis in first recurrent breast cancer patients: Seven-year follow-up, Psychosomatic Medicine, 50 (5), pp. 520~528; Wang, X, Wang, N, Zhong, L, Wang, S, Zheng, Y, Yang, B, Zhang, J, Lin, Y and Wang, Z (2020) Prognostic value of depression and anxiety on breast cancer recurrence and mortality: A systematic review and meta-analysis of 282,203 patients, Molecular Psychiatry, Dec, 25(12), pp. 3186~3197; Ding, T, Wang, X, Fu, A, Xu, L and Lin, J (2019) Anxiety and depression predict unfavorable survival in acute myeloid leukemia patients, Medicine (Baltimore), Oct, 98 (43)

36 Bolletino, R and LeShan, L (1997) Cancer, in Mind–Body Medicine, ed A Watkins, pp 87–109, Churchill Livingstone, New York

37 Eskelinen, A and Ollonen, P (2011) Assessment of 'cancer-prone personality' characteristics in healthy study subjects and in patients with breast disease and breast cancer using the commitment questionnaire: A prospective case–control study in Finland, Anticancer Research, Nov, 31 (11), pp. 4013~4017; Neuroskeptic (2019) The cancer personality scandal (part 1), Discover Magazine, www.discovermagazine.com/the-sciences/the-cancer-personality-scandal-part-1 (archived at https://perma.cc/32MA-CHZ2); Nabi, H, Kivimäki, M, Marmot, M G, Ferrie, J, Zins, M, Ducimetière, P, Consoli, S M and Singh-Manoux, A (2008) Does personality explain social inequalities in mortality? The French GAZEL cohort study, International Journal of Epidemiology, Jun, 37 (3), pp. 591~602

38 Butcher, S K and Lord, J M (2004) Stress responses and innate immunity: Aging as a contributory factor, Aging Cell, Aug, 3 (4), pp. 151~160

39 Goleman, D (1987) Research affirms power of positive thinking, New York Times, 3 February

40 Roberts, A L, Huang, T, Koenen, K C, Kim, Y, Kubzansky, L D and Tworoger, S S (2019) Posttraumatic stress disorder is associated with increased risk of ovarian cancer: A prospective and retrospective longitudinal cohort study, Cancer Research, Oct, 79 (19), pp. 5113~5120; Agnew-Blais, J, Chen, Q, Cerdá, M, Rexrode, K M, Rich-Edwards, J W, Spiegelman, D, Suglia, S F, Rimm, E B, Koenen, K C, Sumner, J A, Kubzansky, L D, Elkind, M S and Roberts, A L (2015) Trauma exposure and posttraumatic stress disorder symptoms predict onset of cardiovascular events in women, Circulation, Jul, 132 (4), pp. 251~259

41 Kiecolt-Glaser, J K, Stephens, R E, Lipetz, P D, Speicher, C E and Glaser, R (1985) Distress and DNA repair in human lymphocytes, Journal of Behavioral Medicine, 8 (4), pp. 311~320

42 Kakoo Brioso, E, Ferreira, C S, Costa, L and Ouakinin, S (2020) Correlation between emotional regulation and peripheral lymphocyte counts in colorectal cancer patients, PeerJ, Jul, 8

43 Engel, G L (1968) A life setting conducive to illness: The giving-up–given-up complex, Annals of Internal Medicine, 69 (2), pp. 239~300

44 Purcell, H and Mulcahy, D (1994) Emotional eclipse of the heart, British Journal of Clinical Practice, 48 (5), pp. 228~229

45 Pressman, S D, Jenkins, B N and Moskowitz, J T (2019) Positive affect and health: What do we know and where next should we go? Annual Review of Psychology, Jan, 70, pp. 627~650

46 Davidson, K W, Mostofsky, E and Whang, W (2010) Don't worry, be happy: Positive affect and reduced 10-year incident coronary heart disease: The Canadian Nova Scotia Health Survey, European Heart Journal, May, 31 (9), pp. 1065~1070

47 Haidt, J (2006) The Happiness Hypothesis: Putting ancient wisdom and philosophy to the test of modern science, Arrow Books, London

48 Carver, C S, Scheier, M F and Weintraub, J K (1989) Assessing coping strategies: A theoretically based approach, Journal of Personality and Social Psychology, 56 (2), pp 267~283; Lazarus, R S and Folkman, S (1984) Stress, Appraisal, and Coping, Springing Publishing Company, New York

49 Jafri, S H, Ali, F, Mollaeian, A, Mojiz Hasan, S, Hussain, R, Akkanti, B, Williams, J, Shoukier, M and El-Osta, H (2019) Major stressful life events and risk of developing lung cancer: A case-control study, Clinical Medicine Insights: Oncology, May, 13; Bagheri, B, Meshkini, F, Dinarvand, K, Alikhani, Z, Haysom, M and Rasouli, M (2016) Life psychosocial stresses and coronary artery disease, International Journal of Preventive Medicine, Sep, 7, p. 106

50 Pennebaker, J W (1997) Opening Up: The healing power of expressing emotions, Guilford Press, New York

51 Eriksson, M (2017) The sense of coherence in the salutogenic model of health, in The Handbook of Salutogenesis, Springer, Cham

52 Kobasa, S C (1979) Stressful life events, personality, and health: An inquiry into hardiness, Journal of Personality and Social Psychology, Jan, 37 (1), pp. 1~11

53 Karimi, S, Jaafari, A, Ghamari, M, Esfandiary, M, Salehi Mazandarani, F, Daneshvar, S and Ajami, M (2016) A comparison of type II diabetic patients with healthy people: Coping strategies, hardiness, and occupational life quality, International Journal of High Risk Behaviors and Addiction, Jan, 5 (1)

54 Slade, M, Rennick-Egglestone, S, Blackie, L, Llewellyn-Beardsley, J, Franklin, D, Hui, A, Thornicroft, G, McGranahan, R, Pollock, K, Priebe, S, Ramsay, A, Roe, D and Deakin, E (2019) Post-traumatic growth in mental health recovery: Qualitative study of narratives, BMJ Open, Jun, 9 (6); İnan, F Ş and Üstün, B (2019) Post-traumatic growth in the early survival phase: From Turkish breast cancer survivors' perspective, European Journal of Breast Health, Dec, 16 (1), pp. 66~71; Cui, P P, Wang, P P, Wang, K, Ping, Z, Wang, P and Chen, C (2020) Post-traumatic growth and influencing factors among frontline nurses fighting against COVID-19, Occupational and Environmental Medicine, Oct

55 Ragger, K, Hiebler-Ragger, M, Herzog, G, Kapfhammer, H P and Unterrainer, H F (2019) Sense of coherence is linked to post-traumatic growth after critical incidents in Austrian ambulance personnel, BMC Psychiatry, Mar, 19 (1), pp. 89

56 Sheldon, K M and Kasser, T (1995) Coherence and congruence: Two aspects of personality integration, Journal of Personality and Social Psychology, 68 (3), pp. 531~543

57 Coates, J (2013) The Hour Between Dog and Wolf: Risk taking, gut feelings and the biology of boom and bust, Fourth Estate, London

58 Coates, J (2013) The Hour Between Dog and Wolf: Risk taking, gut feelings and the biology of boom and bust, Fourth Estate, London

59 Norretranders, T (1998) The User Illusion: Cutting consciousness down to size, Penguin, New York

60 Ikai, M and Steinhaus, A H (1961) Some factors modifying the expression of human strength, Journal of Applied Physiology, 16 (1), pp. 157~163

61 Gerber, M E (1995) The E-Myth Revisited, HarperCollins, New York

62 Grant Thornton (2020) Women in business 2020: Putting the blueprint into action, www.grantthornton.global/globalassets/1.-member-firms/global/insights/women-in-business/2020/women-in-business-2020_report.pdf(archived at https://perma.cc/7Z8J-BLWR)

63 Pink, D H (2009) Drive: The surprising truth about what motivates us, Penguin, New York

64 Bughin, J, Woetzel, J and Manyika, J (2011) Jobs lost, jobs gained: Workforce transitions in a time of automation, McKinsey's Global Institute, www.mckinsey.com/~/media/mckinsey/industries/public%20and%20social%20sector/our%20insights/what%20the%20future%20of%20work%20will%20mean%20for%20jobs%20skills%20and%20wages/mgi%20jobs%20lost-jobs%20gained_report_ december%202017.pdf (archived at https://perma.cc/33VN-DQ8P)

65 McGregor, D (1960) The Human Side of Enterprise, McGraw Hill, New York

66 Damasio, A (2000) The Feeling of What Happens: Body, emotion and the making of consciousness, Vintage, London

67 Damasio, A (2006) Descartes' Error, London, Vintage

68 El Othman, R, El Othman, R, Hallit, R, Obeid, S and Hallit, S (2020) Personality traits, emotional intelligence and decision-making styles in Lebanese universities medical students, BMC Psychology, May, 8 (1), p 46; Mazzocco, K, Masiero, M, Carriero, M C and Pravettoni, G (2019) The role of emotions in cancer patients' decision-making, Ecancermedicalscience, Mar, 13, p 914; Morawetz, C, Mohr, P N C, Heekeren, H R and Bode, S (2019) The effect of emotion regulation on risk-taking and decision-related activity in prefrontal cortex, Social Cognitive and Affective Neuroscience, Oct, 14(10), pp. 1109~1018

69 Berry, A S, Jagust, W J and Hsu, M (2019) Age-related variability in decision-making: Insights from neurochemistry, Cognitive, Affective, and Behavioral Neuroscience, Jun, 19(3), pp. 415~434

70 Coates, J (2013) The Hour Between Dog and Wolf: Risk taking, gut feelings and the biology of boom and bust, Fourth Estate, London

71 Berman, S (2010) Capitalizing on Complexity: Insights from the Global Chief Executive Officer Study, IBM Global Business Services, Somers

72 Walsch, N D (1998) Conversation with God, Book 3, Hampton Road Publishing Company, Vancouver

73 Plutchik, R (1967) The affective differential: Emotion profiles implied by diagnostic concepts, Psychological Reports, 20 (1), pp. 19~25

74 Goleman, D and Dalai Lama (2004) Destructive Emotions: And how can we overcome them, Bloomsbury, London

75 Universe of Emotions on the App Store (apple.com)

76 Rahm, T and Heise, E (2019) Teaching happiness to teachers: Development and evaluation of a training in subjective well-being, Frontiers in Psychology, Dec, 10, 2703

77 Wallis, C (2005) The new science of happiness: What makes the human heart sing? Time Magazine, 17 January

4장 · 사고의 질을 높이는 조율

1 Watkins, A and May, S (2021) Innovation Sucks! Time to think differently, Routledge, London

2 Rooke, D and Torbert, W R (2005) Seven transformations of leadership, Harvard Business Review, 1 April 2005

3 Piaget, J (1972) The Psychology of the Child, Basic Books, New York

4 Kohlberg, L (1981) The Philosophy of Moral Development: Moral stages and the idea of justice, Harper & Row, London

5 L-Xufn, Hy, Loevinger, J and Le Xuan, Hy (1996) Measuring Ego Development: Personality and clinical psychology, 2nd edn, Lawrence Erlbaum Associates, Inc, Hillsdale, NJ

6 Wilber, K (2000) Integral Psychology: Consciousness, sprit, psychology therapy, Shambhala Publications, Boston

7 Watkins, A (2016) 4D Leadership: Competitive advantage through vertical leadership development, Kogan Page, London

8 Watkins, A and Dalton, N (2020) The HR (R)Evolution: Change the workplace, change the world, Routledge, London

9 Watkins, A (2016) 4D Leadership: competitive Advantage through vertical leadership development, Kogan Page, London

10 Graves, C (1981) Summary statement: The emergent, cyclical, double-helix model of adult human biopsychosocial systems, presented in Boston, May 1981

11 Phipps, C (2012) Evolutionaries: Unlocking the spiritual and cultural potential of

science's greatest idea, HarperCollins, New York

12 Prochaska, J O, Norcross, J C and Diclemente, C C (1994) Changing for Good, Avon Books, New York Wilber K (2017) Trump and a Post-Truth World Shambhala Publications, Boston

13 Rooke, D and Torbert, W R (2005) Seven transformations of leadership, Harvard Business Review, April

14 Hameroff, S and Penrose, R (2003) Conscious events as orchestrated space-time selections, Neuroquantology, 1 (1), pp. 10~35

15 Wilber, K (2001) A Theory of Everything: An integral vision for business, politics, science and spirituality Shambhala Publications, Boston

16 Campbell, J (2012) The Hero with a Thousand Faces, Novato, New World Library

17 Kaipa, P and Radjou, N (2013) From Smart to Wise: Acting and leading with wisdom, Jossey-Bassey, San Francisco

18 Bly, R (2001) Iron John: A book about men, Rider, London

19 Roosevelt, E (1960) This is my story, Catholic Digest, August

20 Frankl, F E (1959) Man's Search for Meaning, Beacon Press, Boston, MA

21 Watkins, A (2014) Coherence: The secret science of brilliant leadership, Kogan Page, London

22 Attenborough, D (1979) Life on Earth, episode 13, BBC, 10 April 1979

23 Watkins, A and May, S (2021) Innovation Sucks! Time to Think Differently, Routledge, London

5장 · 성공적인 리드를 위한 조율

1 Ariely, D (2008) Predictably Irrational: The hidden forces that shape our decisions, HarperCollins, London; Ariely, D (2010) The Upside of Irrationality, HarperCollins, London

2 Taleb, N N (2007) The Black Swan: The impact of the highly improbable, Penguin,

London; Martin, R L (2011) Fixing the Game: How runaway expectations broke the economy, and how to get back to reality, Harvard Business School Press, Boston, MA; Roubini, N (2020) Ten reasons why a 'Greater Depression' for the 2020s is inevitable, Guardian, 29 April

3 Brown, B (2013) Daring Greatly: How the courage to be vulnerable transforms the way we live, love, parent, and lead, Penguin, New York

4 Rowland, W (2012) Greed Inc: Why corporations rule the world and how we let it happen, Arcade Publishing, New York

5 Yerkes, R M and Dodson, J D (1908) The relation of strength of stimulus to rapidity of habit-formation, Journal of Comparative Neurology and Psychology, 18, pp. 459~82

6 Wilber, K (2001) A Theory of Everything: An integral vision for business, politics, science and spirituality, Shambhala Publications, Boulder

7 Watkins, A (2016) 4D Leadership: Competitive advantage through vertical leadership development, Kogan Page, London

8 Watkins, A and May, S (2021) Innovation Sucks! Time to think differently, Routledge, London

9 Kim, W C and Mauborgne, R (2005) Blue Ocean Strategy: How to create uncontested market space and make the competition irrelevant, Harvard Business School Press, Boston, MA

10 Rooke, D and Torbert, W R (2005) Seven transformations of leadership, Harvard Business Review, April

11 Watkins, A (2016) 4D Leadership: Competitive advantage through vertical leadership development, Kogan Page, London

12 Rooke, D and Torbert, W R (2005) Seven transformations of leadership, Harvard Business Review, April

13 Kaipa, P and Radjou, N (2013) From Smart to Wise: Acting and leading with wisdom, Jossey-Bassey, San Francisco

14 Kegan, R and Lahey, L (2009) Immunity to Change: How to overcome it and unlock the potential in yourself and your organisation, Harvard Business School Press, Boston, MA

15 Watkins, A and Dalton, N (2020) The HR (R)Evolution: Change the workplace, change the world, Routledge, London

16 Cook-Greuter, S R (2004) Making the case for a developmental perspective, Industrial and Commercial Training, 36 (7), pp. 275~281

17 Rooke, D and Torbert, W R (2005) Seven transformations of leadership, Harvard Business Review, April

18 Watkins, A and Wilber, K (2015) Wicked & Wise: How to solve the world's toughest problems, Urbane Publications, Kent

19 Reich, R B (2020) The System: Who rigged it, how we fix it, Picador, New York

20 Martin, R L (2011) Fixing the Game: How runaway expectations broke the economy, and how to get back to reality, Harvard Business School Press, Boston, MA; Watkins, A and May, S (2021) Innovation Sucks! Time to think differently, Routledge, London

21 Hollenbeck, G P, McCall Jr, M W and Silzer, R F (2006) Leadership competency models, The Leadership Quarterly, 17 (4), pp. 398~413

22 Cockerill, A P, Schroder, H M and Hunt, J W (1993) Validation Study into the High Performance Managerial Competencies, London Business School, unpublished report sponsored by National Westminster Bank, Prudential Corporation, Leeds Permanent Building Society, the Automobile Association, the UK Employment Department and the UK Civil Aviation Authority

23 Schroder, H M (1989) Managerial Competence: The key to excellence, Kendall Hunt, Dubuque, IA; Cockerill, A P (1989) Managerial Competence as a Determinant of Organisational Performance, unpublished doctoral dissertation sponsored by the National Westminster Bank, University of London; Cockerill, A P (1989) The kind of competence for rapid change, Personnel Management, 21, pp. 52~56

24 Cockerill, A P (1989) Managerial Competence as a Determinant of Organisational

Performance, unpublished doctoral dissertation sponsored by the National Westminster Bank, University of London; Cockerill, A P, Schroder, H M and Hunt, J W (1993) Validation Study into the High Performance Managerial Competencies, London Business School, unpublished report sponsored by National Westminster Bank, Prudential Corporation, Leeds Permanent Building Society, the Automobile Association, the UK Employment Department and the UK Civil Aviation Authority

25 Schroder, H M (1989) Managerial Competence: The key to excellence, Kendall Hunt, Dubuque, IA; Cockerill, A P (1989) The kind of competence for rapid change, Personnel Management, 21, pp. 52~56

26 Stogdill, R M and Coons, A E (1957) Leader Behaviour: Its description and measurement, Bureau of Business Research, Ohio State University, Columbus, OH

27 Katz, D, MacCoby, N and Morse, N C (1950) Productivity, Supervision and Morale in an Office Situation, Institute for Social Research, University of Michigan, Ann Arbor, MI

28 Bass, B M (1999) Two decades of research and development: Transformational leadership, European Journal of Work and Organizational Psychology, 8 (1), pp 9~32

29 Croghan, J H and Lake, D G (1984) Competencies of effective principles and strategies for implementation, Educational Policy Analysis, Southeastern Regional Council for Educational Improvement, #410 Research Triangle Park, NC

30 Boyatzis, R E (1982) The Competent Manager: A model for effective performance, London, Wiley

31 Colvin, G (2010) Talent Is Overrated: What really separates world-class performers from everybody else, Penguin, New York

32 Christensen, C M, Allworth, J and Dillon, K (2012) How Will You Measure Your Life? Finding fulfilment using lessons from some of the world's greatest businesses, HarperCollins, London

33 Achor, S (2010) The Happiness Advantage: The seven principles that fuel success and performance at work, Crown Business (Random House), New York

34 Christensen, C M, Allworth, J and Dillon, K (2012) How Will You Measure Your Life? Finding fulfilment using lessons from some of the world's greatest businesses, HarperCollins, London

35 Campbell, J and Moyers, B (1988) The Power of Myth, Doubleday, New York

36 Attenborough, D (1979) Life on Earth, episode 13, BBC, 10 April

37 Dweck, C S (2007) Mindset: The new psychology of success, how to learn to fulfil our potential, Ballantine Books, New York

38 Lyubomirsky, S (2007) The How of Happiness, Penguin, New York

39 Wallis, C (2005) The new science of happiness: what makes the human heart sing? Time Magazine, 17 January

40 Rosch, P (1995) Perfectionism and poor health, Health and Stress Newsletter Issue 7 (Newsletter of the American Institute of Stress), pp. 3~4

41 Dowrick, S (1997) Forgiveness and Other Acts of Love, Norton, New York

6장 · 영향력 발휘를 위한 조율

1 Csikszentmihalyi, C (2013) Flow: The classic work on how to achieve happiness, New Ed Rider, London

2 Christensen, C M, Alton, R, Rising, C and Waldeck, A (2011) The big idea: The new M and A playbook, Harvard Business Review, March

3 Ornish, D (1998) Love and Survival: The scientific basis for the healing power of intimacy, HarperCollins, New York

4 Cockerill, A P (1989) The kind of competence for rapid change, Personnel Management, 21, pp. 52~56

5 Schroder, H M, Driver, M J and Streufert, S (1967) Human Information Processing: Individuals and groups functioning in complex social situations, Holt, Rinehart and Winston, New York; Harvey, O J, Hunt, D E and Schroder, H M (1961) Conceptual Systems and Personality Organization, Wiley, New York; Driver, M J (1960) The

relationship between abstractness of conceptual functioning and group performance in a complex decision-making environment, unpublished Master's thesis, Princeton University; Dold, A W, III (1964) The effects of group composition and stress on heterogeneous teams in a simulated industrial setting, unpublished senior thesis, Princeton University.

6   Cockerill, A P (1989) Managerial Competence as a Determinant of Organisational Performance, Unpublished doctoral dissertation sponsored by the National Westminster Bank, University of London; Bales, R F (1951) Interaction Process Analysis: A method for the study of small groups, Addison–Wesley, Cambridge, MA; Cartwright, D and Zander, A (1968) Group Dynamics: Research and theory, Harper and Row, New York; Fisher, K (1999) Leading Self-directed Work Teams, McGraw-Hill, New York; Katzenbach, J R and Smith, D K (1993) The Wisdom of Teams, Harvard Business School Press, Boston, MA; Peterson, R S, Owens, P D, Tetlock, P E, Fan, E T and Martorana, P (1998) Group dynamics in top management teams: Groupthink, vigilance, and alternative models of organisational failure and success, Organisational Behavior and Human Decision Processes, 73, pp. 272~305; De Dreu, C K W and Weingart, L R (2003) Task versus relationship: conflict, team performance, and team member satisfaction: A meta-analysis, Journal of Applied Psychology, 88, pp. 741~749; Lencioni P M (2002) The Five Dysfunctions of a Team, Jossey Bass, London

7   Mishra, D (nd) The org chart is dead. Welcome to the age of networks, Complete Network Analysis, https://complete-network-analysis.com (archived at https://perma. cc/7AA7-9UWZ)

8   Martin, R (2002) The Responsibility Virus: How control freaks, shrinking violets – and the rest of us – can harness the power of true partnership, Basic Books, New York

9   Lewis, M (2011) Boomerang: The biggest bust, Penguin, London

10 Lewis, M (2010) The Big Short, Penguin, London

11 Tapscott, D (2009) Grown Up Digital: How the net generation is changing the world,

McGraw Hill, New York

12 Wilber, K (2017) Trump and a Post-Truth World, Shambhala, Boston

13 Kim, W C and Mauborgne, R (2005) Blue Ocean Strategy: How to create uncontested market space and make the competition irrelevant, Harvard Business School Press, Boston, MA

14 Wilber, K (2001) A Theory of Everything: An integral vision for business, politics, science and spirituality, Shambhala Publications, Boulder

15 Collins, J (2001) Good to Great: Why some companies make the leap and others don't, Random House, London

16 Wilber, K (2001) A Theory of Everything: An integral vision for business, politics, science and spirituality, Shambhala Publications, Boulder

17 Middleton, J (2007) Beyond Authority: Leadership in a changing world, Palgrave MacMillan, New York

18 Watkins, A and Dalton, N (2020) The HR (R)Evolution: Change the workplace, change the world, Routledge, London

19 Rogers, C R (1967) On Becoming a Person, Constable, London

20 Ware, B (2011) The Top Five Regrets of the Dying, Hay House, London

맺음말

1 Watkins, A and Wilber, K (2015) Wicked & Wise: How to solve the world's toughest problems, Urbane Publications, Kent; Watkins, A and Stratenus, I (2016) Crowdocracy: The end of politics, Urbane Publications, Kent; Watkins, A and Simister, M (2017) Our Food, Our Future: Eat better, waste less, share more, Urbane Publications, Kent

옮 긴 이

임 선 영
이화여자대학교 정치외교학과를 졸업했고, SK해운에서 근무했다.
현재 아동미술치료사로 활동 중이다.

최 은 영
숙명여자대학교 대학원에서 상담 및 교육심리로 박사학위를 받았
고, 현재 숙명여자대학교 행복상담센터 특임교수로 재직 중이다.

25년간 리더들을 분석해 의학적으로 밝혀낸 성과의 비밀

조율하여 리딩하라

1판 1쇄 인쇄 2023년 10월 20일 ｜ **1판 1쇄 발행** 2023년 11월 13일

지은이 앨런 왓킨스
옮긴이 이루다·임선영·최은영

발행인 신수경
책임편집 신수경
디자인 디자인 봄에
마케팅 용상철 ｜ **제작** 도담프린팅

발행처 드림셀러
출판등록 2021년 6월 2일(제2021-000048호)
주소 서울 관악구 남부순환로 1808, 615호 (우편번호 08787)
전화 02-878-6661 ｜ **팩스** 0303-3444-6665
이메일 dreamseller73@naver.com ｜ **인스타그램** dreamseller_book
블로그 blog.naver.com/dreamseller73

ISBN 979-11-92788-12-8 (03320)

※ **드림셀러는 당신의 꿈을 응원합니다.**
드림셀러는 여러분의 원고 투고와 책에 대한 아이디어를 기다립니다.
주저하지 마시고 언제든지 이메일(dreamseller73@naver.com)로 보내주세요.